배낭 속에 담아 온 음악

배낭 속에 담아 온
음악

현경채 지음

학지사

그곳에서만 들을 수 있는 것들,
그래서 더욱 소중한 그들의 음악

에피소드 1

2015년 7월 29일, 여행을 좋아하는 한 여인이 있었다. 장기 계획을 짜고, 차근차근 자료를 수집하고, 여름방학이 오기만을 손꼽아 기다리다 드디어 방학을 맞아 룰루랄라 여행을 떠났다. 계획은 착착 들어맞았고 가는 곳마다 아름다운 경치와 이색적인 도시가 그녀를 반겼다. 언어의 장벽도 그녀에게는 아무런 문제가 되지 않았다.

그러던 어느 날, 유네스코도 인정한 아름답기로 유명한 에스토니아의 탈린을 여행하기로 했다. 원데이패스 교통카드를 구입하여 신나게 도시 관광에 나섰다. 유네스코에서 문화유산으로 지정된 고풍스러운 중세 도시는 골목골목이 아름다웠고, 맛있는 허니비어도, 성벽 산책 코스도 완벽했다. 이번 여행 중 러시아 수즈달 관광 다음으로 아주 만족스러웠던 코스였다. 이렇게 한나절 관광은 멋지게 끝나는 듯했다. 오후 4시가 되었고, 그녀는 다음 도시를 향해 미리 예약한 국제선 LUX Express 버스를 타고 출발했다. 멀미를 대비해서 앞자리를 확보했고, 버스를 타자마자 피곤했는지 곤히 잠이 들었다. 한참을 달리던 버스가 한 터미널에 도착했다. 운전기사는 '테이크 레스트 퓨 미니츠' 하는 멘트를 날렸다.

그녀는 잠시 쉬는 틈을 타서 잠도 깰 겸 커피와 물 한 병을 사기로 했다.

서둘러 계산하고 커피와 물을 들고 밖에 나와 보니 정차되어 있던 버스가 보이지 않았다. 눈을 씻고 찾아봐도 회색 빛깔의 LUX Express 버스는 보이지 않았다. 그녀를 버리고 버스는 이미 리가로 떠나 버렸던 것이다. 그녀는 순간 하늘이 까맣고, 눈물이 핑 돌았다. 여행에 가장 중요한 여권과 여행 가방이 그 버스 안에 있는데……. 그녀는 작은 지갑 하나만 가지고 이름 모를 낯선 버스 터미널에 혼자 버려졌다. 하늘이 무너지는 최악의 상황이 벌어진 것이다. 자신감 충만한 여행 전문가인 그녀는 어떻게 되었을까?

그럼에도 불구하고, 혼자서 배낭여행을 떠나는 이유

낯선 골목을 산책하고, 이국적인 풍경에 눈길을 빼앗길 때, 낯선 냄새와 낯선 소리, 그리고 알아듣지 못하는 언어들 속에서 어리둥절할 때, 비로소 이국적인 문화 속에 있는 나를 발견한다. 나는 그 느낌이 너무나 좋다.

나와는 다른 새로운 문화를 만나기 위해서 떠나는 여행이라고 해 두자……. 지난 여름에도 몽골 울란바토르의 나담축제를 보았고, 바이칼 호수를 보았으며, 시베리아 횡단 열차를 맛 보았다. 중세도시의 새벽 공기를 맡으며 산책을 하기도 했다. 나는 길 위에 있을 때가 가장 행복하다.

여행 중에는 나라 간 이동을 위해서라도 대도시 여행이 필수다. 어느 정도 규모가 되는 도시는 알 만한 브랜드의 전시장을 방불케 한다. 전 세계가 동시에 익숙한 로고의 피자와 햄버거를 먹고 있었고, 비슷비슷한 유행 음악을 듣고 있었으며, 대다수의 사람이 비슷비슷한 유명 브랜드의 옷을 입고 가방을 든다. 서울이나, 몽골의 울란바토르나, 바이칼의 거점 도시 이르쿠츠크도, 상하이도 도쿄도 호치민도 마찬가지였다. 전 세계가 똑같이 그것도 동시에 이런 일이 일어난다는 사실을 깨닫자, 이는 개성이 없어 재미

없다는 차원을 넘어 식민지 시절보다 무섭고, 정신적 세뇌보다 끔찍한 결과라는 생각이 들었다.

남과는 다른 나, 대체 불가능의 문화

여러 나라를 여행하면서 나도 모르게 조금씩 문화를 바라보는 개념이 생긴다. 그것은 '차별성'이 곧 '경쟁력'이고 재산이라는 개념인데, 그것은 우물 안에 있을 때는 보이지도 않고, 의식할 수도 없었던 것이다. 남과는 다른 나, 대체 불가능의 문화를 갖고 있는 곳, 그곳에서만 볼 수 있고, 만날 수 있고, 들을 수 있고, 먹을 수 있는 것들이 눈에 들어오기 시작했다. 한 나라의 특징은 다른 나라와 다른 독창성으로 만들어지며, 특히 차별화된 음악 문화는 바로 나라의 경쟁력이라는 것을 여행 중, 길 위에서 체험으로 확인했다.

여행 중 그곳에서 들었던 인상 깊었던 음악이 그 여행지를 남다른 기억으로 남게 한 경험이 있다. 중국 상하이에서의 일이다. 상하이에는 어떤 효자가 부모님을 위해 만들었다는 정원으로 유명한 '예원'이 있다. 그 앞에는 호수와 물 위에 아홉 번이나 굽어 있는 다리(九曲橋)의 중간쯤에 '호심정'이라는 역사적인 찻집이 있다. 이곳에서는 가끔 노장들이 실내악 연주를 하는데, 고풍스런 찻집의 분위기 속에서 연주되는 소박한 중국 음악이 특별한 장소와 특별한 음악으로 여행자인 나의 마음에 강하게 전달되었다. 여행 중에 만났던 가장 호사스런 기억으로 남아 있는 이 음악은 연주회장에서의 음악과는 다른 차원의 감동과 의미가 있어서 귀하다는 생각이 들었다. 그때부터였던 것 같다. '그곳에서만 들을 수 있는 음악'이 내 여행의 주된 관심사가 된 것이⋯⋯.

이 책은 2007년 2학기부터 시작된 연세대학교의 '아시아 음악 문화'라는 교양과목 수업에서 시작되었고, 수업을 위해 쌓아 온 자료들과 내가 좋아하는 여행이 만나서 남겨진 결과물이다. 방학마다 배낭여행을 떠났던 내가 책을 낸다고 하니 지인들은 가벼운 여행기라고 생각하고 있지만, 이 책은 여행기를 가장한 교양서. 단순한 여행기가 아니라 여행지에서 만난 그곳의 문화와 음악에 관련된 이야기가 이 책에 담겨져 있다. 중국을 시작으로 대만, 일본, 몽골, 인도, 인도네시아, 베트남의 7개국을 대상으로 했고, 각국의 일반적인 국가 정보를 시작으로, 전통음악의 개괄적인 내용과 함께 구체적으로 그곳에서 만나는 음악을 담아냈다. 수업시간에 다루었던 수업 자료가 바탕이 되다 보니, 다분히 전문적인 내용도 있지만, 일반인도 이해할 수 있도록 최대한 쉽게 설명하고자 노력했다.

이 책을 읽고 아시아 어느 나라든 가보고 싶다는 생각이 든다면, 작은 영광일 것이다. 배낭여행을 길게 하다 보면 여행자들이 꼭 가는 주요 관광명소나 박물관, 미술관, 맛집으로는 채워지지 않는 욕구가 있다. 특히 여행 트렌드가 단체여행에서 자유여행과 배낭여행으로 바뀌면서 여행을 떠나는 사람들의 관심 분야도 다양해졌다. 하지만 여행 가이드북이나 블로그에서는 이들의 다양한 욕구를 충족시키지 못하는 점이 내내 아쉬웠다. 보다 전문적이고 세분화된 관심 분야와 나라 정보가 담긴 교양서가 필요하다는 생각을 했고, 그렇게 해서 완성된 것이 바로 이 책이다. 이 책이 여행과 아시아 문화에 관심이 있는 사람들을 비롯하여 다문화에 관련된 정보가 필요한 사람과 다문화시대에 글로벌 리더를 꿈꾸는 꿈나무, 아시아 음악에 관심이 있는 학생과 교사, 그리고 아시아 국가의 정보가 필요한 일반인에게 작은 도움이 되기를 기대한다.

에피소드 2

멘붕 상태의 그녀는 커피와 물병을 바닥에 내려놓고, 급하게 옆에 서 있는 또 다른 LUX Express로 뛰어올라가 버스 기사에게 도움을 청했다. '4시에 탈린에서 출발한 기사를 찾아서 전화를 걸어달라, 커피를 사들고 나와보니 리가행 버스가 안 보인다. 내 여권과 가방이 그 버스 안에 있다고 사정을 설명하니, 그는 버스는 이미 떠났으니 돈이 있으면 택시로 따라가는 것이 좋겠다고 했다. 그리고 택시 기사에게 뭐라고 대신 이야기를 했다. 그녀는 무조건 택시를 타고 냅다 달리기 시작했다. 택시 미터기는 쭉쭉 올라가는데, 길은 좁아 추월하기 곤란했고, 군데군데 70km 속도 제한 푯말이 장애물처럼 있었다. 회색의 커다란 LUX Express 버스라고, 리가로 가고 있는 버스라고, 그녀는 택시기사에게 거듭 강조해서 이야기를 했고, 여권과 가방이 그 버스 안에 있으니, 꼭 찾아야 한다고도 분명하게 다시 이야기를 했다. 택시는 가끔 중앙선을 넘기도 하고, 요령껏 속도를 내면서 열심히 달렸고, 그녀는 망연자실에 시무룩 했고, 속이 새까맣게 타들어가고 있었다. 머릿속엔 오만 가지 생각이 두루 엉켜 있었다. 휴대폰 배터리도 얼마 안 남아서 전화도, 번역기도 사용하기 힘들겠다는 생각, 만약 버스를 찾아도 어떻게 세울 것인지, 만약 버스가 안 서면 그다음은 어떻게 할 것인지, 버스를 발견해도 그 버스가 리가행인지 어떻게 확인할 것인지, 그냥 터미널의 LUX Express 버스 사무소로 가서 도움을 청했어야 했던 것은 아닌지 등 생각이 멈추지 않았다.

한참을 달렸고, 드디어 눈앞에 LUX Express 버스 한 대를 발견할 수 있었다. 택시는 하이빔을 켰다 끄기를 반복하고, 경적을 울리며 전속력으로 따라갔다. 마침내 추월을 하니 버스 앞 유리에 '리가'라는 푯말이 선명하게 보였다. 택시로 앞질렀고, 그녀는 창문을 열고 손으로 차를 세우라고 신호를 보냈다. 드디어 버스 기사에게 사인이 전해졌고, 버스는 비상등을 켰고 길 중간에 세웠다. 돌아온 그녀의 좌석에는 담요, 목베개, 파란 보조가방 등이 어지럽게 고스란히 놓여 있었다. 모든 것이 다 있으니 다행이다 싶어 일단 앉아 한 번 웃고, 안도의 긴 숨을 쉬었다. 순간, 그녀는 지난 겨울 과테말라 여행 중에 아티틀란 호수에서 배가 끊겨 맨몸으로 그곳에서 1박을 했을 때의 기억이 스쳐갔다.

인생은 선물이고, 언제나 해피엔딩이다

여행과 인생은 원래 예상하지 못한 일들의 연속이다. 그래서 다음이 더욱 설레고 기대된다. 나의 인생 여정만 보더라도 우여곡절은 있지만 결론은 언제나 해피엔딩이었다. 길에서 만난 사람들은 무척 친절했고, 정도 많았다. 그들 덕분에 다시 힘을 얻어 다음 여정을 떠날 수 있었다.

마지막으로 이 책이 나오기까지 많은 격려와 용기를 준 고마운 사람들에게 감사의 말을 전한다. 먼저 선배 학자들에게 무척 감사하다. 아시아 전통음악에 관련한 책을 쓰고 논문으로 발표한 선학들의 업적이 있었기에 이 책을 쓸 수 있었다. 논문 형식으로 쓴 글이 아니라서 일일이 주를 달지는 않았지만, 참고한 책과 논문 목록을 출처로 나열하였다. 부디 서운해하지 마시길 간곡히 부탁드린다. 공연 지원심의는 많이 해 보았으나 지원 사업에 선정된 것은 처음이라 어색하지만, 너무 기쁘다. 우수출판콘텐츠 제작지원사업(한국출판문화산업진흥원)과 학지사의 관계자 여러분에게도 감사드린다.

내게는 역사와 문화, 음악, 여행에 대한 호기심과 가르침을 주신 스승과 인생의 비타민 같은 고마운 분이 참으로 많다. 그런 점에서 나는 행복하고 복 많은 사람이다. 나의 학문적인 눈을 깨워 주신 대만의 故 쉬창혜(許常惠) 교수님, 선비의 고고함이 무엇인지 몸소 알려 주신 중국 베이징 고금 연주의 인간문화재 우자오(吳釗) 교수님, 맛있는 밥과 귀중한 사진 자료를 아낌없이 지원해 준 대만 국립 타이베이 예술대학(國立台北藝術大學)의 리칭후에(李婧慧) 교수님, 어디서나 잘 먹고 잘 자고 잘 걷는 배낭여행의 최적화된 튼튼한 몸으로 강하게 키워 준 어머니 이순옥 여사님, 끊임없이 도전의식을 일깨워 주며 이 책이 세상에 나오기까지 결정적인 도움을 준 언니 현경실 교수, 친자매보다 더 따뜻한 몽골 음악 전문가 박소현 교수, 멋진 사진을 사용하도록 허락한 임명숙 작가님과 서지민 PD, 옆에만 있어도 힘이 되는 대한민국 최고의 해금 연주자 내 친구 성의신, 원고를 꼼꼼히 읽고 교정을 보아 준 영남대학교 박사과정의 이윤주, 서지연에게 감사의 마음을 전한다. 그리고 매번 혼자 떠나는 배낭여행을 허락해 준 나의 든든한 후원자 남편 문현에게 특별한 애정을 담아 감사하다고 말하고 싶다.

나의 첫 번째 단행본을, 시인이며 국문학자였던 아버지 故 현정렬 선생님께 드린다.

2016년 2월
지금도 여전히 서울을 여행 중인 현경채

차 례

중국

광활한 영토가 빚어 낸 다양한 음악

C h i n a

중국(China)
수도: 베이징
언어: 중국어
면적: 9,596,961Km², 세계 3위
인구: 13억 5천만 명(2013), 세계 1위
GDP: 약 11조 3,847억 달러, 세계 2위
통화: 런민비(위안) 1위안≒179.89원(2015.10.30)
기후: 건조성 기후, 습윤성 기후
종교: 도교, 불교, 유교, 그리스도교
종족: 한족 92%, 소수민족(56개) 8%
국가번호: 86

미국을 위협하며 무섭게 성장하고 있는 중국은 자금성과 만리장성, 진시황릉 등 조상이 남겨 준 화려한 문화유산을 보유하고 있으며, 2008년 베이징올림픽을 계기로 전 세계 이목이 집중된 나라다. 세계가 중국을 주목하는 것은 인구만 많던 가난한 나라에서 전 세계의 무역상대국 1위로 국가의 위상이 급부상하고 있기 때문이다.

　중국 최대의 도시는 아마도 상하이일 것이다. 상하이는 1920년대 말 갑자기 솟아나 파리에 맞서기도 했을 만큼 모던한 신여성과 댄디보이의 도시다. 중국을 대표하는 또 다른 도시는 베이징이다. 『도시 수집가』라는 책에서는 '인간계에서 한 뼘쯤 떠올라 천계의 그늘 밑에 자리 잡은 오래된 도시이며, 천계와 인간계 사이의 도시가 바로 베이징'이라고 했다. 한국을 찾은 관광객의 수도, 결혼 이민자의 수도, 유학생의 수도 단연코 중국이 1등이다. 예로부터 한국의 문인들은 줄곧 중국을 동경했으며, 한국과 일본을 비롯하여 아시아 대부분의 나라가 중국 문화에 영향을 받았다.

　중국의 정식 명칭은 중화인민공화국(中華人民共和國, 약칭 중국)으로 유라시아 대륙의 동남부에 위치한다. 아시아에서 가장 큰 나라이고, 중국의 황하문명은 세계 4대 문명 중 하나다. 중국은 세계에서 세 번째로 광대한 국가이며, 동서로 약 5,200Km, 남북 약 5,500km²에 이르는 광활한 국토를 갖고 있다. 면적은 한반도의 약 43.6배인 960만km²다. 기후는 매우 다양하며 아열대에서 아한대까지 넓게 분포한다. 연간 강수량은 동남쪽이 1,500mm에서 서북쪽으로 가면서 감소하는데 최소 50mm이다. 비는 대부

중국 소시민 풍경 © 서지민

분 7, 8월 여름철에 집중적으로 내린다.

　중국 한민족은 아주 오래전에 황하 중류 지역에 정착하였으며 삼황오제의 전설시대를 거쳐 초기왕조 시대가 시작되었다. 중국은 5,000년의 역사를 지닌 나라로서 주, 춘추, 전국, 진, 한, 삼국, 남북조, 수, 당, 송, 요, 금, 원, 명, 청 왕조를 거치며 아시아의 문화를 이끌어 온 나라다. 제2차 세계대전 후 국민당과의 내전에서 승리한 중국 공산당이 대륙을 장악하였으며, 중국 공산당을 주체로 하는 중화인민공화국이 1949년 10월 1일에 수립되었다. 1954년에 헌법이 제정되었고, 지금까지 독자적인 사회주의의 길을 걷고 있다. 중국 사인방의 몰락과 덩샤오핑(Dèng Xiǎopíng, 鄧小平)의 경제개방 정책 이후 내정의 중심을 정치에서 경제로 일대 전환하였으며 한국과의 관계도 경제교류가 중심이 되었다.

　중국 인구의 대부분은 한족(漢族)이고, 몽고(蒙古), 회(回), 장(藏), 묘(苗),

소수민족의 춤 © 서지민

조선족(朝鮮族) 등 56개의 소수민족으로 구성되어 있다. 소수민족은 전체 인구의 약 8%에 불과하지만 분포되어 있는 지역은 전체 면적의 약 50∼60%를 차지한다. 현재 중국은 21개의 성(省)과 5개의 소수민족자치구, 그리고 3개의 직할시로 구성되어 있다. 동아시아에서 가장 큰 나라인 중국은 세계에서 가장 풍부하고 다양한 음악 문화를 보유한 나라이기도 하다.

중국 우한(武漢)에서 만난 '적벽가'와 '편종'

〈걸어서 세계여행〉이라는 TV 프로그램을 흥미롭게 보며 여행의 꿈을 키우는 음악 평론가가 있었다. 그녀는 바람의 딸 한비야를 비롯한 여행가들의 여행기를 즐겨 읽는다. 공감이 가는 부분이 나오면 밑줄을 긋기도 하고, 선배 여행가들이 외롭게 지났을 낯선 길이 익숙해질 때까지 가슴과 머리에 새기곤 하였다. 원래 여행의 즐거움은 목적지에 도착했을 때보다 어디를 갈까, 무엇을 볼까, 어디서 잘까, 무엇을 먹을까 등의 자료를 수집할 때가 더욱 크게 마련이다. 여행할 때가 가장 행복하다던 그녀가 볼거리와 먹을거리를 꼼꼼하게 표시한 지도를 들고 중국의 호북성 우한(武漢)으로 삼국지 여행을 다녀왔다.

우리 판소리에는 레퍼토리가 여럿이다. 그중에서 '적벽가'는 중국 원나라 때의 소설 『삼국지연의(三國志演義)』를 노래한다. 판소리 적벽가의 원전인 『삼국지연의』는 중국 4대기서(四大奇書)의 하나로, 원명은 『삼국지통속연의(三國志通俗演義)』라 하며 과거 중국의 위(魏)·촉(蜀)·오(吳) 삼국의 정사(正史)를 알기 쉬운 말로 이야기한 책이다.

판소리 '적벽가'의 흔적을 찾을 수 있는 중국 우한 근교에는 제갈공명이 칠성단을 쌓고 동남풍을 빌었던 남병산이라는 곳과 적벽대전이 벌어진 '적벽' 그리고 조조가 화룡도에서 패하여 도망갈 때 지났던 '오림계곡'이 있다. 적벽의 바위 위에 위치한 주유 동상과 배풍대(拜風臺)가 있는 남병산은 비교적 어렵지 않게 찾았으나, 오림계곡의 행방을 아는 사람은 만날 수 없었다. 배를 타고 양자강을 건너면 만나게 되는 어촌 마을이 아마도 그곳일 것이라는 아쉬운 추측만 들을 수 있었다.

이처럼 우리가 몸담고 있는 곳이지만 존재조차 알지 못했던 역사적인

증후 을 편종(曾候 乙 編鐘). 1978년 양자강 중류 우한시 부근에서 발굴된 2,400년 전 초나라 악기

장소를 낯선 손님을 통해 알게 되는 경우가 있다. 내가 있는 이곳이 바로 멀리 있는 누군가가 그리워하는 곳이 될 수 있다는 점이 흥미롭다. 1960년 프랑스에서 있었던 김소희 명창의 판소리 공연 실황 음악이 프랑스의 한 음반회사에서 발매되어 뒤늦게 한국 음악계가 주목했던 일이 새삼 떠올랐고, 이 땅에 사는 사람들의 관심 밖에 있는 국악의 현실을 보는 듯했다.

우한은 충칭(重慶)과 함께 중국의 3대 화로(火爐)라고 불릴 정도로 덥기로 유명한 도시다. 여름에 가면 안 되는 도시이지만 공교롭게도 두 번 모두 여름에 갔있다. 중국과 수교를 하고 얼마 되지 않았던 1995년 중앙일보 개국 30주년 기념으로 〈양자강 1만 리〉라는 3개월 기간의 탐사 프로젝트에 참가했었던 어떤 여름이었다. 일출을 보러 새벽에 일어났다가 공원 잔디밭에서 이불을 펴고 잠을 자고 있던 수많은 사람들을 보고 무슨 전쟁이나 지진이 일어난 줄 알고 무척 놀랐던 일이 있었다. 우한은 한국의 대구와 같은 분지라서 여름엔 밤에도 기온이 내려가지 않는다고 한다. 냉방 시설이 없는 시멘트 건물에서의 폭염을 견딜 수 없었던 시민들은 시원한 야외에서의 취침을 선택한 것이라고 했다. 그리고 십여 년이 지나 두 번째로 방문한 것은 본격적인 더위가 막 시작된 6월이었다. 그때도 이미 계절은 한여름이었고, 얄궂게도 태양은 엄청 크게 머리 위에서 위세를 떨고 있었다. 우한 시에는 시내를 관통해서 양자강으로 흘러들어가는 지류의 이름이 신기하게도 '한강(漢江)'이다. 우한의 옛 지명이 한양(漢陽)이라고 하고, 게다가 시내에 남산타워와 비슷한 TV 송신탑도 있다. 어쩐지 비행기에서 내리면서부터 익숙하고 편안하다 했더니, 서울을 연상하는 용어와 지형들이 여기저기서 툭툭 튀어나와 즐겁게 했다. 이런 찌찌뽕 같은 도시는 신기하기도 했고, 친근하기도 했다.

먼저 황학루에 올라 우한 시내를 발아래 두었다. 예전에는 느끼지 못했던 스카이라인이 눈앞에 시원하게 펼쳐졌다. 저 멀리 TV 송신탑도 보이고, 여기저기 새롭게 생긴 현대적인 건물은 급성장한 중국의 경제력을 말해 주고 있었다. 매번 느끼는 것이지만 중국의 발전 속도는 정말 엄청나게 빠르다. 1995년도의 초라한 모습은 온데간데없이 황학루에서 바라본 우한 시내의 모습은 잘 정돈된 대도시의 모습을 하고 있었다.

황학루에 오르니 문득 우리나라의 시조창 '석인(昔人)이 이승(已乘)'이 떠올랐다. 이 시조는 중국 당나라 때의 시인인 최호(崔顥)의 '황학루'라는 칠언율시의 한시에 토씨를 단 시다. 황학루는 예로부터 수많은 시인, 묵객이 즐겨 찾은 명승지로 여러 차례 보수를 거친 누각이다. 전해지는 바에 따르면, 원래 이곳은 신 씨(辛氏) 여인이 운영했던 주점이었는데, 어느 날 찾아온 한 도사가 그녀를 위해 벽에 한 마리 학을 그려 주면서 학이 내려와 도와줄 것이라고 일러 주었다. 이때부터 손님들이 끊이지 않고 찾아와 장사가 매우 잘 되었다. 10년이 지나서 도사가 다시 와 피리를 불고는 노란 학에 걸터앉아 하늘로 올라가 버렸다. 신 씨 여인은 이 일을 기념하기 위해 이곳에 누각을 짓고 '황학루(黃鶴樓)'라고 이름 지었다고 한다.

황학루에 올라　　최호(崔顥, 704~754)

昔人已乘黃鶴去	석인이승황학거	옛 사람은 황학을 타고 이미 가버려
此地空餘黃鶴樓	차지공여황학루	땅에는 쓸쓸히 황학루만 남았네
黃鶴一去不復返	황학일거부부반	한번 간 황학은 다시 오지 않고
白雲千載空悠悠	백운천재공유유	흰구름 천 년을 유유히 떠 있네
晴川歷歷漢陽樹	청천력력한양수	개인 날 한강에 뚜렷한 나무그늘
芳草萋萋鸚鵡洲	방초처처앵무주	앵무주에는 봄 풀들만 무성하네
日暮鄕關何處是	일모향관하처시	해는 저무는데 고향은 어디인가
煙波江上使人愁	연파강상사인수	강의 물안개에 시름만 깊어지네

　　우한은 중국 100원권 지폐의 모델이자 마오쩌둥(毛澤東, Máo Zédōng)과 함께 중국 중요 4인방인 저우언라이(周恩來, Zhou Enlai)가 거주한 도시다. 중국 영화나 TV에서는 마오쩌둥과 매우 가까운 정치적인 동료로 저우언라이를 그리고 있지만, 실상은 마오 주석은 끊임없이 그를 제거하려고 했고, 저우언라이는 마오쩌둥에 맞서서 뛰어난 정치적 기지와 수단으로 실각되지 않고 살아남은 정치적 2인자다. 저우언라이는 우한대학(武漢大學) 캠

퍼스 안에서 거주했다고 한다. 우한대학은 중국대학 서열 10위권 안에 드는 명문대학이다. 저우언라이가 걸었던 곳을 내가 걷고 있다고 생각하니 기분이 아주 묘했다. 우한 시내의 한커우(漢口)에는 유명한 한지에(漢街)라는 곳이 있다. 한나라 시대의 저잣거리를 재현해 놓은 곳이지만, 아이러니하게도 유럽풍의 건물이 많다. 한지에(漢街)라는 명칭과는 어울리지 않게 깨끗한 쇼핑몰이 밀집되어 있는 이곳은 관광객들에게 필수 방문 코스다. 입구에는 중국 전국시대 초나라의 정치가이자 멱라 강에 몸을 던져 비극적인 죽음을 맞은 시인 굴원(屈原)의 상이 있고 사호(沙湖)라는 호수를 끼고 조성되어 있다.

삼국지의 무대 적벽은 우한 시내에서 조금 떨어진 곳에 있다. 하지만 삼국지 중에서도 가장 드라마틱한 전장의 무대가 된 곳이 바로 여기에 있기에 그것만으로도 우한을 찾을 이유가 충분하다. 역시 중국이다. '삼국적벽고전장(三國赤壁古戰場)'이라는 테마파크로 조성해 놓았다. 장쩌민 전 주석이 직접 현판 글씨를 하사할 만큼 정부의 관심도 꽤나 큰 곳이다. 마치 삼국시대에 온 듯한 착각이 드는 곳이다. 유비, 관우, 장비가 도원결의를 하던 복숭아밭도 있고, 주유상도 있다. 조조가 배를 불태우며 온 강이 빨갛게 타오르고, 강변의 절벽이 불빛을 받아 붉은색으로 물들자, 주유가 검을 들어 적벽(赤壁)이라고 글을 새겼다고 한다. 하지만 양자강 변에 있는 적벽은 실제로 그 규모가 그다지 크지 않았다. 그리고 적벽강 너머의 땅이 조조의 군영이었던 오림(烏林)이었을 것이다. 적벽대전에 패한 조조가 도망을 칠 때 오림에 매복해 했던 장비와 조운에게 걸려 죽다가 살아났다고 한다.

우한에서 의창(宜昌)으로 가면 장강삼협(長江三峽) 중 서릉협(西陵峽)을 볼 수 있다. 기왕에 거기까지 갔다면 중국정부에서 5A급 풍경구로 지정한 용진계도 빼놓지 말고 구경하기를 권한다. 거기에는 모계사회의 전통을 갖고 있는 토가족이 있다. 토가족 처녀에게는 이런 풍습이 전한다. 처녀가 마음에 드는 청년을 찾아 남자의 발등을 세 번 밟으면 청혼이 성사된다는 것인데, 발을 밟힌 남자는 그대로 장가를 가든지 아니면, 황소 1마리를 대신 주어야 벗어날 수 있다고 한다. 한국의 노총각들이 들으면 좋아할 만한 풍습이다.

인천국제공항에서 중국 우한까지 대한항공과 중국남방항공 공동(코드쉐어) 운항으로 매일 2~3회 운항한다. 갈 때는 3시간 20분, 올 때는 2시간 40분 소요된다.

황학루는 예로부터 수많은 시인, 묵객이 즐겨 찾은 명승지로
중국의 대표 누각이다. ⓒ 현경채

황학루에 올라 우한 시내를 발아래 두니 예전에는 느끼지 못했던 스카이라인이 눈앞에 시원하게 펼쳐졌다. 저 멀리 TV 송신탑이 보인다. © 현경채

조조가 배를 불태우니 온 강이 빨갛게 타오르고, 강변의 절벽이 불빛을 받아 붉은색으로 물들자, 주유가 검을 들어 적벽(赤壁)이라고 글을 새겼다고 한다. © 현경채

배낭 속에 담아 온 음악

'삼국적벽고전장(三國赤壁古戰場)'이라는 테마파크가 조성되어 있다. 유비, 관우, 장비가 도원결의를 하던 복숭아밭도 있고, 주유상도 있다. © 현경채

삼국지의 적벽대전을 따라 둘러볼 수 있도록 동선을 그려 놓았다. 지도 안에는 조조가 동남풍을 빌던 남병산도 있다. © 현경채

호북성(湖北省)의 성도(省都) 우한의 주변 들판은 지평선 끝까지 여름 수확을 기다리는 누런 볏줄기들이 찰랑거렸다. 양자강 유역은 쌀 2모작 지대라 여름에 첫 번째 벼걷이를 한다. 풍요로운 대평원의 이 도시는 2천 년 전 천하 권력을 놓고 춘추전국시대의 각 나라들이 각축했던 대권의 중심지였다. 우한 박물관에서 동서고금의 최대ㆍ최고 타악기인 호북 편종을 처음 보았을 때, 단지 희귀한 옛날 악기를 접한 게 아니라 양자강 중류에서 형성된 중국 고대 국가의 권력 미학과 만나고 있다는 느낌이 들었다.

　네 사람이 이리저리 뛰어다니면서 쳐야 제 소리가 나는 악기, 증후 을 편종(曾候 乙 編鐘)을 두드리는 데 사용하는 통나무의 종봉(종봉은 2m 길이의 긴 나무 막대다)은 연주자들의 키만 하다. 중국 문화 권력의 상징인 호북성의 편종은 1978년 양자강 중류 우한 시 부근에서 발굴된 2,400년 전 초나라의 악기다. 크고 작은 청동 종 65개가 전체 길이 10.79m, 최고 높이 2.67m의 3층 나무걸개에 주렁주렁 걸려 있다. 이들 편종 중 가장 큰 종인 용종(甬鐘)의 높이는 초등학생 키만 하고, 무게가 203.6kg이다. 종들을 주조하는 데 들어간 청동의 총량이 2.5톤이라고 하니 중국 춘추전국시대의 음악 규모는 일반인의 상상을 초월하는 수준이다. 편종 발굴 참여자인 음악고고학자 우자오(吳釗) 중국예술원 교수는 "이 편종의 거대성은 진시황릉ㆍ만리장성과 함께 중앙 집중의 권력 문화가 아니면 만들 수 없는 걸작"이라고 설명하였다.

　원래 호북 편종은 증후을묘에서 발굴된 1만 5,000개 출토품 중 하나다. 증후을묘란 증(曾)나라 제후인 을(乙)의 묘라는 뜻이다. 우한 시에서 서북쪽으로 160km 떨어진 수주(隨州)에서 발견된 이 묘에는 45세쯤으로 보이는 제후 을(乙)의 미라와 그를 시중들게 하기 위해서 생매장한 13세에서 25세 정도의 13명 여자 예인의 관이 고스란히 남아 있다. 제2차 세계 대전 이후 '세계 고고학사 10대 기적' 중 하나로 손꼽히는 무덤이다. 거대 편종이 11m 땅속에서 단 한 치도 부식되지 않고 오늘의 햇살을 받으며 새로 태어났을 때 '지하의 대형 오케스트라', '2,400년 전 초나라 문화의 재현'이라는 찬탄을 한 몸에 받았다.

편종은 거대하지만 그 소리는 섬세하면서 깊다. 65개의 종은 모두 제 고유의 음을 낸다. 한 연주자가 종봉을 들고 주둥이가 넓은 1층에 걸린 큰 종들을 퉁- 퉁-치면, 다른 연주자들은 양손에 망치 모양의 채를 들고 2층이나 3층에 걸린 중소형 종들을 껑- 껑- 쳐 댄다. 전체적으로 다소 저음이지만 맑기가 산사의 계곡 물소리 같고 울림의 여운은 2~3개 새로운 음이 타종된 후에도 계속 느낄 수 있을 정도로 길다. 놀라운 것은 하나의 종에서 2개의 음이 연주될 수 있도록 한 주조 기술이다. 종마다 정중앙을 두드릴 때와 옆면을 두드릴 때 정확히 3도 음정 차이의 음이 울리도록 돼 있다. 65개의 종마다 2개의 음이 나올 수 있으니 실제로 130개의 음을 낼 수 있는 것이다.

증후 을 편종의 가장 큰 용종에는 증나라 제후 을의 묘라는 명문이 새겨져 있다.

박동진의 판소리 적벽가 음반 표지.

진품 편종은 박물관 1층 유리관 속에 보관되어 있고, 2층에서는 박물관 소속 공연단이 같은 크기의 모조품 편종으로 관람객을 위한 연주를 한다. 박물관에서 감상한 곡은 베토벤의 교향곡 번 '합창'과 '초풍(楚風)' 등 옛 중국 음악의 7곡이었다. 베토벤 '합창'의 장엄함이 중국 고대 악기의 섬세한 저음을 통해 동양적 명상의 신비로운 분위기로 재탄생되었다. 박물관장은 "고대뿐 아니라 현대음악, 중국과 외국의 어떤 노래라도 이 편종으로 자유롭게 연주할 수 있다."고 했다.

　　호북 편종은 전국시대인 기원전 433년에 초혜왕이 아버지 소왕의 은인인 을의 장례식에 바친 것이다. 호북 편종 공연단의 해외 공연은 항상 모조품으로 연주하는 데 보험료만 3만 달러에 달한다고 한다.

상하이 상위 1%의 귀족 음악 '강남사죽'

그들은 오늘도 이곳에 모였다. 서로 살아가는 이야기도 할 겸 특히 아름다움에 민감하고 사소한 것에도 사치를 부리는 상하이 사람들은 일부러 짬을 내어 향긋한 차(茶)가 있는 찻집으로 모인다. 그들 중에는 외지에서 온 상인도 있고, 그림에 일가견이 있는 지식인도 있다. 요즘 들어 부쩍 외국인의 발길이 잦아진 것은 창문 밖으로 보이는 유명한 정원 예원(豫園)의 경치 때문일까? 소란스러운 찻집은 일순간에 음악 소리로 압도되고, 영문을 모르는 사람들은 호기심에 잠시 귀 기울인다.

노련한 예인의 민첩한 손놀림이 비파 줄 위로 빠르게 몰아치고, 양금 위로 달리는 늘씬한 대나무채의 동작이 분주하다. 맑고 영롱한 피리 소리가 높게 울리며 여러 악기 소리와 함께 절묘하게 어우러지면서 만들어 내는 소리의 조화가 온화한 그들의 성품과 같이 한 올 한 올 섬세하게 우리의 감수성을 자극한다.

조용히 차 맛을 즐기던 사람들의 얼굴에 감동이 일렁인다. 황폐해진 현대사회 속에 깊은 잠을 자고 있던 우리의 감수성을 슬며시 건드리는 음악이 바로 상하이 지식인들의 실내악 합주 '강남사죽(江南絲竹)'이다.

한 번 들으면 강한 인상으로 남아 귓전에 뱅뱅 돌며, 하루 종일 입으로 흥얼거리게 하는 단순한 음악이다. 때문에 강남사죽의 첫인상은 소박하고 친근하다. 중국에는 지역마다 유명한 전통찻집과 역사를 같이 해 온 대표적인 음악이 있다. 찻집의 라운지 음악쯤으로 이해되는 음악으로는 베이징의 '경운대고(京韻大鼓)', 쓰촨안(四川)의 '사천청음(四川淸音)', 난징(南京)의 '소주탄사(蘇州彈辭)' 등과 같은 설창(說唱) 음악이다. 다른 지역은 긴 이야기를 노래로 풀어내는 성악 장르이지만, 상하이는 한국의 줄풍류 음악과 비견되는 음악인 강남사죽이다.

상하이에 도착한 어느 여름날 오후에 만난 '강남사죽' 음악팀은 상하이를 대표하는 여섯 명의 어르신으로 구성된 악단이었다. 연주원의 소개를 부탁하니 연장자 순으로 시작된다. 옆으로 부는 악기 디즈(笛子) 연주가 루춘링(陸春齡)은 모든 관악기 연주에 능한 분이고, '신적(神笛)', '마적(魔笛)', '피리의 왕'이라는 찬미가 따라다니는 노익장이다. 양금 연주가 저우 후에(周惠)와 해금(二胡, 얼후) 연주가 저우 하우(周皓)는 1920년대와 1930년대를 풍미했던, 강남사죽의 명인 저우 준 힝(周俊卿, Chow chunhing)의 아들로 형제가 모두 부친의 대를 잇고 있다. 형 저우 후에는 상하이 신중국의학원에서 산부인과를 전공한 의사이고, 아우 저우 하우는 상하이 동오대학에서 법학을 전공하고 변호사로 활동하고 있다. 비파 연주가 마성룽(馬聖龍) 역시 아버지로부터 시작된 '강남사죽' 음악의 대를 잇는 예인으로 당시 상하이민족악단 상임 지휘자로 재직 중이었다.

소개해 주시던 우짜오 교수님이 하시는 말씀이 "60세가 안 된 사람은 이 세계에선 아직 어린아이이기 때문에 특별히 소개할 필요가 없다."고 하는 것에서 '강남사죽' 음악은 연륜을 무척 중요하게 생각하는 음악이라는 것을 실감했다. 연주자의 이름을 물으니 3현 연주가 루더화(陸德華, 57세)와 중간음역 해금(中胡) 연주가 마 웨이 민(馬偉民, 52세)을 마지못해 일러준다.

강남사죽은 상하이 지역을 중심으로 전승되는 중국의 대표적인 민간 풍류 음악이다. 중국의 강소성 남부 지방과 절강성 서부 및 상하이 등지에 넓게 유행하던 음악으로, 역사는 청나라 말기로 거슬러 올라간다. 대략 300년의 역사를 갖고 있는 이 음악은 지금은 음악을 전공한 전문 음악가들이 연주하지만 원래는 애호가들에 의해서 연주되던 비직업인들의 음악이다. 이들은 찻집(중국말로 茶館 혹은 茶樓라고 함)이나 애호가의 집, 화원(花

園) 등에 모여서 작은 연주회를 갖거나, 서로 악기를 바꾸어 연주하는 방식으로 전승되어 온 음악이다. 때문에 앞서 소개한 것처럼 의사와 변호사도 얼마든지 참여할 수 있다. 이들은 각자의 일을 끝낸 저녁시간에 자신의 악기를 들고 연습 겸 소일거리 겸 모임을 찾는다. 매일 저녁의 연주 모임은 연주 기량도 늘고, 악기의 표현력도 풍부해진다고 하였다.

강남사죽 음악이 갖고 있는 농후한 지방색과 독특한 연주 스타일 또한 이러한 배경 때문에 생긴 것이다. 이처럼 상하이에서는 지식인들이 악기를 들고 찻집에 모였고, 이들은 '강남사죽' 음악의 발전에 주도적인 역할을 했다. 우리나라에도 사랑방의 사대부들을 중심으로 발전한 비전문가 음악이 있는데, 우리는 이런 연주 형태를 거문고 등의 현악기가 중심이 된다 하여 '줄풍류'라고 한다. 대표곡으로는 '영산회상', '천년만세', '수연장지곡' 등이 있다. 지금은 국립국악원을 중심으로 한 악사들에 의해 전승되고 있다.

상하이를 중심으로 하는 '강남사죽' 음악의 대표곡은 '중화육판(中花六板)', '삼육(三六)', '행가(行街)', '환락가(歡樂歌)', '운경(雲慶)', '만륙판(慢六板)', '화삼륙(花三六)', '사합여의(四合如意)' 등 8곡이다. 내가 상하이에서 감상한 화려한 연주 경력과 여러 장의 음반 출시 경험이 있는 노익장들의 '강남사죽' 연주 팀의 첫 연주는 '기쁨의 노래'라고 번역할 수 있는 '환락가(歡樂歌)'였다. 40년 넘게 동고동락했다는 말을 입증하듯 노련한 호흡 속에서 빚어내는 섬세하고 세련된 음악은 가히 신의 경지였다. 누에고치에서 실을 뽑아내듯 조심스럽고도 여유 있는 합주로 시작된 이들의 앙상블은 각 악기의 음색이 잘 드러나 있었으며, 서로의 결점을 보완하는 듯하다가 속도가 점점 빨라져 고조되면서 어느 순간 작은 기쁨과 흥분 속으로 빠져들어간다.

우리를 위해 그들이 연주한 음악은 모두 아홉 곡이었다. 그중 두 곡은 가장 연세가 많은 피리(笛子) 연주가 루촌링(陸春齡) 명인이 직접 작곡한 독주곡 '회보(喜報)' 였다. 피리를 연주하는 노익장의 생기 발랄한 모습은 젊은 청년의 에너지를 능가하였다. 박력 있는 연주와 절묘한 기교로 이어지는 빠른 페세지(Passage)는 마치 마술피리 같았다. 칠순을 넘긴 노인이 어디서 저런 힘이 나올까?

'강남사죽'에서 사용되는 악기는 현악기라는 의미의 사(絲)와 대나무 관악기의 죽(竹)으로 크게 두 종류로 구분된다. 얼후, 비파, 산시엔(三絃), 양금의 현악기와 적(笛), 소(簫), 생황 등의 관악기가 편성되어 연주된다.

1995년 8월 이틀에 걸쳐 '강남사죽' 음악을 만났다. 첫날은 음악 감상과 녹음 위주로, 둘째 날은 1930년대 활동의 중심지였던 상하이 호심정(湖心亭)의 찻집에서 옛 모습으로 차를 마시면서 음악을 감상하였다. 둘째 날 우리가 찾은 호심정다실(湖心亭茶室)은 상하이 유일한 정원인 예원 앞에 있는 호수 위로 아홉 번이나 굽어 있는 다리(九曲橋) 중간쯤에 있다. 이 찻집은 명나라 관료 반윤단(潘允端)이 건축한 것으로 옷감 장사들의 집회 장소로 유명했던 곳이다. 그 후 명나라(1855년) 시절에 찻집(茶樓)으로 개관해 상하이 최초의 찻집이라는 명성을 얻었다. 예전에 이곳에서는 매일 저녁 '강남사죽'이 연주되었을 것이다. 그러나 지금 이곳에는 직업 연주단이 소속되어 있지는 않았다. 다행인 것은 매주 월요일 오후 정기적으로 '강남사죽' 음악 연주회가 개최되고, 예전의 풍류방의 정취를 맛보기 위해 사람들이 모여드는 명소가 되었다고 한다. 호심정다실을 찾은 사람들은 각양각색의 자그만 찻잔으로 향긋한 차를 즐기며, 오늘도 온화한 중국인의 성품과도 흡사한 '강남사죽' 음악의 풍류를 즐긴다.

매주 월요일 오후 2시부터 강남사죽을 연주한다는 것을 기억하고 있다가 2016년 2월 시간을 맞추어 다시 호심정 찻집을 찾았다. 완함을 연주하시는 분이 89세로 가장 연장자였고, 평균나이 70세를 웃도는 어르신들이

【中国音乐名家音乐会】

陆春龄

笛子宗师

DVD
VIDEO　中国音像制品评价制作中心　出版

강남사죽의 루촌링 명인. 모든 관악기 연주에 능하다.
명인의 음악을 담은 DVD 표지

소일거리를 찾아 연주에 참
여하고 계셨다. 얼후를 연
주한 꾸밍시앙(顧明祥 76세)
씨는 왕년에 선박제조를 하
던 경력의 인텔리로 영어가
유창하신 분이었다.

1986년 영국 여왕 엘리
자베스 2세가 상하이를 방
문했을 때, 이 찻집의 어전
연주를 바로 루촌링 명인이
맡았다는 일화는 이 단체의
무용담처럼 전해진다. 상하
이의 유서 깊은 찻집을 방
문하고, 상하이의 최고 연주
자들이 연주하는 '강남사죽'을 바로 앞에서 들었다. 여왕이 부럽지 않았다.
가만히 눈을 감고 중국의 '강남사죽'을 들어본다.

반복되며 울리는 소리를 따라서
중국의 산수화를 쉽게 연상할 수 있었다.
맑고 아름답고 그윽한 풍경 속에 심오한 의미가 담긴 듯
떠오르는 시상이 구체적인 그림으로 머릿속에 가득하다.

중국 최대 품격의 도시 상하이에서 만난 중국 음악 강남사죽은 풍요로
움과 섬세한 매력의 도시 상하이를 이해하기에 충분했다. 강남사죽 음악을

상하이 호심정 찻집에는 매주 월요일 2시부터 강남사죽이 연주된다. 노인들이 모여 차도 마시고 음악도 연주하는 취미생활이지만, 그들이 연주하는 음악은 상당한 수준의 경지로 보였다. ⓒ 현경채

루완(阮) 연주: 황수에구에(黃水貴, 89세) ⓒ 현경채

성(笙) 연주: 탕웨이청(唐維誠, 72세) ⓒ 현경채

얼후 연주: 꾸밍시앙(顧明祥, 76세) ⓒ 현경채

배낭 속에 담아 온 음악

상하이 와이탄 © 서지민

상하이 예원 © 서지민

중국−광활한 영토가 빚어 낸 다양한 음악

상하이 예원 © 서지민

거의 변형 없이 잘 보존하고 있는 상하이는 문화적으로도 진정한 귀족으로
보였다.

황포강변에 길게 늘어선 거대한 빌딩과 프랑스풍 저택의 풍경에서 예전
의 풍요로웠던 상하이의 모습을 확인할 수 있다. 상하이에는 예나 지금이
나 돈 많은 상인(비즈니스맨)이 모인다. 덕분에 상하이는 지금도 '아시아의
맨해튼'이라는 별명을 들으며 풍요로움의 대명사처럼 인식된다. 경제적인
풍요로움과 고급 문화의 향유의 결과물인 찻집 문화 그리고 그 가운데 꽃
피운 중국 실내음악의 진수가 바로 선비들의 줄풍류 음악 강남사죽이다.

와이탄(外灘)이 바라다보이는 루프탑 레스토랑에서 식사를 하고, 푸동(浦東) 파이낸스 빌딩 100층 라운지에서 휴식을 취하고, 난징시루(南京西路)에서 명품 쇼핑을 하는 것이 중국의 자존심을 지키는 것이 아니라, 상하이 시 상위 1%의 상류사회 지식인들이 직접 음악을 연주하며 지켜 낸 상하이의 음악 전통이 진정 13억 중국인의 자존감을 지키는 것이라는 생각이 들었다. 상하이에는 아직도 의사, 변호사, 기업 총수가 직접 연주하는 풍류방 문화 강남사죽이 있는데, 서울에서 딸깍발이 선비들이 연주하던 줄풍류 음악의 전통은 영영 찾을 수 없는 것일까?

상하이 공연장 정보

상하이의 예술의 전당이라고 할 수 있는 상하이 대극장(上海大劇院)은 1998년에 오픈한 상하이 최고의 공연장이다. 최고의 예술작품과 최고 수준의 예술 공연, 최고 수준의 예술교육을 모토로 하는 곳이다. 1층에는 전시장과 카페 Beanery가 있다. 2008년 5월 나는 이곳에 북한의 혁명가극 〈꽃 파는 처녀〉를 관람했었는데, 한국의 공연장보다 더 좋은 음향(어쿠스틱)을 체험할 수 있었다. 발레, 오페라, 교향악 등이 여기서 매일 공연되고, 아시아 최대이며, 세계적으로 가장 앞서 나가는 무대 중 하나로 인정받고 있는 곳이다.

상하이 대극장은 프랑스 건축계에서 오랫동안 명성을 쌓아 온 장인 건축설계사가 세계 최고의 기술을 이용하여 설계는 물론 재료에서 조명까지 섬세하게 만들어 낸 작품으로 동양과 서양의 미를 이상적으로 조화시켰다. 인민광장(人民广场)에서 상하이 미술관으로 가다 보면 아름다운 대리석 건물을 발견하게 되는데, 넓은 부지에 정갈하게 정돈되어 있는 잔디와 웅장한 자태로 서 있는 건물의 조합이 상당히 매력적인 곳이다. 내가 다시 방문했던 2016년 1월엔 영국 NBT 발레단의 '위대한 캐츠비'가 공연되고 있었다.

주소: 上海市 人民大道 300

전화: 021-6386-8686

홈페이지: http://www.shgtheatre.com/main.jsp

인민광장에서 상하이 미술관으로 가다 보면 아름다운 대리석 건물을
발견하게 되는데 그것이 바로 상하이 대극장이다. © 현경채

상하이 대극장의 1층에는 전시장과 카페 Beanery가 있다. 모던하고
세련된 모습으로 중국 공연예술을 이끌고 있다. © 현경채

상하이 콘서트홀(上海音樂廳)은 1930년 완공하였고, 2002년부터 극장을 해체하여 2004년 지금의 위치로 이동했다고 한다. 고풍스러운 유럽풍의 건물로 음향(어쿠스틱)은 상하이 대극장보다 뛰어난 듯 했다. 안으로 들어가 보니 마감재에서 식민지 시대의 잘 지은 건물이라는 것을 느꼈다. 상하이 심포니 오케스트라가 이곳에서 주로 공연하고, 상하이에 거주하는 외국인들에게 즐길 거리를 제공하는 극장으로 신천지에서 멀지 않았다. 나는 이 곳에서 상하이 가극원 교향악단(上海歌剧院交响乐团)의 연주회를 감상했는데, 중국 작곡가(瞿维)의 교향시 '인민영웅기념비(人民英雄纪念碑)'와 중국의 여러 지방의 민요를 편곡한 빠우웬카이(鲍元恺) 작곡의 관현악조곡 '염황풍정(炎黄风情)' 등 중국작곡가의 중국적인 색책의 관현악 연주를 감상했다.

주소: 上海市 延安東路 523

전화: 021-5386-6666

홈페이지: http://www.shanghaiconcerthall.org/Index.action

상하이 콘서트홀. 유럽풍의
건물로 어쿠스틱은 상하이
대극장보다 뛰어나다.
© 현경채

가극원 교향악단(上海歌剧院交响乐团)이 중국 작곡가(瞿维)의 교향시 '인민영웅기념비(人民英雄纪念碑)'를 연주하고 있다. ⓒ 현경채

이푸우타이(逸夫舞臺) 극장은 경극과 같은 중국 전통음악극을 공연을 하는 대표적인 공연장이다. 1925년에 건설되었으며, 그 당시 상하이 유명한 4대 극장 중의 하나였다. 3,200개의 좌석이 있으며, 그 당시 제일 큰 극장이었다. 남경동로 보행자거리에서 걸어갈 수 있는 위치에 있는 이 극장은 인민광장의 중간에서 복주로(福州路)로 들어가 30m를 걸으면 오른쪽에 있다. 나는 이곳에서 여러번 공연을 보았는데 한번은 만담 성격의 음악인 상성(相聲)을, 한번은 상하이월극원(上海越劇院)의 〈홍루몽〉을 보았다. 상하이를 중심으로 하는 절강성의 음악극을 월극이라고 한다. 나는 하루 전에 예매를 하였는데 당일에는 암표가 거래될 정도로 인기가 좋았다.

주소: 上海市 福州路 701

전화: 021-6351 4668

홈페이지: http://www.tianchan.com

상하이 이푸우타이(逸夫舞臺) 극장. 경극 전용극장이다.
© 현경채

이푸우타이(逸夫舞臺) 극장은 상하이 남경동로 보행자 거리에서 아주 가까운 거리에 있다. © 현경채

중국—광활한 영토가 빚어 낸 다양한 음악

이푸우타이(逸夫舞臺) 극장의
상성 공연 © 현경채

이푸우타이(逸夫舞臺) 극장의 상하이 월극원(上海越劇院)의 〈홍루몽〉 공연 © 현경채

배낭 속에 담아 온 음악

쑤저우(蘇州), 고금(古琴) 그리고 중국 영화

쑤저우(蘇州)를 가기 위해 비행기를 탔다. 김포에서도 국제선 비행기를 탈 수 있다는 사실을 알아낸 것을 스스로 기특하게 생각하며 상하이 홍차오(虹橋) 공항행 비행기에 올랐다. 찾아낸 정보에 의하면 홍차오 공항 국제선 청사(건물 B) P2 주차장에서 쑤저우로 직접 가는 버스를 탈 수 있다는 것이다. 그러나 버스터미널에 도착하니 밤 10시의 막차는 이미 만석으로 매진인 상황이었다. 매표소 직원은 쿤산(昆山) 시로 가라고 안내해 주었다. 쿤산과 쑤저우는 택시로 이동할 수 있는 거리라고 했다. 그렇게 해서 가게 된 이름도 생소한 쿤산은 생각보다 도시가 크고 번화했다. 갑자기 도시가 마음에 들었고, 하룻밤을 머물고 가도 좋겠다는 생각이 들었다. 우연히 불시착한 쿤산은 중국의 산업화와 함께 형성된 도시였다. 도시를 가로지르는

물의 도시 쑤저우 © 서지민

물의 도시 쑤저우 ⓒ 서지민

강변을 중심으로 산책로도 잘 조성되어 있었고, 쿤산 시청과 시립도서관 등 공공기관과 대형 호텔이 있는 미식가(美食街)에는 다양한 이름의 식당들이 천양지색(天壤之色)으로 손님을 유혹했다. 현지인들이 쿤산에서 꼭 가봐야 할 곳으로 추천하는 곳 중 하나가 정림원(亭林園)이다. 이곳은 중국의 음악극으로 유명한 곤곡(崑曲)의 발원지다. 지금은 상하이 홍차오 역에서 고속철로 연결되어 있어서, 쿤산은 20분, 쑤저우까지는 30분이 소요된다. 외국인은 창구에서 여권을 제시하고 기차표를 구입할 수 있다.

이렇게 해서 예정보다 하루 늦게 마르코 폴로가 동양의 베니스라고 극찬한 물의 도시 쑤저우에 도착했다. 운하가 발달해 곳곳에 물이 흐르고, 수양버들이 운치 있게 늘어져 있었다. 쑤저우는 유네스코 인류구전문화유산에 등재된 음악 문화인 '고금(古琴)'과 '곤곡(崑曲, Kunqu)'을 보유한 문화와 관광의 도시다. 내가 이 도시를 찾은 이유는 고금 음악의 흔적을 찾기 위해

배낭 속에 담아 온 음악

서였다. 역사와 문인(文人)의 도시 쑤저우가 고금 음악과 함께한 역사는 3천 년 전으로 거슬러 올라간다. 고금은 문인들에게 남다른 사랑을 받았으며, 소주의 아름다운 정원들을 중심으로 고금의 풍류방 모임(雅集)이 정기적으로 개최되기도 하였다. 중화민국 시기에 대표적인 민간 금사(琴社, 고금을 연주하는 사랑방 모임)인 '금우금사(今虞琴社)'가 바로 쑤저우 시의 이원(怡園, Yiyuan)에서 조직되었다. 이 도시와 세계의 무형문화유산으로서의 고금 음악은 아주 특별한 인연을 자랑한다.

양자강 이남에 위치한 쑤저우는 문인들이 모일 수 있는 문화적 토양이 마련되어 있는 곳이다. 풍요롭고 전쟁의 피해도 거의 없었고, 사회적으로도 큰 변화가 없었기 때문에 많은 사람들은 고금 음악을 연주하기에 적절한 장소로 아름답고도 조용한 이 도시를 꼽았다. 쑤저우는 문인들에게 특별한 장소인 원림(園林)을 짓고 정원을 꾸밀 때에 반드시 금대(琴台), 금실(琴室), 금정(琴亭)을 만드는 전통이 있다. 소주의 망사원(網師園), 이원(怡園)에는 모두 금실이 설치되어 있다.

명나라 때의 문인들이 모여 고금 음악을 연주하던 '금우금사(今虞琴社)'의 정신적인 지주로 평가받는 엄천지(嚴天池)가 쑤저우 사람이다. 5·4 운동 이후, 고금 음악을 연주하는 문화는 쑤저우를 중심으로 문인들 사이에 크게 퍼졌고, 이원에서 자주 모임을 가졌다고 전해진다. 또한 중화민국 초기에는 일부 거대 상인들의 후원으로 다양한 고금 음악의 활동이 이루어졌다. 1919년 8월 25일 소주 소금협회의 대염상(大鹽商)인 엽희명(葉希明)에 의해 '이원금회(怡園琴會)'가 개최되었다. 이 금회(琴會)에서는 엽희명이 베이징, 상하이, 양저우(揚州), 스추안(四川), 후난(湖南) 등 타지방의 고금 음악가들을 쑤저우에 초대하여 그들과 함께 금학(琴學)에 대해서 토론을 벌였다. 5개성(省) 11개 지역에서 33명의 금인(琴人)이 참석하였고, 고금 음악가와 학자들이 돌아가며 고금을 연주하고, 고금에 관련된 학술적인 토론도 벌였다. 금회(琴會)가 끝난 뒤 그들은 회의와 관련된 많은 자료와 기사를 담아 『이원회금실제(怡園會琴實際)』를 인쇄했다.

소동파가 금을 연주한 것으로도 유명한 이원(怡園)은 2호선 전철 러치아오(樂橋)역 8번 출구에 위치해 있었다. 소동파가 연주했던 금이 전시되어 있는 방의 이름은 석청금실(石廳琴室)로, 원래는 '정원의 주인이 금을 연주하던 방'이라고 쓰여 있다. 창밖의 봉석작부(峰石作府) 정자에서 이 방에서 타는 고금의 소리를 들었다고 한다. 이 방에 소동파가 연주한 옥윤유천금(玉潤流泉琴, 옛 문인들은 자신의 악기에 이름을 붙이고 악기 뒷면에 명문을 새겨 놓는다.)을 전시하게 되면서 방의 이름을 파선금관(坡仙琴館)이라고 부르게 되었다고 한다. 공자도 고금을 연주했던 것으로 유명한데 소동파도 금 연주가로도 유명했나 보다. 중국 정원에는 금대(琴台)와 금정(琴停)을 필수로

고금 음악 모임 장소, 쑤저우(蘇州)의 이원(怡園) © 현경채

설치하는데, 이곳에도 있었다. 이원에서는 매월 첫 번째 일요일에 고금을 연주하는 음악인들의 고금 음악회를 연다. 음악인들의 이런 풍류모임을 아집(雅集)이라고 하는데, 관객을 위한 연주회가 아니라 서로 한 곡씩 돌아가며 연주하는 음악인들의 사교모임 성격의 행사다. 이원의 개방 시간은 아침 7시 30분부터 오후 5시까지이고 입장료는 15위엔(2016년 현재)이다.

소동파가 연주했던 고금이 전시되어 있는 방. 석청금실(石廳琴室) © 현경채

공자도 소동파도 옛 문인들도 고금을 필수로 연주하였다. © 현경채

중국 정원에는 고금을 연주하는 정자인 금정(琴停)과 고금을 올려놓고 연주하는 금대(琴台)를 찾을 수 있다. ⓒ 현경채

중국 영화에 등장하는 악기, 고금

중국에서 가장 오랜 역사를 갖고 있는 현악기 '고금'은 장이머우 감독의 영화 〈영웅〉과 오우삼(우위썬, 吳宇森, John Woo) 감독의 영화 〈적벽대전〉에서 중요한 악기로 등장했다. 〈적벽대전〉에서 궁지에 몰린 촉나라의 유비군은 조조에 맞서기 위해 오나라의 손권을 찾아가는데, 유비군의 책사인 제갈량이 홀로 오나라로 향하고 손권을 만나 연합전선을 설득하는 장면에서 고금이 등장한다. 제갈량(진성무, 金城武, Takeshi Kaneshiro)과 손권(장쳰, 張震, Chen Chang)은 각각 '고금'을 연주하며 서로의 의중을 타진한다. 고금은 사람의 마음을 움직이는 심리전에서 중요한 악기로 상징성 있게 사용되었다.

오우삼 감독의 영화 〈적벽대전〉 포스터   장이머우 감독의 영화 〈영웅〉 포스터

영화 〈영웅〉에서 이 악기는 은모장천(연지단, 甄子丹, Donnie Yen Ji-Dan)과 무명(리엔 지에, 李漣杰, Jet Li)의 무술 대결 장면에서 역시 중요하게 사용된다. 끊임없이 내리는 비를 타고 흐르는 '고금' 소리에 검과 창을 내려놓은 두 영웅은 눈을 감고 가만히 서 있지만 그들 사이에서는 치열한 '심내전(心內戰)'이 벌어지고 있다. 둘은 몇 합을 겨룬 뒤 다시 대치하며 눈먼 악사에게 음악을 청한다. 마음속의 결투는 흑백 장면으로 표현되고, 고금의 연주는 동양적인 내공의 힘으로 무명과 장천의 높은 무공 수위를 표현하였다.

우리나라에 고금이 들어온 시기는 고려 예종 때다. 대성아악이 들어오면서 칠현금이 한반도로 전래된 이래 지금까지 공자의 신위를 모셔 놓고 제사의식을 거행하는 문묘제례악에 슬과 함께 편성되는 중요한 악기다. 하지만 20세기에 접어들면서 이유는 알 수 없으나 안타깝게도 금의 연주법은

영화 〈영웅〉에서 고금은 은모장천과 무명의 무술 대결 장면에 등장한다. 무명은 '무술과 음악은 서로 다르지만 최고의 경지를 추구한다는 점에서 공통점이 있다'는 명대사를 한다.

전승이 끊어졌다. 1980년 중반쯤 중국 음악학을 공부한 필자에 의해서 금 연주가 한국에 소개한 일은 있었으나, 이는 중국 금 음악을 연주한 음악회 였고, 본격적으로 한국에서의 금 음악의 복원 노력은 2007년 '김상순의 금 복원 연주회'에서였다.

중국 고금 음악의 거장 리상팅과 우원광

중국 고금 음악의 거장 리상팅(李祥霆)과 우원광(吳文光)은 2007년 한국 의 중요무형문화재 보유자에 해당하는 비물질 문화유산 전승인으로 지정 받은 인물로, 중국 고금 음악계에 대표적인 거장이다. 2007년 5월과 12월 에 중국에서는 두 차례에 걸쳐 해당 항목의 국가급비물질문화유산전승인 (國家級非物質文化遺産傳承人) 명단이 발표되었다. 비물질문화전승인은 한국의 무형문화재 보유자에 해당되는 직위와 명칭이다. 그중에서 '고금 예술' 전승인으로 지정된 음악인은 우자우(吳釗), 리상팅, 우원광 등 10인이 포함되어 있다.

리상팅은 고금 음악을 연주하는 직업 연주자를 가장 많이 배출한 인물 이다. 지금까지 500명이 넘는 학생이 그의 문하에서 고금 음악을 배웠다.

우원광. 금의 명인인 우징뤼에의 아들로 대를
잇는 고금 음악의 명인. 고금 음악의 독창적인
고금학파(虞山吳派)를 완성하였다. © 현경채

리상팅. 고금의 명인으로 영국 케임브리지의
'20세기 걸출한 인물(二十世紀杰出人物)'에
선정된 인물이다. © 현경채

중국 중앙 TV 방송국의 〈인물〉, 〈동방의 남자(東方之子)〉, 〈무대 밖으로(走
進幕後)〉, 〈음악 인생〉 등의 다큐멘터리에서 고금 음악가 리상팅을 조명할
정도로 유명한 고금 연주가다. 리상팅은 전통 고금 음악 연주는 물론 당나
라 시인들의 시를 근간으로 하는 즉흥 음악과 새로운 고금 음악을 직접 작
곡하고 연주하는 데 탁월한 능력을 발휘하였고, 『중국당대예술계인명사전
(中国当代艺术界名人录)』을 비롯하여 홍콩의 『세세인녕사선(世界名人录)』
에 수록된 인물이며, 1999년에는 영국 케임브리지에서 '20세기 걸출한 인
물(二十世紀杰出人物)'에 선정되기도 하였다.

우원광은 당대 유명한 고금 음악의 명인인 우징뤼에(吳景略, Wu Jingliue,
1907~1987)의 아들로 대를 이어 고금 음악을 연주하는 예술가이며 학자다.

우징뤼에는 1958년 대학에 입학한 젊은 리상팅을 가르치기도 했던 인물이다. 우원광은 1980년대 미국에 유학하여 박사학위를 취득하였고, 고 악보로 전하는 고금 음악을 연구하고, 복원, 정리하는 일련의 작업과 함께 상당수의 음반을 취입하였다. 우원광은 부친의 음악 업적을 이어 고금 음악의 독창적인 고금학파인 우산오파(虞山吳派)를 완성하였으며, 초기에 녹음했던 음반은 황금 음반상을 수상하기도 하였다. 아버지의 대를 이어 완성된 악보집 『노산오씨금보(虞山吳氏琴譜)』는 중국 고금 음악의 중요한 교재로 사용된다.

문인들이 사랑한 중국의 대표적인 현악기 고금은 중국 악기 개량의 태풍에서도 원형이 훼손되지 않고 지금까지 올곧게 보존된 악기다. 워낙 음량이 작기 때문에 관현악 편제로 개편된 중국 음악에도 독보적인 독주악기로 연주되며, 당 · 송 · 명 · 청대의 전통음악을 주요 레퍼토리로 한다. 때문에 중국 본토에서도 새로운 고금 음악을 작곡하고 연주하는 일은 상당히

비물질문화 고금 음악 전승인 우자오(吳釗, 1935년~) ⓒ 현경채

이례적인 일로 여겨진다. 고금의 명인들이 직접 새로운 음악을 만들어 개인적인 차원으로 연주하기도 하지만, 작곡가들이 이 악기를 주목하지 않았기 때문에 작곡적인 면에서 볼 때 고금의 창작 음악 작업은 그다지 왕성한 것은 아니다. 신음악으로 새롭게 작곡된 고금 음악은 리상팅 작곡의 고금 음악 '삼협선가(三峽船歌)'와 '풍설축로(風雪筑路)'가 있으며, 의사 출신의 금 음악가 시에준런(谢俊仁)이 직접 작곡한 고금 창작 음악을 수록한 음반인 '일섬정화타(一閃灯花墮)'가 2001년 7월에 출시되었고, 6곡의 창작 금 음악이 수록된 『쌍을반조(双乙反調)』가 있으며, 또한 중국 고금과 피아노의 이중 협주곡인 관나이충(關乃忠) 작곡의 '태겁협주곡(太极協奏曲)' 등이 있을 뿐이다.

평사낙안은 조선의 실학자 홍대용이 연주한 음악

중국 여행 중 명인이 연주하는 고금 음악을 만나게 된다면 '평사낙안(平沙落雁)'을 청해 들으며 옛 문인들을 추억해도 좋을 듯하다.

조선 후기의 실학자인 홍대용(洪大容, 1731~1783)의 시문집 『담헌서(湛軒書)』에는 중국의 금(琴)에 관련된 글이 수록되어 있다. 『담헌서(湛軒書)』 중 「금포유생(琴鋪劉生)」은 금을 파는 가게의 유생(劉生)에 대한 글이다. "베이징에 도착한 뒤로 당금(唐琴)을 잘 타는 분의 연주를 한 번 듣고자 꽤 부지런히 찾아보았으나 아쉽게도 만날 수 없었다. 차선책으로 1766년 정월 초 7일 이이이 당금과 생황을 사 가지고 왔는데, 그 당금은 조업고제(蕉葉古制)로 수정 안족(雁足: 안족은 현악기의 줄을 올려놓은 것으로 음의 높이를 맞출 때 사용한다.)에 청옥진의 자금으로 휘(徽)를 한 것으로, 튕겨 보니 소리가 맑고 높았다"는 기록과 함께 밤에 악사를 불러서 함께 금을 연습하였다는 기록이 있다. 악사와 더불어 그가 밤마다 연습한 음악은 바로 중국 명나라의 대표적인 고금 음악 '평사낙안'이다.

중국의 내륙 지방에 있는 유명한 호수 동정호는 소수(瀟水)와 상수(湘水)가 만나 절경을 이룬다. 중국의 문장가와 화가들은 동정호의 8대 절경을 소상팔경(瀟湘八景)이라고 하였다. '평사낙안'은 소상팔경의 하나로 동양화의 화제(畫題)가 되고, 문인들의 글의 소재로 자주 등장한다. 모래펄에 날아와 앉은 기러기라는 뜻으로 해석되는 '평사낙안'은 금 음악의 대표 레퍼토리로 더욱 유명하다. 조선시대 중국을 오가며 중국 문화를 전했던 실학자 홍대용이 연주했다고 하니 더욱 귀하고 신기한 음악이다.

쑤저우 평탄과 탄사

쑤저우에서 1박을 하고, 오늘 아침 둘러볼 만한 곳에 대해서 호텔 직원에게 자문을 구했다.

1. 고금 아집 행사가 있었던 이원
2. 사진 잘 나오는 쑤저우스러운 곳
3. 쑤저우문화예술 센터
4. 고금 인간문화재 찾아보기

오전에 돌아 보아야 할 일정이다. 호텔 직원은 사진 잘 나오는 곳으로 대유항(大儒巷) 근처의 핑지앙루(平江路) 보행자 거리를 추천해 주었다. 지도를 살피니 그리 멀지 않은 곳으로 확인되어 슬슬 산책 삼아 걸어가기로 했다. 한 십 분쯤 걸었을까? 왼쪽 골목에 비파가 걸려 있는 집이 눈에 들어왔다. 골목 안으로 들어가 보니 평탄(評彈)이라는 글이 써 있다. 소주탄사가 비물질문화로 지정된 장르인데 평탄은 뭘까? 안 그래도 소주에 왔으니

탄사를 들어야 하는 데라는 생각을 갖고 있었다. 고풍스러운 문을 열고 조심스럽게 진입을 시도하니 '소주평탄(蘇州評彈) 중국일절(中國一絶)'이란 글이 반겼다. 몇 분의 어르신들이 모닝차를 들고 계셨다. 인터뷰를 시도했으나, 거만하신 분위기의 포스가 장난이 아니다. '차를 즐겨야 하니 방해하지 말라'고 일침을 가하는 할배들 덕에 살짝 당황했지만, 오른쪽 테이블 빈

골목에 비파가 걸려 있는 집이 눈에 들어왔다. 골목 안으로 들어가 보니 평탄(評彈)이라는 글이 써 있다. 고풍스러운 문을 열고 조심스럽게 진입을 시도하니 '소주평탄(蘇州評彈) 중국일절(中國一絶)'이란 글이 반겼다. ⓒ 현경채

의자에 엉덩이를 들이밀며 다시 말을 건네 보았다. 오늘 오후 1시 반에 평탄 공연(입장료 6위엔)이 있다는 안내가 붙어 있었다. 나는 오후 1시 기차를 타고 우시(無錫)로 이동하여 얼후의 명인 아빙(阿炳)의 묘를 찾아보는 일정이 있어서 공연을 볼 수는 없었으나, 이곳에서는 매일 오후에 소주평탄 공연이 진행된다. 차를 들고 계시던 분들 중에서 유일하게 나를 응대해 주신 분은 장 선생이고, 잠시 후 9시에 졸정원(拙政園) 찻집에서 평탄공연을 하니 오라고 했다.

쑤저우에서 탄생된 중국 음악의 한 장르로 소주탄사(蘇州彈詞)가 있다. 쑤저우를 비롯하여 난징(南京), 창수(常熟), 상하이(上海) 등지에서 성창되는 설창음악이다. 삼현과 비파를 들고 말과 노래로 문인들이 남긴 글과 역사적인 이야기를 공연하는 장르다. 평탄(評彈)은 글을 읽는 '평화(評話)'와 노래도 있는 '탄사(彈詞)'를 합해서 지칭하는 용어다. 쑤저우에서 오후 시간에 평탄을 들을 수 있는 곳은 관치엔지(觀前街) 현묘관(玄妙觀)에서 남쪽으로 난 길 중간 제일천문(第一天門, DI YI TIANMEM) 길 왼쪽으로 들어가면 비파가 걸려 있어서 눈에 딱 들어오는 집이다.

장 선생님의 초대로 찾게 된 졸정원은 중국에서 가장 아름다운 정원 중의 하나로 평가받아 왔으며, 1997년에는 유네스코에서 지정한 세계문화유산이 되었다. 졸정원의 차실은 멋스러운 건축물로 차를 마시며 소주탄사를 청해 들을 수 있는 곳이었다. 오문화(吳文化)의 운치가 살포시 남아 있는 졸정원의 차실에서 나는 모리화차를 주문하고, 당나라 장계(張繼)의 시 '풍교야박(楓橋夜泊)'을 청해 들었다. 성수기에는 손님이 많다고 하지만 비오는 겨울 오전 9시 반 시간에는 나 혼자 온통 전세를 낸 듯 여유 있게 차도 마시고 노래도 감상할 수 있었다. 한국에도 서울시 문화재로 책 읽는 소리가인 송서(誦書, 보유자 유창)가 지정되어 있다. 쑤저우의 평탄도 문인들이

졸정원의 차실은 멋스러운 건축물로 차를 마시며 소주탄사를 청해 들을 수 있는 곳이다. ⓒ 현경채

산시엔 연주자 지앙지엔인(蔣鑒蔭, 52세)
ⓒ 현경채

졸정원의 차실에서 나는 모리화차와 당나라 장계(張繼)
의 시 풍교야박(楓橋夜泊)을 청해 들었다. ⓒ 현경채

바파 연주자 차오링링(趙玲玲, 50세)
ⓒ 현경채

중국—광활한 영토가 빚어 낸 다양한 음악

남긴 글을 음악에 맞추어 읽기도 노래하기도 하는 음악인 듯싶다.

　아침 산책길 골목에서 비파를 발견했고, 그곳에서 장 선생님을 만나 귀한 음악을 들었다. 한 시간가량 그들과 이야기도 하고 쑤저우 음악계의 정보도 얻을 수 있었다. 졸정원에는 촉촉히 비가 내리고 있지만, 시(詩), 서(書), 화(畵), 음(音)을 즐기던 옛 문인들의 문화를 고즈넉하니 즐길 수 있었던 나는 참 행복한 사람이라는 생각이 들었다. 오로지 나만을 위해서 공연된 소주평탄, 행복이 뭐 별건가? 나는 길 위에서 갈피갈피 행복을 찾는다. 차실을 나서니 비로소 유네스코가 인준한 세계문화 유산의 정원 졸정원이 눈에 들어왔다. 차실 바로 앞에는 음악극(昆曲) 공연을 위한 희대(戱台, 음악극 전용무대)가 호수 가운데 있었다. 예전에 문인들의 풍류 세계는 참으로 대단했던 것 같다. 책을 읽고 글을 쓰고, 그림을 그리고 음악을 즐기던 그들의 풍류문화가 새삼 귀하다는 생각을 했다. 지금은 고작 비싼 오디오 시

차실 바로 앞에는 음악극(昆曲) 공연을 위한 희대(戱台)가 호수 가운데 있다. ⓒ 현경채

배낭 속에 담아 온 음악

마르코 폴로가 동양의 베니스라고 했던 평화로운 물의 도시 쑤저우 © 현경채

스템을 구비하고 음반을 수집하는 정도로 문화적인 사치를 부리지만, 예전의 문인들은 문방사우를 갖추고, 직접 고금을 연주했으며, 예술가들의 든든한 후원자를 자청했다. 그들을 위해 공연할 수 있는 공간을 짓고, 그들의 음악을 사랑하여 가까이 두었을 옛 사대부들이 현대에는 진정으로 없는 것일까?

졸정원을 나와 조금 걸으니 마르코 폴로가 쑤저우를 동양의 베니스라고 했다는 말이 실감이 났다. 쑤서우는 정말 수로가 참 많았다. 평화로운 물의 도시 쑤저우에서 고금 음악과 곤곡, 그리고 평탄이 뿌리 내린 것은 문인들의 예술에 대한 사랑이 배경이 되었을 것이다.

중국-광활한 영토가 빚어 낸 다양한 음악

항저우의 블록버스터 공연, 송성가무쇼와 인상서호

항저우는 쑤저우와 함께 중국에서 가장 아름답고 살기 좋은 도시로 유명하다. 중국인들은 쑤저우에서 태어나 항저우에서 사는 것이 최고의 행복으로 생각하고 있다. 12세기에는 남송의 수도였으며, 항저우 서호(西湖)의 아름다움은 수많은 시인과 문장가들이 글로서 예찬했다. 서호의 봄비는 마음을 적셔 주는 한 잔의 술과 같고, 3월의 항저우는 알록달록의 꽃들과 봄바람으로 행복해진다. 초록의 나무 사이의 산책로를 거닐면 저절로 힐링이 되는 그곳은 바로 항저우다. 항저우의 서호는 2011년 프랑스 파리에서 열린 유네스코 세계유산회의에서 세계문화유산으로 등재되었다. 내게 항저우는 그저 한 번 방문하고 마는 도시가 아니었다. 코너를 돌 때마다 근사한 무언가를 발견하곤 했으며, 진정 사랑에 빠질 수밖에 없는 곳이다.

항저우에는 남송시기의 숨결이 곳곳에 남아 있다. 남송 황성 유적지, 칭허팡(淸河坊), 송성(宋城), 어가(御街) 등은 화려한 귀족 문화의 중심지로서 생활을 엿볼 수 있다. 항저우는 풍류 도시로서의 매력 때문에 한 번 찾은 여행객은 반드시 다시 찾게 되는 묘한 이끌림이 있다.

내가 항저우를 찾는 이유는 공연을 보기 위함이 첫 번째 이유이지만, 사실은 후빈루(湖濱路)와 난산루(南山路)를 거닐면서 빼어난 절경의 시후(西湖)를 둘러보고, 시후천지에서 호수를 바라보며 차를 마시고, '와이포자(外婆家·외할머니댁)' 음식점에서 두툼한 삼겹살을 오랜 시간 간장에 졸인 동파육을 먹는 재미 때문이다. 여행지를 고를 때 현지의 음식은 얼마나 중요한 요소라고 생각하느냐는 질문을 받을 때가 있다. 여행은 다른 나라의 풍습이나 문화를 접하는 가장 좋은 방법이고, 특히 음식 문화는 한 지역을 대표하는 요소 중 하나다. 예술이 모든 사람의 취향을 만족시키지 못하는 것

풍경 © 서지민

항저우 서호 석양 © 서지민

처럼 현지 음식 또한 여행자의 취향에 꼭 맞지 않을 때가 많지만 중요한 요소라는 사실엔 변함이 없다. 나는 젊은 배낭여행자들의 블로그에 소개된 맛집은 신뢰하지 않는 편이고, 현지에 도착하여 호텔 직원에게 맛집을 추천받거나 길을 걷다가 현지인들이 많은 식당을 선택한다. 그러면 실패할 확률이 적다. 그러다가 진정으로 맛있는 집을 발견하면 근처에 왔을 때 다시 찾거나 지인에게 추천하기도 한다. 점차적으로 맛을 찾아 여행을 떠나는 사람들이 늘어나는 추세로 보아 미식 여행의 트렌드는 아마도 계속될 것으로 생각된다.

항주의 맛집 '와이포자(外婆家)'에서 밥을 먹으려면 대기시간은 필수다. 핸드폰 번호를 단말기에 입력하고 인원수를 클릭하면 은행 대기표 같은 쪽지가 나온다. 그리고 대략적인 대기시간을 알려 주고, 차례가 되면 '할머니가 밥 먹으러 들어오래'라는 안내 방송으로 번호를 부른다. 지금은 항저우

'와이포자'(外婆家 · 외할머니댁) 음식점 ⓒ 현경채

뿐만 아니라 중국 전역에 분점이 있어서 다른 곳에서도 이 식당의 음식을 맛볼 수 있지만 본점은 서호의 후빈루에 있다. 항저우는 경치가 아주 빼어나다. 주변의 대나무 숲으로 울창한 안길(安吉)은 이안 감독의 영화 〈와호장룡〉의 촬영지로도 유명하여, 관광객들의 발길이 끊이지 않는다.

세련된 인테리어와 저렴한 가격, 맛있는 음식으로 인기 절정의 음식점 '와이포자'. 내가 항저우를 찾은 이유이기도 하다. ⓒ 현경채

　상하이에서 항저우는 고속철도로 1시간 거리에 있고, 기차표는 여권을 들고 기차역 매표소에서 구입이 가능하며, 열차도 20분 간격으로 자주 있다.

남송 어가(御街) 거리의 설치 미술 ⓒ 현경채

한국 인사동에 해당하는 항저우의 칭허팡(清河坊) © 현경채

서호(西湖)의 봄비는 마음을 적셔 주는 한 잔의 술과 같다. © 현경채

배낭 속에 담아 온 음악

서호는 항저우 시민들의 휴식공간이다. 얼후에 맞추어 간단한 노래를 부르는 사람과 운동을 하는 사람들을 자주 보게 된다. © 현경채

중국 항저우(杭州)에 가면 꼭 관람해야 하는 두 가지 블록버스터 공연이 있다. 그것은 바로 〈송성가무쇼(宋城歌舞)〉와 〈인상서호(印象西湖)〉다. 장이머우 감독 연출의 대형 공연물을 보기 위하여 하루에도 수많은 관광객이 항저우를 찾는다. 공연으로 인한 부가적인 경제적 가치는 상상을 초월한다.

화려함과 웅장함의 극치, 항저우 송성가무쇼

송성가무쇼는 항저우가 송나라 수도였던 것에 대한 자부심을 가무를 통해 보여 주는 기예 쇼다. 중국 남송(南宋)시대를 배경으로 중국 역사와 전통을 담아낸 세계적 수준의 뮤지컬로, 서호를 배경으로 전해져 내려 오는 전설과 송나라 민족 영웅의 이야기를 무용극의 형식을 빌려 꾸민 대형 가무극이다. 총 4막으로 구성돼 있으며 1시간 정도 진행되고, 3,000석이 넘는

공연장 객석은 연일 만원이며, 1일 4～5회의 공연을 한다.

송성가무쇼는 어마어마한 스케일로 보는 이들을 압도한다. 장이머우 감독이 제작한 이 무대에서는 말을 타며 대포를 쏘고 폭포가 떨어지는 광경이 펼쳐지고, 무대 설치비만 87억이 들어갔다. 450명의 출연진이 등장하며 한 번에 3,000명이 관람할 수 있다. 지금까지 500만 명 이상이 관람했다.

공연장은 '송성(宋城)'이라는 테마파크 안에 있다. 송성 입구에는 천 년 이상 자리를 지킨 느티나무가 있고 성 안에는 송나라 때의 민속촌을 만들어 놓아 다양한 풍물도 구경할 수 있다. 송성은 항저우 시내에 있는 중국에서 가장 크고 유명한 문화 테마파크로, 송성가무쇼는 단연 송성의 하이라이트다. 중국판 라스베이거스 쇼라고 불리는 만큼 화려한 조명과 웅장한 무대장치로 초현대식 연출을 보여 주는 대형 가무 공연이다. 송나라 때 전

항저우의 외곽 지역에 테마파크 송성을 조성해 놓았다. 이곳에서 송성가무쇼가 공연된다. © 현경채

배낭 속에 담아 온 음악

화려함과 웅장함의 극치, 항저우 송성가무쇼 © 현경채

설과 역사를 표현한 세계 3대 공연 중 하나로, 영어 제목은 '더 로맨스 오브 더 송 다이내스티(The Romance of The Song Dynasty)'다.

쇼의 배경은 중국 역사상 가장 영향력 있었던 왕조 중 하나인 송나라다. 항저우는 송나라 때 수도였기 때문에 송과 관련된 유물이 많다. 송나라 때 항저우는 100만 인구를 갖고 있는 대도시였고, 곳곳마다 노래와 춤으로 태평성대를 구가했다.

송성가무쇼는 크게 4막으로 나뉘어 항저우의 과거와 현재, 미래를 보여준다. 1막은 '항저우의 빛'으로, 고대국가의 탄생과 송나라의 건국, 태평성대한 시절의 이야기를 담고 있다. 특히 황제의 생일 연회가 거행되는 부분에서는 무대를 온통 황금으로 치장하여 화려함의 절정을 보여 준다. '아리랑' 공연이 등장한다.

1막의 압권은 황제의 환갑을 맞아 황제가 인근 국가에서 온 축하 사절단의 공연을 흡족한 표정으로 즐기는 장면이다. 동남아시아 국가들로 추정되는 각국 문무 대신들이 머리를 조아리며, 정성껏 준비한 다채로운 가무를 바치는 것으로 구성된다. 공연의 내용은 송나라 때 외국 사절단이 방문하여 연회를 펼치는 내용인데, 다양한 춤과 서커스 같은 요소를 가미하여 보는 즐거움이 가득했다. 앞자리에 앉은 사람들 좌석이 갑자기 양쪽으로 갈라지며 무대가 되고 때로는 연꽃이 피는 연못이 되기도 하고 전쟁터가 되기도 한다. 무대에 직접 말 타는 용사가 나타나고, 청중을 향해 대포소리를 내며 대포를 쏘기도 하는데 거의 실제처럼 다가온다. 비오는 풍경에서는 청중이 있는 곳까지 이슬비가 내리기도 하여 우산을 꺼내 쓰는 관객도 있었다. 무대 천장에서 사람이 내려오기도 하며 컴퓨터 그래픽까지 동원되는 드라마틱한 무대가 계속되어 청중의 눈을 한시도 뗄 수 없게 사로잡는다.

화려함과 웅장함의 극치. 항저우 송성가무쇼의 포스터

2막의 내용은 '금과 철마 전쟁'이다. 금나라의 공격으로 위기에 처한 송나라를 구한 영웅 악비(岳飛)의 무용담을 담고 있는데, 거대한 분수가 솟아오르고 말이 무대를 달리며 대포알을 쏘는 등 실제 전쟁을 방불케 하는 무대 효과를 보여 준다.

3막에서는 '아름다운 서호, 아름다운 전설'이라는 제목으로 서호에 얽힌 슬픈 사랑 이야기를, 4막에서는 우리나라를 비롯해,

일본, 대만, 인도 등 각 나라의 민속의상을 입고 전통 춤을 추는 무희가 등장해 '세계는 여기서 모인다'라는 제목으로 공연한다. 한복을 입은 아리랑 가무 분량은 공연장에 입장한 현지 관객과 한국 관객의 비율에 따라 달라지기도 한다. 한국 관객이 많을 때는 4막 하이라이트 부분에만 장고춤, 사물놀이, 부채춤 등을 선보이지만, 현지 관객이 많은 경우 1막부터 아리랑 가무가 등장하고 4막까지 이어지는 일종의 고무줄식 편성을 하고 있다.

호수 물 위에서의 공연, 인상서호

"항저우에 가서 서호를 보지 않으면 항저우에 갔다 왔다고 할 수 없고, 서호에 가서 〈인상서호〉 공연을 보지 않으면 서호에 갔다 왔다고 할 수 없다."는 말이 있다. 중국에서도 가장 경치가 빼어난 곳이 항저우이고, 그 중에서도 서호가 절경이라는 말이다. 항저우는 중국 4대 미인 중의 한 사람인 월나라 미인 서시(西施)가 태어난 곳이다. 오나라 왕 부차(夫差)에게 패한 월나라 왕 구천(勾踐)이 미인계로 서시를 부차에게 보낸 뒤 쓸개를 먹으며 원수를 갚았다는 '와신상담(臥薪嘗膽)'이란 고사성어가 만들어지기도 한 곳이고, 시성(詩聖) 이태백이 달을 노래한 곳도 항저우이며, 달나라의 계수나무를 금도끼로 다듬어서 사랑하는 사람과 함께 살 보금자리를 지어 보자는 달을 예찬한 곳도 바로 이곳이다. 이태백은 화창한 날의 서호는 서시의 화장한 모습이고 안개 낀 날의 서호는 서시가 화장하지 않은 모습이라고 비유하며 서호의 아름다움을 극찬하였다. 어스름으로 물들게 되는 저녁에 서호에서 펼쳐지는 〈인상서호〉 공연은 그야말로 환상이다. 〈인상서호〉는 영화감독 장이머우를 포함한 3명의 감독이 다양한 기법으로 서호의 산수화 같은 풍경과 고도(古都) 항저우에 전해지는 전설을 바탕으로 만든 설경 공연이다. 계림에서 공연되는 〈인상유삼저(印象劉三姐)〉 공연이 대성공을 거두자 장이머우 감독이 서호를 배경으로 백사전(白蛇傳)이라는 전설을 가미해 또 다른 작품을 완성한 것이다.

서호의 전설 백사(白蛇)와 총각의 사랑 이야기인 〈인상서호〉 공연은 5부작으로 이루어져 있다. 만남(相見), 사랑(相愛), 이별(離別), 추억(追憶), 인상(印象)으로 구성된다. 서호의 잔잔한 물결을 무대로 변화무쌍하고 아름다운 이야기가 자연스럽고 생동감 넘치는 모습으로 연출되는데, 서호에 전해지는 신화와 전설이 배우들의 몸짓으로 싱그럽게 되살아나고 고혹한 빛이 더해져 마치 꿈을 꾸는 듯 환상에 빠지게 된다. 애간장을 녹일 듯 애절하고, 끊어질 듯 다시 이어지는 독특한 음악과 기묘하고 신비롭기까지 한 조명이 어우러지는 인상서호 공연을 보면 신선의 경지가 따로 없는 듯하다.

사실 공연의 줄거리는 지극히 평범하고 단조롭다. 그러나 넓은 호수를 무대로 물과 빛과 소리와 색이 어우러진 공연은 그야말로 환상적이다. 누구

항저우의 호수 위에서 펼쳐지는 전통 무용극 '인상서호' ⓒ 현경채

도 예상하지 못했던 상상력과 웅장한 스케일에 관람객들의 탄성이 저절로 터져 나온다. 어둠 속 물 위에서 펼쳐지는 수많은 배우들의 몸짓이 어둠을 헤집고 날아드는 다양한 색과 높낮음의 현란한 빛으로 숨 쉴 틈 없이 이어지는 거대한 산수화를 보는듯한 꿈같은 분위기가 사람들을 숨 막히게 한다.

초연된 이래 매년 50만 명 이상의 관람객이 몰려든다니 이 공연의 저력을 알 만하다. 〈인상서호〉는 계림의 〈인상유삼저〉와 함께 연간 300억 원 이상의 이익을 창출하는 세계적 공연으로 자리 잡았다고 한다. 자연과 인간이 빚어내는 '진화'는 그 한계가 없는 듯하다.

중국 아이 ⓒ 서지민

중국 어린이 ⓒ 서지민

중국—광활한 영토가 빚어 낸 다양한 음악

경극과 천카이거 감독의 영화 〈패왕별희〉

중국과 정식 수교가 이루어진 후 1994년 처음으로 베이징을 가게 되었을 때의 기억은 지금도 생생한 흥분으로 남아 있다. 그때부터였던 것 같다, 지금도 중국 대륙을 생각하면 때때로 두근거리는 마음에 벅차오를 때가 있다. 사람의 기억력이라는 것이 참 신기하다. 내 안에 호기심으로 가득찬 살아 있는 생명을 느끼는 순간이 바로 중국 대륙을 직접 밟았을 때다. 어디선가 연탄 냄새가 나면 나는 아련히 베이징을 떠올린다. 내 후각이 먼저 베이징을 기억하고 있는 것이다. 지금은 상하이를 더 좋아하지만 초창기에는 베이징을 참 많이도 갔었다. 대학교 안의 외국인 기숙사에 둥지를 틀고, 음악인들을 만나러 나갔었는데, 버스로 전철로 때로는 빵차 택시(작은 봉고차가 식빵처럼 생겨서 현지인들은 그렇게 부른다.)로 여기저기 참으로 열심히 다녔다. 개방 이후 빠르게 성장하는 모습을 가깝게 바라본 사람으로서 갈 때마다 달라진 거리의 모습과 치솟는 물가에, 혀를 내두르기도 했었던, 나의 첫사랑의 도시는 베이징이다.

베이징의 핫플레이스, 난뤄구샹(南鑼鼓巷)와 798예술거리

중국은 거대 자본의 유입으로 무엇이든지 크게 만들어 세계 최고라는 타이틀을 붙이는 것을 좋아한다. 하지만 배낭을 메고 방문하는 나에게 그런 곳은 문턱이 높아 감히 엄두를 낼 수 없었다. 베이징 여행 중 최고로 꼽는 나만의 코스는 중국의 옛 모습이 남아 있는 자금성의 뒷골목과 스차하이(什刹海) 옛거리와 798예술거리이다. 중국 가이드북에는 일제히 만리장성 빠다링과 천안문광장, 이화원 등의 전통적인 관광지를 추천하지만, 요즘 핫한 핫플레이스는 이런 곳이 아니다.

스차하이(什刹海)는 베이징에서 원형 보존이 가장 잘 된 옛 거리다. 호수가 있어 풍광이 좋아 호수를 바라보며 음식을 즐길 수 있는 음식점과 찻집이 호숫가로 성업 중이지만, 내가 좋아하는 곳은 스차하이(什刹海)의 동쪽 건너편의 골목인 난뤄구샹(南鑼鼓巷)이다. 고풍스러운 옛 건축물들이 역사의 옷을 입고 있는 이곳을 알게 된 것은 중앙희극학원(中央戲劇學院, 경극전문대학교)을 찾아가다가 정말 우연히 발견하게 되었다. 경극대학교 주변의 작은 골목은 보물창고 같은 곳이었다. 베이빙마스후퉁(北兵馬司胡同, 중국은 골목을 후퉁이라고 한다.)에는 오래된 건물을 개조한 한스로얄가든 호텔(Han's Royal Garden Hotel Beijing)이 있다. 그때는 돈 많이 벌어 이렇게 분위기 있는 호텔에 여장을 풀고 술렁술렁 후퉁을 유람해야겠다는 생각을 했었다. 한국의 북촌이 맛집과 예쁜 카페들이 모인 마을이 된 것처럼 작은 골목 주변에는 아트숍과 카페, 공방들이 성업 중이다.

내가 북경에서 두 번째로 좋아하는 곳은 798예술구(藝術區)다. 이곳은 원래 구소련과 독일의 기술로 세운 무기공장 건물이었다. 냉전이 끝나고 무기생산이 활력을 잃으면서 공장들은 정부에 의해 외부로 옮겨지고 이 일대에 2002년부터 예술가들이 예술공간을 조성하면서 주목받기 시작했다. 2006년 798예술구는 정부에 의해 최초 10개 문화창의산업 집중구로 지정되어 베이징의 문화아이콘으로 상징되고 있는 곳이다. 또한 798예술구는 타임, 뉴스위크, 포춘지 등에 세계에서 가장 문화적 상징성과 발전 가능성이 있는 예술도시로 선정되었다. 798비엔날레 등이 개최되며 국세직으로도 유명세를 자랑하는 곳이다. 현재 798예술구에는 400여 개가 넘는 전문화랑과 갤러리를 비롯하여, 독특한 인테리어의 수많은 카페와 아트숍이 중국 현대미술의 현주소 역할을 하고 있다. 이로 인해 하루에도 수많은 관광객과 세계적인 컬렉터와 딜러가 이곳을 찾는 국제 미술시장의 메카다. 나는 이곳에서 투자개념으로 차세대에 떠오를 신진 작가의 그림을 한 점 사고 싶었으나 그림을 보는 안목이 없어 그만 포기했다.

영화 <패왕별희>

가수와 영화배우로 종횡무진 활동하는 한국의 월드 스타로 비(정지훈)가 있다면, 중화권에는 왕리홍(王力宏, Wang Leehom, 영화배우·가수)이 있다. 그의 노래 '가이스잉슝(盖世英雄)'에는 경극의 창법과 경극의 타악기, 경극 의상이 사용되었다. 경극을 소재로 한 영화는 셀 수 없을 정도로 많지만 그중에서도 1993년에 제작된 천카이거(陈凯歌, Chen Kaige) 감독의 <패왕별희(覇王別姬, Farewell My Concubine)>는 중국의 경극을 파악하는 데 상당한 도움을 준다.

<패왕별희>는 한나라에 멸망당하는 초나라 항우와 우희에 대한 이야기

왕리홍의 노래 '가이스잉슝'에는 경극의 창법과 경극의 타악기, 그리고 경극 의상이 사용되었다.

천카이거(陈凯歌, Chen Kaige) 감독의 〈패왕별희(霸王別姬, Farewell My Concubine)〉는 중국의 경극을 파악하는 데 상당한 도움을 주는 영화다.

로, 한 시대를 호령하였던 '패자(霸者)'들에 대한 이야기다. 영화 〈패왕별희〉는 중국의 격동기를 배경으로 경극을 하는 두 남자의 사랑과 질투 그리고 경극의 아름다움을 보여 주고 있다. 어려서 베이징 경극학교에 맡겨진 두지(장궈룽, 張國榮, Leslie Cheung, 1956~2003)와 시투(장펑이, 張豐毅, Fengyi Zhang)는 노력 끝에 최고의 경극배우가 된다. 여자 역할을 맡았던 두지는 시투를 흠모하게 되는데, 시투에게 사랑하는 여인 주샨(꽁리, 鞏俐, Gong Li)이 생기면서 방황을 한다. 두지는 아편에 손을 대고, 시투는 주샨에게 빠져 산다. 영화 속의 두 남자는 중국의 역사처럼 파란만장한 삶을 시작한다. 1925년 군벌시대, 1937년 중일전쟁, 1949년 중화인민공화국 수립, 1966년 문화대혁명을 거치면서 〈패왕별희〉의 주인공들은 수없는 패배와 좌절을 겪는다. 그들은 현실로부터 단절되거나 현실 앞에 굴복하거나 혹은 현실에서 살아남기 위해 발버둥을 친다. 시대의 흐름 앞에서 개인의 힘은

미약하지만 긴 세월 속에서 중국인들이 눈물겹게 지켜온 경극에 대한 이야기가 고스란히 영화 속에 담겨 있다.

경극

경극은 중국의 모든 전통극 예술 형식 가운데 가장 대표적인 장르다. 수세기에 걸쳐서 천재 예술가들이 창조하고 발전시켜 온 중국의 고전극은 독특한 자기 양식을 가진 포괄적 공연 예술이다. 중국의 전통음악(傳統音樂), 시(詩), 창(唱), 영송(詠頌), 무용(舞踊), 곡예(曲藝)와 무술(武術)을 하나의 위대한 연극 예술로 담아냈다. 중국의 전통극은 하나의 창극(唱劇) 또는 가극(歌劇)이지만, 서양의 오페라(Opera)나 오페레타(Operetta)와는 전혀 다르다.

300여 종의 중국 전통극은 각 지방의 사투리와 음악 양식, 그 지역에서 유래하는 소재를 차용한다. 경극이란 200여 년 전 각 지방에서 발달한 새로운 극들이 베이징에 올라와 공연된 것에서 유래하듯이 그저 지방가극에 불과하였다. 문인, 예술인, 관객 등 각층 인민들과 청나라 조정과 청나라 이후의 관부(官府) 등이 적극적으로 경극을 후원하고 발전시켰고, 여러 세대에 걸친 장인들에 의해 진화를 거듭하여 마침내 중국을 대표하는 음악극으로 완성되었다.

청나라의 피황(皮黃)은 곤강(崑腔)이 쇠퇴하는 시기에 일어난 일종의 극음악이다. 베이징(北京)에서 발달했기 때문에 경희(京戲) 또는 경극(京劇)이라 불렀다. 중국 지방극 중에 피황이 유래한 지역이 가장 넓다. 노래와 대사에 표준어 발음이 많고 중국 희극의 전통을 계승할 수 있기 때문에 오늘날 '국극(國劇)'이라고 한다.

경극의 발전 단계는 청나라 건륭 55년부터 광서 6년(1790~1880)까지를 형성기, 광서 6년부터 민국 6년(1880~1917)까지를 성숙기, 1917년부터

이푸우타이(逸夫舞臺) 극장의 상하이월극원(上海越劇院)의 〈홍루몽〉 공연 © 현경채

1937년까지를 전성기로 구분한다. 전성기 때에는 메이란팡(梅蘭芳, mei lanfang, 1894~1961) 등 4대 유명 배우가 활동하였고, 이때에 서구를 비롯하여 다른 나라에 소개되었다. 1938년부터 1949년까지는 혼란기로 항일전쟁과 내전으로 공산당의 해방구와 국민당 통치구, 일본군 점령 지역에서 제각기 흥성하거나 쇠퇴하였다. 1949년부터 현재까지는 변화기로 중국 전역에 퍼져 새로운 변화를 모색하며 부흥의 길을 찾고 있다.

경극을 감상하려면 먼저 경극의 반주 음악부터 알아야 한다. 그 이유는, 첫째, 음악은 항상 배우가 무대에 오르기 전 사람들을 흥분하게 하는 들뜬 분위기로 만들기 때문이고, 둘째, 경극의 노래는 음악의 반주와 맞아야만 하며, 배우들의 무대 위 모든 동작도 음악과 반드시 맞아야 한다. 셋째, 경극의 음악은 경극의 영혼이라고 할 수 있을 정도로 전체 진행을 이끄는 역할을 한다. 경극의 반주 음악을 '문무장(文武場)'이라 부른다. '문장(文場)'은

중국─광활한 영토가 빚어 낸 다양한 음악

관현악기로 이루어지고, '무장(武場)'은 타악기로 이루어진다. 문무장은 배우들의 노래 반주를 담당하며 징후(京胡), 얼후(二胡), 위에친(月琴), 디즈(笛子), 태평소의 선율 악기와 독특한 음색으로 음의 꼬리가 올라가는 꽹과리(小鑼)를 비롯한 타악기로 이루어져 있다.

경극의 배역

경극에는 셩(生: 남자 역), 단(旦: 여자 역), 징(淨: 彩面, 짙은 분장의 남자 역) 그리고 쵸우(丑: 어릿광대)의 네 가지 배역이 있다.

남자 역 셩(生)

경극의 남자 역은 짙은 화장을 한 채면 역(彩面役: 배역의 성격을 얼굴의

경극의 기념우표. 배역은 셩이다.

경극의 남자 역은 짙은 화장을 한 역을 제외하고 모두 셩이다.

배낭 속에 담아 온 음악

색으로 분장한 것)을 제외하고 모두 '셩'이다. 나이가 들고 수염을 단 남자 역들은 '늙은이'란 글자를 넣어서 라오셩(老生)이라 하고, 젊은 남자 역들은 '젊은이'란 글자를 넣어 '샤오셩(小生)'이라 한다. 운율과 노래를 전문으로 하는 역은 모두 '원셩(文生)'이라 하며, 곡예와 무술에 뛰어난 자는 '무인' 또는 '우셩(武生)'이라 한다.

여자 역 단(旦)

경극의 여자 역은 '단'이다. 원래 단은 여자 역을 하는 배우를 지칭하는 말이었다. 지금은 그렇지 않지만, 봉건시대의 남녀는 결코 한 무대에서 같이 연기할 수 없었기 때문에 젊은 남자들이 여자 역을 훈련 받아 공연에 참여했다. 칭이(青衣) 역은 좋은 부인, 정숙한 아내, 효성스러운 딸을 대표한

경극의 여자 역은 '단'이다.

다. 칭이는 품위 있게 행동하며, 걸음을 걸을 때는 일정한 보폭으로 발을 땅에서 거의 떼지 않고 걷는다. 화단(花旦) 또는 꽃단은 활달한 처녀이거나 미심쩍은 성격의 여인이며 연기에 큰 비중을 둔다. 차이단(彩旦)은 발랄함에 있어서는 화단과 닮았으나 희극적이고 때로 천박하며 혐오감을 준다. 우단(武旦)은 무인처럼 강인하면서도 아름다우며 행동이 발랄하다. 무술을 구사하

고 곡예를 자랑해야 하는 어려운 역이며 날카롭고 밝은 눈을 가져야 한다. 노인 역의 라오단(老旦)은 가장 리얼한 연기를 한다. 머리를 숙이고 어깨는 휘었으며 종종걸음으로 무대를 누빈다. 혹 지팡이를 쓰기도 한다. 부드럽고 상냥하며, 눈은 나이에 걸맞은 노쇠함을 보인다.

짙은 분장의 남자 배우, 징(淨)

'징'은 짙은 화장으로 분장한 남자 배역이다. 얼굴색으로 극의 큰 흐름을 암시하는 중요한 역할을 한다. 눈 가장자리나 안면에 짙은 검정색으로 테를 두르고 배역의 성격에 따라 얼굴에 짙은 색으로 분장을 한다. 가면을 얼굴에 쓴 것 같은 분장은 검보(臉譜)·말검(抹臉)·화검(畫臉)이라고 한다. 강렬한 성격이라든가 선악의 마음과 내면의 성격을 얼굴의 분장으로 강조하는 화장 기술이다. 그러한 점에서 화장의 발상(發想)은 개성을 강조하려는 목적도 있지만 자기를 죽여 타인이 되고자 하는 목적이 강하다고 할 수 있다.

경극에서의 얼굴 분장은 오늘날에 와서 상당히 복잡한 선과 색을 사용하고 있으나 옛날에는 좀 더 간략하게 그렸다. 복잡한 선과 색을 내기 위해 지금은 붓을 사용하나 옛날엔 손가락 끝으로 그렸다고 한다. 인물의 성격은 선에 따라서도 표현되나 색의 구별로 선과 악의 정도를 상징한다. 이와 같이 화장을 하는 징의 배역은 정징(正淨)·푸징(副淨)·우징(武淨)

짙은 분장의 남자 배우는 모두 징이다.

으로 나뉜다. 그러나 엄밀한 구별은 없으며 용모가 웅장하고 굵은 목소리여야 한다는 것이 첫째 조건이다. 특히 정징은 대화검(大花瞼)이라고도 하여 창(唱, 노래)이 주이고, 주변을 위압할 정도의 품격을 필요로 한다.

푸징은 노래보다 움직임을 위주로 하며 대사를 중요시한다. 간상권신(奸相權臣) 등의 부류가 푸징 역이며 화장술도 정교하다. 우징은 검술과 미적(美的)인 클라이맥스가 생명이며 노래는 부르지 않는다. 그러나 정징·푸징·우징의 배역을 맡은 배우는 모두 풍채가 당당하여 동작은 직선적이며 목소리는 굵고 위압적이다. 예로부터 명배우가 많았으며, 진사오산(金少山, Jin shaoshan, 1890~1948), 위안스하이(袁世海, Yuan shihai, 1916~2002) 등이 유명하다.

어릿광대 쵸우(丑)

쵸우는 어릿광대 배역의 희극 배우다. 여자 어릿광대는 쵸우단(丑旦)이며 남자 어릿광대는 웬쵸우(文丑)와 우쵸우(武丑) 두 종류가 있다. 이들은 모두 코에 흰 분칠을 하는데 검은 줄을 그려 희극 배우임을 표시한다. 상황

쵸우는 어릿광대 배역의 희극 배우다.

쵸우 배역의 희극 배우 검보

에 따라 변화가 있으나 대개 나비 형상을 그린다. 광대의 임무는 관객을 웃기는 역할이므로 전달력이 강하고 기지에 차 있어야 한다.

배우의 분장과 경극의 상징성

경극 배우의 성격은 독창적인 선과 색의 과장된 화장으로 결정된다. 얼굴 분장과 배우의 얼굴에 칠한 색은 그 사람의 성격과 인품, 배역과 운명을 결정하는데, 이는 경극의 큰 특징이며, 극의 줄거리를 이해하는 열쇠가 되기도 한다.

남자배우 징(淨)의 붉은색 얼굴은 긍정적(좋은) 이미지를 띠고 충성과 용기를 대표한다. 검은색 얼굴은 충성으로 용맹하고 지혜로움을 상징한다. 푸른색과 녹색 얼굴은 민간 영웅, 녹림호객을 대표한다. 황색 얼굴과 백색 얼굴은 부정적(나쁜) 이미지를 가지는데 대부분이 흉악한 자들이다. 금색과 은색 얼굴은 신비함을 나타내고 신혹은 귀신을 상징한다.

중국 전통음악극 특유의 분장 방법인 검보(瞼譜)의 기원은 아주

胡彷　黃盖　黃胖　姬僚
賈華　姜尚　姜維　蔣干
蔣欽　焦贊　金甲　荊軻
孔秀　雷震子　李剛　李克用

경극 검보(瞼譜)

오래되었다. 원나라는 잡극(雜劇)이 성행한 시기여서 분장에 관한 기록이 없지만, 그 당시에는 검정색과 흰색을 많이 사용하여 분장을 하였다고 한다. 경극의 검보는 기적의 얼굴 화장술이라고 한다.

배우의 동작과 상징성

경극에서는 연극적으로 상징화된 동작을 발견할 수 있다. 이러한 동작의 의미를 알고 있다면 경극을 더욱 재미있게 감상할 수 있다. 경극에는 별다른 무대장치가 없다. 몇 개의 의자와 소도구를 제외하고는 그 밖의 것은 사용하지 않는다. 물론 최근에 제작된 창작 경극에서는 영상과 무대 세트 등의 과다한 무대미술이 사용되는 경우도 있지만, 전통 경극에서는 배우의 몸짓과 연기로 주로 표현되며 거기에는 다음과 같은 약속이 있다.

경극의 연기는 시간과 공간의 제약을 받지 않는다. 사실 일상생활의 모든 활동은 무대 위에서 재현될 수 없는 것이기에 경극에서는 표현을 상징적 방법으로 처리한다. 그러므로 어떤 신체 동작은 문을 열거나 닫는 동작을 의미하고, 방으로 들어오거나 나가는 동작 또는 계단을 오르거나 내려가는 동작을 의미하는가 하면, 산을 오르거나 강을 건너가는 동작을 의미하기도 한다. 채찍을 가지고 원을 그리며 오는 것은 말을 타는 모습이다. 마차를 타는 모습은 한 배우가 또 다른 배우의 양쪽에 바퀴가 그려진 깃발을 드는 것으로 표현한다. 원을 그리며 걷는 것은 긴 여행을 의미하며, 네 명의 병사와 네 장수가 무대 양쪽 횡렬로 서는 것은 수천 명의 강한 군대를 나타낸다. 빈 무대 위에서 배우가 무릎을 꿇은 채 노를 가지고 큰 파도를 헤쳐 나가는 시늉을 하면 이것은 배를 타고 나가는 것을 뜻하는 것이다. 장소는 전적으로 배우의 연기로 제시되며, 그것은 사건이 벌어지고 있는 장소를 자유자재로 관객이 상상의 장으로 연결시킨다. 이렇듯 하나의 장면이 새들이 하늘에서 노래하는 광대한 평원일 수 있으며, 물고기들이 헤엄쳐 노니는 넓은 호수일 수 있다. 모든 무대는 관객의 마음의 눈에 투영된다.

경극의 무대는 의상표시법(意象表示法, 느낌으로써 나타내는 방법)을 이용하여 시공의 한계를 벗어나 몇 가지 도구를 다양하게 활용하여 무대의 범위를 무한대로 넓힌다. 무를 유로 대신하고, 소를 대로 여기며, 내 것으로써 남을 대신하고, 나눔으로써 전체를 보게 한다. 즉, 복잡한 것을 간단하게 하며, 시공을 벗어나는 경제적인 법칙으로 환상적인 무대를 창출한다. 무대에서 많은 여백을 두어 관중에게 상상의 나래를 펼치게 한다. 이것이 바로 의미로써 표현되는 경극의 무대 표현법이다.

문화혁명 시대의 경극, 양반시(樣板戲)

공산당 정권 수립 후 경극도 많은 변화를 겪었다. 새로 설립된 중국희곡 연구원과 중국경극단 등을 중심으로 '백화제방(百花齊放-1956년 5월 기존 레퍼토리의 중국 지식인에 대한 제약을 해제하고 사상과 언론의 자유를 부여하기 위해 중국 공산당 정부 내에서 시작된 운동)', '추진출신(推陳出新-묵은 양식을 버리고 새 양식을 들여놓는다는 뜻의 사자성어)'의 슬로건에 따라 극 내용의 근대화를 추진하였다. 봉건적인 내용을 추방하고 국민 입장에서 참신한 것을 발굴한다는 취지에서 기존의 레퍼토리를 정리하고 개편하였으나, 경극 무대에서 현대인과 현대 생활을 표현하는 일은 쉽지 않은 작업이었다. 1958년경 소위 '대약진운동' 때 현대화 시도가 있었으나 반대론과 신중론이 끊이지 않았다.

그러던 중 1966년 중국은 '문화대혁명'을 맞게 되었고, '문화대혁명(文化大革命)' 시기인 1966년부터 1976년의 10년 동안은 중국 역사상 암흑기로 지칭된다. 전통과 현대의 구분 없이 대부분 음악가의 음악 활동이 금지되었던 시기다. 중국 음악가협회의 모든 사업이 중단되고 공연단체의 활동역시 일절 금지되었으며, 음악 대학에서의 수업도 정지되었던 시기다.

문화대혁명은 1966년 5월에서 1976년 10월까지 마오쩌둥에 의해서 시자되고 영도된 정치운동이다. 마오쩌둥은 문화대혁명을 실행하면서 공개적으로 군중을 선동해 어두운 면을 들추어 내야만 주자파(走資派)에게 빼취 당한 권력을 다시 빼앗아올 수 있다고 생각했다. 이것은 한 계급이 한 계급을 전복시키는 정치대혁명이었다. 이런 예측에 근거해서 마오쩌둥은 문화대혁명을 선포하였다.

문화대혁명은 10년 동안 중국을 대혼란에 몰아넣었다. 대학이 장기간

중국 소시민 © 서지민

폐쇄되었고, 교육·과학·기술 등 전문 분야의 지도를 당성이 강한 비전문가가 장악하여 전문성보다 당성을 중시하였다. 따라서 전문 분야의 지식 수준이 심각하게 저하되었고, 기존 전문가들이 후계자를 양성하지 못하여 사회 발전에 큰 지장을 초래하였다. 그뿐만 아니라 문화대혁명으로 피해를 본 부류와 이를 통해 부상한 그룹의 대립 문제, 구간부(舊幹部)의 복직으로 인한 관료 포화 상태 등의 문제를 초래하였다. 중국은 1981년 6월 중국공산당 제11기 제6차 중앙위원회 전원회의 중 역사 문제에 관한 평가에서 '건국 이래 가장 심한 좌절과 손실을 가져다준 마오쩌둥의 문화혁명은 극좌적 오류이며 그의 책임이다.'라고 규정하였다.

'문혁(文革)'은 모든 음악인에게 정치적인 박해를 가했던 암흑의 시기다. '문혁' 기간 동안 허용된 음악은 인민복을 입고 공연하는 경극인 '양반시(樣板戲)' 음악과 정치적인 내용을 담은 '어록가(語錄歌)' 그리고 이 시기에 작곡된 몇 곡의 가곡과 기악곡 등에 불과했다. 문화대혁명 기간에는 대부분의 예술 활동이 허용되지 않았고 예술가는 강제 노역의 장으로 배치되어 노동을 강요당했기 때문에 상당 부분의 전통예술이 이 시기에 금지되고 유실되었다.

양반시는 마오쩌둥의 아내인 지앙칭(江靑, Jiang ging, 1914~1991)이 정치적인 목적으로 만든 현대화된 경극으로, 정치 투쟁과 선전을 위한 배경으로 탄생되었다. 1967년 5월 31일 『인민일보(人民日報)』에 혁명 문화로 우수한 '양판(樣板)' 8대 작품에 관련된 보도가 있었으며, 그중 〈지취위호산(智取威虎山)〉, 〈해항(海港)〉, 〈홍등기(紅燈記)〉, 〈사가빈(沙家濱)〉, 〈기습백호단(奇襲白虎團)〉의 현대 경극 양반시가 거론되었고, 5편의 양반시는 지금도 문화대혁명 시대의 대표적인 경극으로 음악사에 기록되어 있다.

양반시라고 불리는 5편의 현대 경극은 화려한 분장과 의상을 중요시하는 전통 경극과는 차별되는 양식을 갖고 있으며, 인민복 혹은 평상복을 입고 공연하는 것이 전통 경극과의 가장 큰 차이점이다. 양반시는 예술에 대

'양반시' 우표

'양반시' 전화카드

한 정치적 영향력이 극에 달하였던 1966년부터 1976년까지의 문화혁명 시기에 유행되었던 극음악으로, 정부가 주도적으로 만들었고, 문화계 전반에 끼친 영향 또한 컸다. 양반시는 문화혁명이 끝난 후에는 전면 부정되었다가 1980년대 후반부터 다시 공연되기 시작하였다.

양반시는 중국 전통극을 계승 발전시킨 현대 경극임은 분명하다. 정치성으로 인해 탄생한 것이기에 대부분의 '양반시' 속에서 영웅 인물은 정치성이 농후하고 현실에 존재할 수 없는 이상적인 영웅으로 묘사했다. 일부 부정적인 시각이 있는 것도 사실이지만 의미 있는 성과도 찾을 수 있다. 양반시는 전통의 계승 과정에서 역사와 현대의 모순, 허구와 사실의 모순을 해소하면서 혁신적인 현대화를 실현해 내었다. 이는 무대예술의 새로운 가

양반시 야외공연

배낭 속에 담아 온 음악

능성을 제시하는 것이다. 양반시의 가장 중요한 성과라 할 수 있는 것은 문학적인 면에서 양반시의 희곡이 관중에게 폭넓게 확대되었다는 점이다. 이는 전통극이 현대에 새로운 생명력을 획득했다는 중요한 의미를 갖는다고 할 수 있다.

양반시 중 대표성을 담고 있는 작품 〈홍등기(紅燈記)〉는 중국경극원이 1964년 '전국 경극 현대회 관마회연(全國京劇現代戲觀摩滙演)'에 참여했던 작품이다. 그 후 여러 차례 수정을 거쳐 1965년 봄 상하이와 광저우(廣州) 등의 지역에서 순회공연을 한 바 있다. 이 경극의 기초는 상하이 호극단(沪劇團)의 동명 음악극으로 〈혁명자유후래인(革命自有後來人)〉과 〈삼대인(三代人)〉의 영화 시나리오에 근거하여 만들어진 것이다. 〈홍등기〉는 작곡과 노래 창법이 기존의 경극보다 비교적 화려하게 창작되어 대단한 성공을 거두었으며, 지금까지 대표적인 양반시 작품으로 평가받고 있다. 그 후 〈홍등기〉는 1968년 피아노 반주 음악으로 편곡되어 연주되기도 하였다. 피아노 반주의 〈홍등기〉는 극 중 12개 부분을 발췌한 것이고, 피아노 반주 외에 타악기가 함께하여 경극 발성의 음색과 조화를 이루기도 하였다.

문화혁명 시기 중국 전통 기악음악계는 암울한 시기로 기억된다. 그 이유는 마오쩌둥의 아내인 지앙칭이 민족 기악음악에 별다른 흥미를 느끼지 못했기 때문이다. 지앙칭은 전통음악의 '음정'을 문제 삼았다. 악기의 귀를 찌르는 음향과 좁은 음역을 문제점으로 지적하며 전통음악을 비하하기도 했다. 1965년 지앙칭의 발언은 중국 전통 기악음악계에 큰 타격을 입혔다. 이러한 영향으로 문화혁명 시기의 전통음악은 새로운 음악을 만들어 낼 수 없었고, 거의 정지 상태였다. 이로 인해 이후 중국 전통음악은 서양음악을 흠모하여 추종하려는 모습으로 바뀌었으며, 심지어 중국 경극을 서양 악기 위주로 반주하였다. 그래도 다행인 것은 문화혁명 10년 동안의 열악한 환경에서도 관악기 독주 음악이 작곡되었다는 것이다. 지엔광이(簡廣易, Jian Guangyi, 1944~2000), 왕즈웨이(王志偉, Wang Zhiwei)의 디즈(笛子) 독주곡 '목민신가(牧民新歌)'를 비롯하여 웨이시엔종(魏顯忠, Wei Xianzhong) 등의 작곡가의 작품을 들 수 있다.

1970년대 이후 민족기악합주음악은 정체에서 벗어나 활성화되기 시작했다. 천진가무단(天津歌舞團)의 민악대(民樂隊)가 새롭게 개편되고, 악단이 연주한 민족기악합주곡 합주곡 '대한홍화편지개(大寒紅花遍地開)'가 1970년대에 널리 유행하기도 하였다. 이 작품은 산시(山西) 지방 민요를 소재로 하였으며, 추운 겨울 한 가난한 농부가 사회주의 체제하에서 신 농촌을 건설하는 것을 내용으로 담고 있는 음악이다. '대한홍화편지개'는 위대한 혁명 실천의 음악이다. 이 음악과 비슷한 시기의 음악은 농업과 어업을 소재로 한 것으로 생산력을 높이는 것과 관련이 있는 동일한 경향의 작품들이다.

한편 양반시를 편곡하여 합주음악(民樂合奏音樂)으로 만든 '난운비(亂雲飛, 펑 시오원(彭修文) 편곡)' 등의 작품도 있다. 이러한 일련의 작품은 예술성보다는 마오쩌둥의 아내 지앙칭의 개인적인 음악 취향과 문화혁명이라는 정치적인 배경이 작용하여 만든 음악이다. 음악학자들은 이러한 현상이 중국 음악의 전통을 전승하는 데 결정적인 장애 요소였던 것으로 평가하고 있다.

2008년 베이징올림픽과 중국 음악

중국은 2008년 베이징올림픽을 계기로 경제는 물론 문화 강국으로 도약하였다. 2008년 3월부터 베이징올림픽 기간인 9월 말까지 6개월 동안 진행되는 중국 음악 공연은 3월 20일 베이징음악홀(北京音樂廳)에서 있었던 중앙가극원(中央歌劇院)의 공연을 필두로 본격적으로 시작되었다. 베이징올림픽 기간 중 공연되는 중국 음악은 140여 개의 다양한 전통 작품으로 구성된 600여 회의 무대음악 작품이 크고 작은 공연장에서 이루어지는 대규모 프로젝트로 개최되었다.

베이징올림픽 문화 행사를 위한 준비 작업은 2002년부터 단계적으로 중국 정부 주도하에 진행되었으며, 크게 두 가지로 양분된다. 첫째는 2008년 베이징올림픽을 계기로 세계적인 수준의 국가 브랜드 공연물 발굴사업인 '국가 무대예술 정품공정(國家舞臺藝術精品工程) 프로젝트'이고, 둘째는 유네스코 지정 세계무형유산에 등재된 중국의 문화유산을 문화재로 인정하는 '중국 비물질 문화유산 지정 사업'이다. 엄청난 규모로 기획된 이 두 사업은 모두 중국 정부의 문화 정책으로 진행된 것이라는 점에서 주목된다.

2002년부터 치밀한 계획하에 진행된 '국가 무대예술 정품공정 프로젝트'는 총 240억 원이 투입된 사업이다. 베이징올림픽에 맞추어 베이징 인민광장 옆에 완공된 국가대극원(国家大劇院) 개관 때에 세계 수준의 새 극장에 어울릴 만한 무대 작품을 확보하겠다는 목적으로 중국 성부가 직접 나선 공연 진흥책이다. 2002년부터 매년 30개의 작품을 예비 선정해 1차로 제작비를 지원하였고, 그중 10개 작품을 최종 선정 후 집중 지원하는 방식으로 진행된 이 프로젝트는 2007년에 마무리되었다. 중국 전역에서 엄선한 중국을 대표한 예술작품은 경극(京劇)을 비롯하여 곤곡(昆曲), 화극(話劇), 지방

음악극(地方戲曲), 어린이 음악극, 가극(歌劇), 무용극, 음악극(音樂劇), 인형극, 오케스트라 연주, 민족음악, 전통서커스, 민속연희 등으로 중국 색채감을 짙게 담고 있는 중국전통을 무대예술화한 풍성한 결과물이다.

'국가 무대예술 정품공정 프로젝트'는 '창작 기폭제'라는 평과 '돈으로 도배했다'는 엇갈린 평가가 있었지만, 전통극을 현대적으로 탈바꿈시키고, 세계 무대에 수출할 수 있는 명품을 만들었다는 점에서 21세기 중국 문화 지도를 바꾸어 놓은 대단한 사업임에는 틀림이 없다. 베이징올림픽 기간 중에 공연된 중국가극무극원(中國歌劇舞劇院)의 〈세월여가(歲月如歌)〉와 가극 〈원야(原野)〉 역시 이러한 배경에서 탄생된 무대 작품이다. 한편 2008년 가을 한국 무대를 찾았던 장이머우(張藝謨, Zhang Yimou) 감독의 중국 무용극 〈홍등〉은 '무대예술 정품공정' 2차 연도에 선정된 작품으로 한국의 주요 도시에서 공연되기도 하였다.

장이머우 감독의 중국 무용극 〈홍등〉은 '무대예술 정품공정' 2차 연도에 선정된 작품으로 2008년 한국의 주요 도시에서 공연되기도 하였다.

'국가 무대예술 정품공정 프로젝트'가 세계적인 수준의 무대예술 작품을 위한 볼거리 중심이라면, '중국 비물질 문화유산 지정 사업'은 진정으로 중국 색채를 담고 있는 중국의 정체성을 찾기 위한 사업이다. 중국 정부는 유네스코 지정 세계무형유산에 등재된 중국의 문화유

중국가극원은 베이징올림픽 기간 중 가무극 〈원야(原野)〉를 공연하였다. © 중국가극원 제공

산을 중심으로 '중국 비물질 문화유산 지정 사업'을 진행하였다. 한국의 무형문화재 제도를 벤치마킹한 것이라는 점에서 주목된다. 2001년과 2003년에는 중국의 '곤곡'과 '고금(古琴) 음악'이 유네스코의 세계무형유산 걸작에 등록되고, 2005년 11월에는 중국 신강성의 '위그루무카무'와 몽고족 '장조민가(長調民歌)'가 추가로 유네스코 문화유산으로 선정되면서 중국의 풍부한 무형문화유산을 체계 있게 정리할 필요성을 인식하고, 조사 작업과 함께 진행한 것이 바로 2005년에 시작된 '중국 비물질 문화유산 지정 사업'이다. 2006년 5월 20일 1차로 국가 등급으로 정해진 비물질 문화유산 목록이 확정되어 발표되었다. 그중에는 '곤곡'과 '경극'을 비롯한 전통극 음악 92종과 '고금 예술'과 '하곡민가(河曲民歌)', 몽고족 '장조민가(長調民歌)'를 비롯한 민간음악 72종, '소주탄사(蘇州彈詞)' 등의 곡예(曲藝) 종목 46종 등이 지정되었다.

중국 음악은 1950년대 이후 악기 개량 사업의 영향으로 서구화되는 경향이 발견되기도 했던 것이 사실이다. 오케스트라 편제의 중국 음악 연주가 중국의 음악 흐름을 주도하기도 하였다. 서양음악적인 개념과 작곡기법이 도입되고, 서양 악기가 중국 전통악기와 나란히 연주되면서 한동안 혼합되는 음악 문화를 경험했다면, 중국 정부의 문화 정책으로 근자에 실시된 '중국 비물질 문화유산 지정 사업'은 중국 고유한 색채를 담고 있는 중국 전통음악의 가치를 재인식하고 더 나아가 중국 전통음악을 재정비하는 계기를 마련하였다고 할 수 있다. '중국 비물질 문화유산'과 '국가 무대예술 정품공정 프로젝트' 사업으로 중국 전역에서 선정된 중국 전통음악은 2008년 베이징올림픽 기간에 집중적으로 공연되었다. 전 세계를 향해 문화 강국으로서 위상을 당당하게 알렸다. 역시 중국은 무궁무진한 전통음악 콘텐츠를 보유한 나라인 듯싶다.

21세기 중국 ⓒ 서지민

20세기, 중국 음악의 변화

20세기 서양음악의 유입은 중국 음악의 현대적 변용이라는 결과를 만들었다. 중국은 신해혁명과 5·4 운동(五四運動)으로 인식의 전환이 필요하다는 일각의 목소리가 커지는 시기였다.

1911년 신해혁명으로 중화민국이 탄생했다. 정부는 민족주의 음악을 강조하였고, 그 결과 민간 음악 육성에 역점을 두고 전통악기의 개량작업을 활발히 전개하게 되었다. 한편으로는 중국 정부가 사회주의로 전환되자 고대 중국 음악이나 반주로 사용되었던 전통악기들은 금지되기도 하였지만, 20세기 중국 음악은 신문화운동으로 음악교육이 폭넓게 보급되며 획기적인 변용을 맞았다. 중국의 신문화운동은 1919년 5·4 운동으로 이어져 지식인들이 대거 참여하는 흐름으로 나타났다. 1921년 중국공산당이 만들어졌으며 민주혁명투쟁으로서 중국 음악은 새로운 단계로 진입하게 되었다.

1919년 5·4 운동 시기부터 1949년까지를 중국 음악학자들은 중국의 현대음악 시기로 구분한다. 중국의 새로운 정세와 혁명사상의 영향으로 철저한 반제(反帝) 반봉건(反封建) 혁명운동이 발발한 사건이 바로 1919년 5월 4일의 5·4 운동이다. 베이징대학 학생들에게서 시작된 5·4 운동은 3천여 명이 천안문광장에 집결하여 중국 정부의 대표가 '파리강화조약'에서 국가의 주권 포기 서명을 반대하는 집회로 이어졌다. 학생들의 항의 시위가 정부의 진압을 받자 중국 인민들의 분노는 전국으로 확대되었으며, 베이징에 이어 상하이 등 주요 도시의 노동자·학생·상인들이 동맹파업에 참여하면서 대규모의 항의 시위 운동을 전개하였다. 5·4 운동은 중국 무산계급의 거대한 혁명 역량을 최초로 드러낸 것으로 마르크스주의와 중국 혁명

운동의 결합을 촉진시켜 중국공산당의 탄생을 위한 기반을 마련하였다.

1921년 7월, 마오쩌둥(毛澤東, Mao Zedong, 1893~1976))과 뚱비우(董必武, Dong Biwu, 1886~1975)를 비롯한 몇몇 혁명가는 전국 각지의 공산주의 그룹을 대표하여 상하이에서 제1차 전국대표대회(第一次全國代表大會)를 개최하여 중국공산당을 창립하였으며, 이로부터 중국 혁명은 새로운 단계로 진입하게 되었다. 바로 이러한 이유로 5·4 운동은 중국의 근대사와 현대사를 구분하고 구민주주의 혁명과 신민주주의 혁명을 구분하는 구분점이 되었다.

신문화운동과 리우티엔화의 신음악

5·4 운동 이후 중국 음악은 리우티엔화(劉天華, Liu Tianhua, 1895~1932)를 중심으로 급격히 변화되었다. 리우티엔화는 서양의 교습법에 의한 얼후와 비파의 교본을 제시했으며, 서양 작곡기법을 염두에 둔 전통악기를 위한 작품이 다수 발표하였다. 리우티엔화의 활약에 힘입어 5·4 운동 이후 중국 음악은 중국 지식분자들의 사상과 중국의 사회상을 담은 다수의 창작 음악으로 작곡되었다.

5·4 운동을 전후로 서양음악과 종교 음악이 대량으로 중국 음악계로 영입되었다. 외국 유학길에 올랐던 많은 음악인이 귀국한 이유도 있을 것이고, 신문화운동으로 서양 문화에 대한 선호도가 뿌리 깊게 작용한 것도 그 원인이다. 외국 유학에서 돌아온 음악인들은 외국에서 학습한 음악 이론과 방법 등을 자국의 음악에 자연스럽게 도입하였는데, 이러한 새로운 음악의 수용은 신음악에 대한 창작 욕구와 음악 교육을 또 다른 단계로 진입하게 하는 배경이 되어 중국 현대음악 문화의 단초를 마련했다.

5·4 운동 이후 중국 음악계의 변화를 네 가지로 요약할 수 있다. 첫째,

리우티엔화 작곡의 10대 명곡 기념음반

신문화운동의 선두주자이며 음악교육자였던 리우티엔화

서양의 음악 이론을 적극적으로 소개하였으며, 둘째, 서양음악 이론과 방법론으로 자국의 음악과의 비교가 진행되었고, 셋째, 중국 전통음악을 수집하고 정리하였다. 넷째, 중국 음악의 특징을 찾아내고, 음악 이론으로 정리하는 작업이 활발히 진행되었다. 이러한 적극적인 흐름은 특히 음악사 분야에 두드러진 실적을 남겼다. 예를 들어, 엽백화(葉伯和)의『중국 음악사』, 정근문(鄭覲文)의『중국 음악사』, 허지형(許之衡)의『중국 음악소사』, 쇵광기(王光祈)의『중국고대지가극(中國古代之歌劇)』과『중국 음악사』, 양음류(楊蔭瀏)의『중국 음악사강(中國音樂史綱)』등의 중요한 저서가 대부분 이 시기에 출판되었다.

얼후 음악에 서구 이론을 도입한 음악가 리우티엔화의 삼 형제는 중국 문화 역사에 걸출한 3인으로, 모두 신문화운동에 앞장선 인물들이다. 형인 문인 리우반농(劉半農)은 저명한 시인이자 어문학자로 문학계에 큰 족적을 남긴 인물이다. 리우티엔화는 이러한 가정환경의 영향으로 어려서부터 오르간과 피아노, 바이올린 등의 악기와 서양음악 이론을 배웠으며, 중학교 음악 교사를 지내기도 했다. 1915년 부친상을 당한 후 그 슬픔을 담아 얼후 독주곡 '병중음(病中吟)'을 작곡하였고, 이 음악을 기점으로 사회에 대한 분노를 표현하는 수단으로 새로운 음악을 작곡하였다. 한편으로 민간 예인을 방문하여 중국 전통음악을 배웠다. 당시 그가 찾은 저명한 민간 예인은 주소매(周少梅), 심필주(沈肇洲), 유영춘(郁詠春) 등이고, 그들에게 얼후와 비파, 고금 등의 악기를 배우기도 했는데 이로 인해 리우티엔화는 민간 음악을 가르치는 혁신적인 방법을 고안하기도 했다. 리우티엔화는 가장 보편적인 민간 악기인 얼후를 개혁과 발전의 대상으로 생각하여 악기의 제작, 연주 수법, 교수법 등에 혁신적인 방법을 도입하였다. 그로 인해 얼후는 연주 표현기법에 상당한 발전을 보게 되었으며, 악기 개량과 함께 새롭게 작곡된 여러 편의 얼후 음악이 연주되었다. 이러한 일련의 활동으로 얼후는 완벽한 독주 악기로 인정을 받게 되었고, 한편으로는 음악대학의 교과과정으로 들어가게 되었다.

리우티엔화는 1922년부터 1932년까지 10년 동안 베이징 대학에서 얼후와 비파, 바이올린 교수로 재직하면서 수많은 작품을 작곡하였다. 이 시기에 작곡된 작품이 리우티엔화의 대표곡들이다. 그의 작품은 중국의 전통적인 음악기법을 담고 있으며 동시에 서양의 작곡기법을 수용하고 있다. 리우티엔화의 독창적인 색깔을 담고 있는 이 시기의 작품들은 중국 민족음악의 발전의 구심점이 되었으며, 새로운 방향을 제시한 것으로 평가된다. 외국 음악의 작곡기법을 사용하여 중국 전통악기로 연주되는 그의 음악은 그 당시의 중국 현실을 반영한 작품으로 중국 음악의 새로운 사조를 만들기에 충분했으며, 한편으로는 자신만의 특징 있는 음악 세계를 구축하였다.

리우티엔화의 풍
부한 교육 경험은
중국 전통음악 교육
에 새로운 제도를
만드는 단초를 형성
하였다. 그는 서양
악기의 교수 방법을
차용하여 중국 음악
교육에 수용하였고,
서양음악의 교수 방
법을 단계별 연습곡
으로 제시하여 점진
적인 교수 학습으로
사용하면서 중국 민

얼후를 연주하는 소시민 © 서지민

족음악의 과학적인 교수 학습체계의 기초를 마련하였다.

중국 국가 작곡가 니얼

1949년 10월 1일 중화인민공화국이 건립된 이후부터 1950~1960년대 전후의 음악은 음악교육, 음악 창작, 음악 표현기법 등에서 이론적인 깊이 있는 연구가 진행되었고, 일련의 연구 결과물이 출판되었다. 중국 음악학 자들은 이 시기를 중국당대음악(當代音樂, 1949년~현재) 시기로 분류한다. 이 시기의 음악은 공산주의의 탄생이라는 정치적 배경과 흐름을 같이 하고 있어 흥미롭다.

이 시기에 서양의 작곡기법이 적극적으로 도입된 작품들이 다수 발표되면서 중국 전통음악의 흐름이 서양적인 어법으로 바뀌는 결정적인 분기점으로 해석되기도 한다. 당시 걸출한 음악인들로는 방대한 작곡 작업으로 상당한 작품을 남긴 작곡가로 니얼(聶耳, Nie Er, 1912~1935)과 시엔 싱하이(洗星海, Xian Xinghai, 1905~1945)가 있다. 이들은 작곡의 새로운 길을 개척했을 뿐만 아니라 중국 전통음악에 서양 작곡의 경험을 대담하게 적용하여 음악의 일가를 이루었다. 성악·기악·대형 음악은 물론 가극·무용극·영화 음악까지 다양하게 나타났으며, 작품의 형식·내용·스타일과 작곡기법 등 다방면에 상당한 발전을 보았다. 성악 작품 중 상당 부분이 당시 공산당의 정치적 신념과 긴밀한 관계를 유지하며, 민중과 사회주의 혁명 그리고 정치적 열정 등을 담아 낸 것이 특징이다. 이러한 흐름에서 한편으로는 교향악단 음악의 민족화를 비롯하여, 민족기악 연주 기교 등의 개혁을 감행했다. 결론적으로 악기의 표현기법 면에서 상당한 발전을 보인 시기다.

중국 국가(國歌) 작곡가로 널리 알려진 니얼은 중국 전통음악에 서양음악의 장점을 도입한 대표적인 음악가이기도 하다. 니얼은 1912년 2월 15일 곤명(昆明)의 평민 가정에서 태어났으며, 다섯 살에 병으로 아버지를 여의고 하류계층의 힘든 환경에서 성장했지만, 후일 인민음악가(人民音樂家)로 큰 성공을 거두었다. 학창 시절에는 중국 전통 관악기 디즈(笛子)와 얼후를 배웠으며, 프랑스 음악가와 남다른 교분을 쌓았고, 슈만, 드뷔시, 모차르트, 베토벤 등의 서양음악에 심취하기도 했다. 초등학교 교가를 작곡하기도 했던 니얼은 1930년경 한때 학생운동에 참가하여 수배령이 떨어져 도피 생활을 하기도 했다. 하층민의 억울함을 음악으로 대변한 음악가 니얼은 자신의 실력으로 상하이 문화계 진출에 성공하였으며, 영화계로 입성하여 영화음악가로 눈부신 활약을 하는 한편, 좌익문화연맹(左翼文化聯盟)에 가입하기도 했다. 1933년 상하이 백색공포(白色恐怖) 시기에는 중국신흥음악회

(中國新興音樂會)를 만들어 음악으로 대중의 마음을 대변하고자 했다.

이 무렵 니얼은 티엔한(田漢, Tian Han, 1898~1968)의 소개로 중국 공산당에 가입하고 서민의 마음을 대변하는 것에서 한 발 더 나아가 음악에 정치적인 이념을 담아 30여 수의 노래 음악을 만들었다. 1935년에는 영화 〈풍운아녀(風雲兒女)〉의 삽입곡 '의용군행진곡(義勇軍進行曲)'을 작곡했다. 티엔한이 가사를 쓰고 니얼이 곡을 붙여 탄생한 '의용군행진곡'은 원래 중국의 국가로 작곡된 것이 아니라 영화 음악으로 출발했다. 이 노래가 중국인에게 특별한 사랑을 받은 영화 〈풍운아녀〉에 쓰였고, 시대의 요청에 따라 국가로 채택되었다. 상하이에서 출간된 『전통화보(電通畫報)』에 처음으로 '의용군행진곡' 악보가 소개되었고, 이후 출시된 음반이 중국 전역으로 확산되면서 유명해진 노래다. 중국은 해방 후인 1949년 9월 27일 인민정치협상회의 제1차 전체회의에서 '의용군행진곡'을 국가로 채택하기로 결정했다. 이 노래는 문화혁명을 거치면서 우여곡절을 겪기도 했지만, 장엄하면서 호소력 짙은 선율이 일제가 옥죄어 온 1930년대 암울하고도 급박한 분위기를 느끼게 하는 노래로 중국의 상징성을 담고 있다.

상하이음악당 1층에는 작곡가 니얼 작곡의 '의용군행진곡' 친필 악보가 걸려 있다. © 현경채

마오쩌둥이 극찬한 합창곡, 시엔싱하이 작곡의 '황하대합창'

　서양음악을 중국 음악에 적극적으로 수용한 또 다른 음악인은 시엔싱하이(洗星海)다. '황하대합창(黃河大合唱)'의 작곡가 시엔싱하이는 중국 근대 대형 음악 작품의 모델을 제시한 중요한 작곡가다. 1939년 3월에 작곡된 꽝웨이란(光未然, Guang Weiran, 1913～2002) 작사, 시엔싱하이 작곡의 이 작품은 중화민족의 위대한 정신을 노래하고 유구한 역사의 중국을 칭송한 음악으로, 중화민족의 발원지인 황하(黃河)를 배경으로 하였다. 인민음악가 시엔싱하이는 이 작품에 중국의 뱃노래를 차용하여 중국 전통음악의 흐름을 담아냈으며, 서양 합창의 기법을 수용하였다. '황하대합창'은 연안(延安) 공연에서 대단한 성공을 얻었으며, 당시 마오쩌둥 주석이 칭찬을 아끼지 않았다고 한다. 이 작품은 항일정신과 애국심이라는 두 주제가 중심이 된 8성부의 합창음악으로, 웅장한 기세로 관중을 압도한다. 이 합창곡은 향토성 짙은 중국 민족음악 스타일을 담고 있으며, 낭송 기법과 악단의 연주 부분이 연결되어 전체를 이루는 음악이다. 각각의 악장은 독립적으로 구성되어 있으며, 악장 간의 선명한 대비가 특징이다.

상하이음악당 1층에는 작곡가 시엔싱하이 작곡의 '황하대합창' 친필 악보가 걸려 있다. © 현경채

중국 전통음악의 흐름을 담아 낸
시엔싱하이 작곡의 '황하대합창(黃河大合唱)'

아빙의 음반 〈얼후전설(二胡傳說)〉

우시, 거리의 악사 아빙

우시(無錫)는 1995년도에 처음 갔었다. 거리의 악사였던 아빙(阿炳)을 찾아나선 여행 중에 리우틴엔화(劉天華)의 생가가 있는 지앙인(江陰)과 장님 아빙의 묘와 기념관이 있는 우시에 갔었다. 쑤저우에서 우시까지는 고속열차로 대략 25분 거리로 아주 가깝다. 한국 하이닉스 공장이 있어서 한국인들이 많은 편이다. 때문에 한국 마트도, 한국 식당도 있다고 한다. 역에 도착해서 남쪽 광장으로 나가야 하는데, 줄줄이 따라가다 보니 북쪽 역으로 나오게 되었다. 여행가방을 맡기고 밖으로 나가려고 문의를 하니 남쪽역 쪽에 있다고 한다. 기차를 내리고 밖으로 나가면 옷가게가 있고 거기에 구쩽(古筝, 중국 가야금)이 놓여 있다. 옷가게와 전통악기라니 묘한 조화라고 생각했다. 나는 우시로 중국의 대표적인 얼후 음악 '이천영월(二泉映月)'을 만든 전설적인 음악인 아빙을 만나러 왔다. 1995년에 찾았을 때, 현지인들은 아빙의 존재를 잘 몰랐었는데, 지금은 이 지방 출신의 자랑스러운 음악인으로 생각하고 있었다.

아빙의 묘 앞에는 그의 이름을 딴 야외 공연장인 이천음악광장이 있다. ⓒ 현경채

중국 얼후가 갖고 있는 최고의 매력이 아빙의 음악 '이천영월(二泉映月, Er quan ying yue)'에 모두 담겨져 있다. 중국 얼후 음악의 대명사로 알려진 이 음악은 중국음악가들의 내한 공연으로 몇 차례 소개되기도 했고, 라디오 방송에서도 여러 번 소개되어 비교적 익숙한 음악이다. 이 음악은 중국 음악 음반 속에 얼후협주곡으로, 혹은 실내악 음악으로 수록되어 있기도 하다. 이 곡의 원곡은 얼후 독주음악이다. 이 곡의 작곡자 아빙 화이엔쥔 (華彦鈞, Hua Yanjun, 1893~1950)은 상하이에서 멀지 않은 도시 우시에서 태어나고 활동한 민간음악가다. 리우틴엔화와 동시대를 살다간 음악가이지만, 그는 정규 음악교육을 받은 일이 없었으며, 얼후 외에도 비파 등의 악기를 잘 다루고 음악을 잘 만드는 음악인으로 사람들이 많이 모이는 곳에서 악기를 연주하며 하루하루 연명하던 사회 하층 계급의 거리 악사였다. 어린 시절 지독한 병(매독)에 걸려 실명하였지만, 일반인들의 애환을 음

악에 담아 즉흥 공연을 하던 천재음악가였다.

그의 음악이 세상에 소개된 것은 중국의 저명한 음악학자 양인류(楊蔭瀏, Yáng Yinliu, 1899~1984)에게 발굴되어 베이징으로 모셔와 녹음이 진행되었기 때문이다. 곡명도 비로소 그의 음악의 예술성을 인정한 양인류에 의해서 붙여지게 되었다. 화이엔쥔은 장님 '아빙'으로도 불린다. '이천영월'은 아빙이 무덤이 안치되어 있는 공원의 우물에 비친 달이라는 제목의 얼후 음악이지만, 사실 음악적인 내용은 그것과 별반 상관이 없다. 아빙의 어려웠던 생활에 대한 분노와 거리악사의 강인함이 음악에 담겨 있다. 이 곡의 매력적인 선율은 그가 동경한 아름다운 미래가 아닐까? 이곡에는 아빙만의 독특한 창작 기법이 있으며, 다양한 얼후의 기법을 담아 낸 작품으로 중국인들이 자랑스럽게 생각하는 대표적인 얼후 음악이다.

아빙의 묘가 있는 석혜공원은 혜산구시가(惠山老街) 길 끝에 있었다. 혜산구시가를 가로질러 조금 걸어 들어가면 석혜풍경구가 나

아빙의 묘비. '민간음악가 화이엔쥔 아빙의 묘'라는 글이 적혀 있다.
그를 발굴해서 세상에 알린 중국의 저명한 음악학자 양인류의 친필이다.
© 현경채

오고 거기서 왼편으로 죽 들어가면 석혜공원(입장료 10위엔, 개방시간 6:30∼17:30)을 만나게 된다. 입장료를 내고 오른편으로 한참을 걸어가서 혜산등산로 입구로 들어가면 오른편에 이천음악광장이 있고, 왼편에 아빙의 묘가 있다.

20세기의 신문화운동은 전통음악의 계승, 발전에도 영향을 주었다. 서양음악의 연구방식이 채택되어 전통음악을 수집하고 정리하고, 출판하는 일을 진행하였다. 그 결과 민간 음악가 아빙(阿炳, Abing, 1893∼1950, 본명 華彦鈞)의 음악이 발굴되고 정리되었고, 전통 민요가 수집되고 정리되었다. 또한 수집된 음악이 책으로 정리되어 '오대집성(五大集成)' 시리즈 서적으로 출판되었다. 오대집성(五大集成) 작업은 1964년에 호북, 광동, 사천, 산동,

아빙의 묘가 있는 석혜공원은 혜산구시가(惠山老街) 길 끝에 있다. ⓒ 현경채

배낭 속에 담아 온 음악

아빙의 묘가 있는 석혜공원 © 현경채

하북 등지의 음악에 관련된 초고가 완성되었으며, 문화혁명으로 잠시 작업이 중단되었다가 1979년에 계속하여 출판되었다. 오대집성(五大集成) 시리즈 출판물은『중국민간가요집성(中國民間歌謠集成)』『중국민족민간기악집성(中國民族民間器樂集成)』,

장님 악사 아빙은 중국의 대표적인 얼후 음악 이천영월을 작곡한 인물이다.
우시의 석혜공원에는 그의 무덤과 기념관이 있다. © 현경채

『중국곡예음악집성(中國曲藝音樂集成)』, 『중국희곡음악집성(中國戲曲音樂集成)』 그리고 『중국금곡집성(中國琴曲集成)』 등 5종이다. 또한 중국 소수민족 음악 정리 작업도 진행되었다. '12무카무(十二木卡姆)', '서안고악(西安鼓樂)', '복건남음(福建南音)', '강남사죽(江南絲竹)' 그리고 '광동음악(廣東音樂)' 등 지역의 음악을 정리했다. 전통음악을 정리하고자 하는 학자들의 노력에도 불구하고 중국 음악은 전통적인 색깔을 거의 상실하게 되는 국면을 맞는다. 그것의 결정적인 요인은 전면적인 악기 개량으로 볼 수 있다.

악기 개량과 중국 음악의 현대적 변용

중국 현대음악(現代音樂, 1949~현재) 시기에는 전통음악을 수집하고 정리하고 개혁하는 동시에 전통악기 개량 작업을 대대적으로 진행하였다. 중국 음악인에게 악기 개량 사업은 대단한 혁명으로 생각되었지만, 그것은 동시에 중국 고유의 음색과 음률에 총체적인 변화를 주는 부작용을 남겼다. 악기의 표준화 작업을 위한 가이드라인이 국가 차원에서 공표되었고, 대규모 악기 생산 체제를 도입하기 위해 시작된 악기 개량 사업은 1954년과 1959년 베이징에서 두 차례 대규모 악기 개량 학술대회를 개최하였고, 혁신적인 개혁과 성과를 얻을 수 있었다. 그 후 1956년에는 국가경공업부 과학원(國家經工業部科學院) 소속 악기연구소가 발족되었고, 중국 악기의 제도와 개량에 어느 정도 성과를 얻었다. 중국 정부는 먼저 악기의 규격을 표준화시키고 제조법을 과학화시켜 대량생산이 가능토록 하였다. 이를 통해 악기 가격이 낮아져 일반인들이 쉽게 악기로 구입하고 사용할 수 있도록 하였다.

중국의 악기 개량은 고금, 고쟁(古箏), 비파, 양금, 얼후, 적(笛), 생(笙), 쇄납, 관자(管子) 등 중국 전통악기에 고루 괄목할 만한 성과를 얻었다. 이

각기 다른 음역으로 개량된 생황 3종

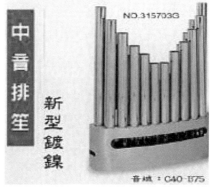

개량된 생황, 중음배생(中音排笙)

러한 작업은 음량, 음색, 모양, 악기 재료, 제도 등에 혁신적인 개량을 도입한 것으로, 기초적인 악기 개량과 동시에 저음과 중음, 고음 등의 각기 취약한 부분을 보완하였다. 예를 들어, 저음을 보강한 저음혁호(低音革胡), 저음가건생(低音加鍵笙)과 중간 음역의 피리(中音管子) 등이다. 관악기는 덮개를 붙여 반음을 내기 쉽도록 개량하여 조 바꿈을 편하게 하였고, 비파와 같은 현악기는 음역을 늘리기 위해 울림통을 개량하고 줄과 지판의 수를 늘려 음역을 확장하였다. 얼후류의 악기는 전통악기의 모양은 그대로 두고 첼로와 같은 낮은 음을 낼 수 있도록 개량하여 종류를 다양하게 만들었다. 높은 음역의 고호(高胡), 중간 음역을 연주하는 중호(中胡), 낮은 음역을 연주하는 대호(大胡)가 있다.

악기 개량으로 악기의 음역과 연주법에 변화가 생기자 음악의 내용도 큰 폭으로 바뀌었다. 개량된 중국 악기의 조율법으로 서양의 평균율이 도입되었으며, 화음을 사용하게 되었고, 민족관현악단 편제에 서양악기를 수용하기도 하였다. 악기 개량의 결과로 민족관현악단의 음향이 풍성해졌고, 작곡가들은 새로운 작품을 탄생시켰다. 작곡가들의 활발한 창작 활동은 새로운 양식을 만들었으며, 이는 예술음악 분야에서도 기악, 가극, 무용극 음악으로 꾸준히 작곡되는 결과로 나타났다. 이러한 음악적인 흐름은 발 빠르게 음악 이론으로 정립되기도 했다. 신중국 음악의 대표적인 작곡가로는 펑 시우원(彭修文, Peng Xiuwen, 1931~1996), 리환즈(李煥之, Li Huanzhisi, 1919~2000), 허잔하호(何占豪, He Zhanhao, 1933~), 탄둔(潭盾, Tan Dun, 1957~), 천치강(陳其鋼, Chen Qigang, 1951~) 등을 들 수 있다.

1840년부터 현재까지로 구분되는 근현대음악(近現代音樂) 시기에는 중국 음악에 많은 변화가 발견된다. 중국 음악 변용의 전기가 되는 이 시기는 서양음악의 유입과 악기 개량, 문화혁명 등의 커다란 사건이 중국 음악의 판도를 바꾸어 놓았다. 그러나 서양음악의 유입과 악기 개량, 정치적인 활동 제한으로 인하여 문화혁명기의 음악은 중국 음악의 독창성이 크게 유실되었다. 그나마 다행인 것은 1980년대 이후로 중국 정부는 새롭게 전통의 중요성을 인식하여 전통을 복원하려고 노력하고 있다는 점이다.

중국의 전통음악을 찾아서
-음악사로 살펴본 중국 음악

중국 전통음악은 대략 5천여 년의 긴 역사를 자랑하며 왕조 중심의 왕실 음악으로 발달했다. 궁중 행사에 사용된 연례악을 중심으로 발달된 왕실 음악과 상류사회 문인들을 중심으로 하는 고금(古琴) 음악, 그리고 화려한 얼굴 페인팅으로 상징화된 경극을 중심으로 하는 중국의 오페라 음악이 있으며, 실내음악으로 강남사죽(江南絲竹), 남관(南管), 사천청음(四川清音), 소주탄사(蘇州彈詞) 등이 있다. 한국의 가야금에 해당하는 고쟁(古箏), 해금에 해당하는 얼후(二胡) 등의 음악과 함께 중국을 구성하고 있는 56개의 소수민족의 다양한 음악 문화가 존재한다.

그중에서 중국의 한(漢)민족이 중심이 되어 형성된 중국 음악은 수천 년의 역사 속에서 독특한 색채를 지니며 주변 나라에 영향을 주었다.

4세기부터 8세기까지는 동양음악이 찬란하게 꽃피었던 시기다. 당시는 세계 음악의 중심이 동양이었고, 그중에서도 중국이 중요한 역할을 했다. 동양의 모든 나라가 앞다투어 중국과 음악적 교류를 하였고, 유명한 비단길도 이 시기에 열려 서역과의 교역이 시작되기도 하였다. 그때는 중국 사람이 인도에 가서 불경을 가져오기도 하고, 중국의 비단을 서방에 전해 주기도 하였다. 당시 실크로드를 통해 여러 문물과 함께 서역과 인도의 음악이 대량으로 중국에 수입되었다. 이렇게 들어온 외래 음악은 기존의 중국 음악과 결합하여 새로운 형태의 음악으로 재탄생되었는데, 그것이 바로 수(隋)나라, 당(唐)나라의 '연악(燕樂)'이다. 당시에는 한국과 일본의 수많은 음악인이 중국에서 음악을 배웠고, 한국과 일본에 중국음악을 전해 주었다. 한국에서는 당악과 아악이, 일본에서는 가가쿠(雅樂)가 되었다. 중국 음악의 영향을 받은 나라는 한국뿐 아니라 일본·몽골·베트남 등 여러 나라가 있으며 그 밖의 동남아시아 여러 나라에도 전해져 그 영향권은 상당히 넓다.

중국의 음악 문화는 한국, 일본, 베트남, 태국 등 이웃 나라에 커다란 영향을 주었다. 중국 음악의 역사는 『여씨춘추(呂氏春秋)』「고악편(古樂篇)」에 근거하여 다섯 줄의 현악기를 사용했다는 문헌 기록으로 거슬러 올라갈 수 있으며, 그 이전에는 고문헌 속의 신화나 전설 속의 원시 악무에 관련된 내용을 찾을 수 있다. 당나라(618~907) 때 일본에 전해 준 도가쿠(唐樂)나 송나라(960~1279) 때 우리나라 고려에 보낸 대성아악과 당악은 동양 음악 사에서 중국 음악이 이웃 나라에 영향을 끼친 대표적인 사례라 할 것이다. 한족을 중심으로 형성된 중국 음악의 역사적 발달 과정은 대략 네 개의 시대로 구분할 수 있다.

원시사회부터 주나라를 거쳐 춘추전국시대까지의 제1기, 수·당나라를 중심으로 많은 외래 음악이 한 자리에 모였던 제2기, 송나라에서 아편전쟁까지 한족의 음악 문화가 부흥되었던 제3기, 그리고 신(新) 중국 음악 시기인 제4기가 그것이다.

제1기 제례악과 고취악의 시기

제1기는 중국의 원시시대로부터 주나라 춘추전국시대까지로 제례악과 고취악으로 대표된다. 이 시기는 유교사상에 입각하여 음악이 정치 혹은 도덕의 필수품이었던 시기다. 대표적인 음악으로는 제례악이 있는데, 이는 시(詩)·가(歌)·무(舞)·악(樂)이 한꺼번에 어우러지는 종합예술 형태를 갖추고 있었다. 제례악에 사용되던 악기는 대부분 무겁고 둔한 편종과 편경 같은 악기들로 규모가 큰 것이 특징이었다. 악기들은 모두 봉건통치 계

116
배낭 속에 담아 온 음악

증후을묘에서 출토된 거대한 편종

급인 천자와 공경대부(公卿大夫)의 독점물이었다. 1978년 중국의 호북성에서 발굴, 출토된 편종은 이러한 거대한 악기의 예를 잘 보여 준다. 65개의 종이 3층으로 나뉘어 달려 있고, 길이 10.79m, 높이 2.67m로 모두 다섯 옥타브의 음역을 가지고 있으며, 4명의 연주자가 2개의 채를 들고 동시에 연주해야 할 만큼 거대하다. 이러한 악기의 외관에서 그 당시 봉건통치 계급의 생활과 호기 있던 대륙의 생활방식을 엿볼 수 있다. 또한 타악기와 취주악기가 주가 되는 고취악은 한나라 때 발전하였다. 고취악은 유목수렵을 통해 삶을 영위했던 북방 민족의 영향으로 형성된 것이며 통치자의 출행이나 의장 음악을 담당하는 악대로 사용되었다. 제사나 조회·연회에도 고취악을 사용하여 황제의 공덕을 찬양하였다.

제2기 국제음악시기

비단길이 열려 중동과의 교류가 활발해짐에 따라 동양 음악이 찬란하게 꽃폈던 4세기에서 8세기까지의 기간이 여기에 해당한다. 이 시기에는 서역과 인도 등의 음악이 다량으로 중국에 전래되어 연주되었다. 수나라 때에는

천산북로 쿠차 지역의 무카무 연주

돈황 벽화 악기 연주도

구부기(九部伎)라 하여 9개의 외국 음악 연주단이 궁중에 머무르며 각기 자
국의 음악을 연주했다. 수나라의 구부기는 중국의 속악인 청상악(靑商
樂)·인도 음악인 천축기(天竺伎)·사마르칸트(Samarqand)의 강국기(康國
伎)·카슈카르(Kashgar)의 소륵기(疎勒伎)·부카라(Bukhara)의 안국기(安國
伎)·고구려의 고려기(高麗伎)·중국 하서(河西) 지방의 서량기(西凉伎)·천

배낭 속에 담아 온 음악

돈황 비파 악보

산북로 쿠차(Kucha) 지역의 구자악(龜玆樂)·진(晋)나라의 가면기였던 문강기(文康伎)로 구성되었다. 이 구부기는 당나라 시대에 기존의 중국 음악과 결합되어 새로운 음악 형태가 생겨났는데, 바로 '연악(燕樂)'이다. 돈황석굴 벽화와 조각에도 당시의 음악 모습이 잘 나타나 있다. 뿐만 아니라 예전 제례악의 종합적인 악무가 수·당 시대로 이어지면서 구조가 방대해져 대곡(大曲) 형식의 음악 장르로 완성되었다. 이는 단순한 기악연주 부분인 산서(散序), 느린 무용과 가벼운 노래가 있는 중서(中序) 그리고 무용이 주가 되는 파(破)등 3부분으로 규모를 갖춘 것이 특징이며, 대표적인 곡은 '이상우의곡(霓裳羽衣曲)'이 있다. 돈황석굴에는 『돈황당인대곡 비파보』가 보관되어 있어 당시의 악가무 종합예술로서의 대곡의 모습을 찾아볼 수 있다.

제3기 실내악과 극음악의 시기

송·원·명·청나라를 거쳐 중국 사회는 아편전쟁이 일어났고 찬란했던 중국 문화의 중심이 흔들리기 시작하였다. 상업과 자본주의의 시작으로 인한 중국 경제사회의 변화로 인하여, 귀족 중심이던 궁중음악이 새롭게

당나라 주방(周昉)의 '조금철명도(調琴啜茗圖)'. 송나라의 음악은 상인과 서민 중심의
소규모 실내악으로 변모되었다.

고위영(顾卫英) 역할의 곤곡
배우 두리랑(杜丽娘)

형성되기 시작한 상인과 서민 중심의 국민문화로 주체가 완전히 바뀌면서 음악도 대규모에서 소규모의 실내악으로, 또는 서민들이 쉽게 즐길 수 있는 희극 음악 위주로 변화하게 되었다. 송나라 시대에는 당시(唐詩)가 송사(宋詞)로 이어져 송의 사악이 발전하였는데, 이 중에서 한국으로 이어져 발전한 것이 '낙양춘'과 '보허자'다. 이러한 사악은 소형 실내악이 반주를 담당하며 세악(細樂), 청악(淸樂) 등으로 불리게 되었고, 지금의 강남사죽, 광동음악 등의 실내악으로도 명맥이 이어진다. 그밖에도 이야기를 노래로 엮은 설창 음악과 극음악인 희극 음악이 성행했다. 몽고족이 대륙을 지배했던 원나라 때에는 극음악으로 원잡극이 있었다. 원잡극으로 중국은 고전 극음악의 탄생을 보게 되었고, 명나라의 곤곡(崑曲)으로 꽃을 피워 극음악의 최고조를 맞는다. 당시 곤곡은 후의 베이징오페라(Peking Opera)인 경극(京劇)의 음악적 모체가 되었다. 중국의 경극 음악은 중국을 대표하는 상징성으로 그 의미가 있다.

제4기 신중국 음악과 악기 개량의 시기

5·4 신문화 운동을 계기로 중국의 전통음악은 새로운 국면을 맞는다. 즉, 새로운 취향의 새로운 창작 음악이 만들어지는데, 특히 얼후(二胡) 연주자이며, 음악 교육자였던 리우티엔화(Liu Tian Hua, 劉天華, 1895~1932)가 새로운 얼후 음악을 작곡했고, 화이엔쥔(Hua, Yan Jun, 華彦鈞, 1893~1950)을 비롯한 재주 있는 민간 연주가들도 새로운 음악을 만드는 데 앞장서면서 중국 신음악 발전에 도화선이 되었다. 한편 서양음악이 대량으로 들어와 서양음악 위주의 교육으로 바뀌어 음악에 대한 가치관이 크게 흔들리며 중국 음악은 일대 혼란기를 맞는다. 전통악기의 음률도 12평균율로 정리되었으며, 악기 또한 이때에 큰 폭의 개혁이 있었다. 관현 합주를 위한 새로운 형태의 관현악단이 결성되었고, 서양의 관현악단과 같이 지휘자가 앞에 서서 지휘를 하게 되었다. 이와 더불어 새로운 형태의 창작 음악이 작곡되어 사람들은 전통곡보다는 신중국 음악을 애호하게 되었다. 이러한 흐름으로 전통곡이 일부 유실되기도 하였다. 그러나 대부분의 악기가 개량에 성공했으며 연주자들의 기량 면에서도 급속히 발전했다. 전통곡이 다양하게 편곡되어 발표되었고 새롭게 선보인 신중국 음악은 약 1세기를 지나면서 중국의 민족음악으로서의 자리를 확고히 하였다.

얼후 연주자이며, 음악 교육자였던 리우티엔화는 새로운 얼후 음악을 작곡했다.

대만
때로는 섬세하고, 때로는 토속적인 소박함의 음악

T a i w a n

대만(Taiwan)
수도: 타이베이
언어: 중국어
면적: 약 3만 5천km²
인구: 2,335만 명
GDP: 약 5,188억 1,600만 달러, 세계 22위
통화: 대만 달러 1TWD=35.12원(2015.11.02)
기후: 건조성 기후, 습윤성 기후
종교: 불교, 도교, 유교, 그리스도교
종족: 한족 98%, 말레이 폴리네시아계 소수민족 2%
국가번호: 886

최근 여행의 트렌드가 바뀌고 있다. 지금이 아니면 영원히 경험하지 못할 여행에 대한 관심이 높아지면서 이러한 여행을 '리미티드 여행'이라고 한다. 예를 들어, 곧 운행이 중단될 기차를 타러 가거나, 멸종 직전의 야생 동물을 관찰하는 것, 빙하 위를 걷는 것 등이 해당된다. 내게는 2015년 1월의 쿠바가 그런 여행지였다. 또한 이번 대만 여행처럼 그곳의 음악 문화를 찾아 떠나는 여행도 일종의 리미티드 여행이라고 할 수 있을 것이다. 전 세계적으로 전통문화가 차츰 사라지고 있는 추세이니 말이다.

대만 사람은 중국인이기도 하지만 본토와는 다른 문화를 갖고 있다. 음악 문화도 같은 듯 다른 자신만의 것을 보유하고 있는데, 중국과 홍콩, 대만은 같은 중화권이고 모두 중국어를 공용어로 사용한다는 점에서 공통점이 있다. 지난번 대만 여행 중에 썼던 나의 일기를 보니 다음과 같은 글이 적혀 있었다.

2016년 2월 10일 대만 여행 8일째

예전에는 대만식 억양의 중국어를 싫어했다. 북경식으로 R 빌음이 강하게 들어가서 꾀꼬리가 노래하는 것 같은 본토 중국어를 상류사회의 상징으로 생각했다. 그러나 최근 여행 경험으로 나의 인식이 바뀌기 시작했다. 중국 본토의 경제적인 급성장으로 중국인들의 본격적인 해외여행이 시작되면서 전 세계 어디를 가나 시끌벅적한 중국인 관광객

들을 만나게 된다. 언제부터인가 본토 발음의 중국어가 들리면 슬그머
니 멀리멀리 그들과의 거리를 두게 되었다. 경제적으로 급성장하여 전
세계를 여행할 정도는 되었지만, 예절은 아직 글로벌하지 못하다. 어디
를 가나 목소리가 높고 큰 소리로 떠드는 중국 대륙 사람들과는 달리
대만 사람들은 아주 조용했다. 지난 일주일간의 상하이, 쑤저우, 항저
우의 여행은 그들과 섞이며 참으로 힘든 여행이었고, 반면에 대만 여행
은 착하고, 친절하고, 남을 배려하고, 조용하고 정직하고, 예의 바른 대
만 사람들로 인해 어느 일본의 도시에 와 있는 듯한 느낌이 들기도 했
으며, 대만 억양의 중국어에 대한 인식이 급호감으로 전환되었다. 대만
은 일본의 조용하고 나긋나긋함을 많이 닮아 있었다. 어디서든 사람들
의 따뜻한 친절과 정을 느끼게 해 주는 소박한 대만이야말로 정말 매
력적인 여행지다.

'작은 중국'이라고 할 수 있는 대만은 우리에게 중화민국으로 알려져 있
으며, 한국과는 그 어느 나라보다도 친밀했던 나라다. 1949년 1월 4일, 한
국 정부가 성립된 이듬해 대만은 한국 정부를 승인하고 명동에 대사관을
설치하면서 한국과 대만의 국가 관계가 시작되었다. 하지만 중국과의 수교
를 하루 앞둔 1992년 8월 23일 갑자기 한국이 대만에 '단교'를 선언했고, 양
국의 외교관계가 종식되었다. 중국 본토와 정식 수교가 없었던 한국에게
대만은 중국 문화를 전달하는 창구 역할을 했으며, 10여 년 전만 해도 중국
학을 하는 대부분의 학자들은 유학은 물론 중국학에 관련된 모든 자료를
대만을 통해 들여왔다.
    동북아시아와 동남아시아의 다리 역할을 하는 대만(臺灣, Taiwan)은 한
국의 경상남북도를 합친 정도의 조그만 나라로, 독특한 자연환경과 자신만

의 문화를 갖고 있다. 풍성한 축제와 다채로운 민속예술, 사찰에서 열리는 시대를 초월한 제례의식 등을 통해 또 다른 중국 문화를 접할 수 있는 곳이 바로 대만이다. 중국풍의 문화 외에도 다양한 원주민 부족이 자신의 전통을 잘 간직하고 있으며, 독특하고 다양한 축제는 오직 대만에서만 만날 수 있다.

대만은 중국 본토의 남동 해안에서 160km 떨어진 곳에 있는 섬나라다. 대만의 공식명칭은 중화민국(中華民國)이고, 국제적인 공식명칭은 타이완(Taiwan)이며, 수도는 타이베이(台北)다. 대만 섬은 태평양상의 북회귀선에 걸쳐 있다. 원래는 부속제도인 평후제도(澎湖諸島), 훠사오섬(火燒島), 란위섬(蘭嶼) 등 79개의 섬을 포함한 것으로 중국의 1개 성(省)인 대만성(臺灣省)을 이루었다. 1949년 국민당 정부는 타이베이를 수도로 지정하였다. 남북이 약 395km, 동서가 약 145km에 이르며, 북쪽은 동중국해, 동쪽은 태평양, 남쪽은 바시 해협, 서쪽은 대만 해협과 맞닿아 있다. 면적은 36,188km², 인구는 2,335만 명이다.

대만의 국민은 한족이 98%를 구성한다. 그중 14%가 본토에서 이주해온 사람들이다. 나머지는 대부분 오스트로네시아어족(말레이 폴리네시아어족)계 원주민들이다. 대만의 원주민은 말레이-폴리네시아계에 속하며 일본 식민지시대에는 고사족(高砂族)이라고 불렀으나 현재는 고산족(高山族) 또는 산지동포(山地同胞)라고 부르고 있다. 고산족은 대부분이 산악지대에 거주하고 있다.

대만은 베이징표준어를 공용어로 사용하지만 민난어(閩南語), 커자어(客家語) 등의 언어도 사용한다. 주요 종교는 대부분이 불교 · 도교 · 유교이고, 주민의 7.4%가 그리스도교도이며, 이슬람교를 신봉하는 주민도 있다. 1978~1980년 사이에 대략 26만 5,000명이 중국 본토에서 망명해 왔으며, 이들은 대만 사회에 통합되었다. 대만 사람들은 자신이 중국 사람이라고 굳게 믿고 있으며, 중국 문화가 우세하고, 중국의 민속전통이 뿌리 깊게 남아 있다. 예술과 대중문화에는 중국 그림 · 음악 · 민속춤 · 공원 · 원주민 춤 등이 포함된다.

대만은 오랫동안 아시아의 대륙 문화와 태평양의 해양 문화가 서로 만나는 교차점이었다. 중국 한(漢)나라 시대부터 사람이 살기 시작하였고, 한때는 일본의 식민 통치를 받기도 했으며, 서유럽의 영향을 받아 왔기 때문에 매우 다양한 문화유산을 보유하고 있다.

우리에게 중국의 일부 정도로 생각되는 대만은 작은 중국이라는 이미지를 넘어 자신만의 독특한 음악 문화를 갖고 있다. 대만 음악은 일본학자 구로사와(黒沢隆朝)의 대만 음악 조사단 조사 보고서를 통해 외부에 소개되었으며, 파리에서 공부를 끝내고 귀국한 대만학자 쉬창혜(許常惠)에 의해서 본격적인 연구가 시작되었다. 쉬창혜가 재직한 대만국립사범대학의 석사학위논문을 중심으로 대만 음악과 관련된 상당한 연구물이 나왔는데, 이러한 결과물은 단계적으로 대만정부(臺灣文化建設委員會)의 전폭적인 지원으로 속속 출판물로 간행되었다. 학자들의 연구 성과물에 근거해 볼 때 대만 음악은 남관(南管), 북관(北管), 제공 음악(祭孔音樂), 고금 음악(古琴音樂), 원주민 음악(原住民音樂), 민가(民歌), 설창(説唱), 가자희(歌仔戲), 객가산가(客家山歌), 팔음(八音), 채다희(採茶戲), 종교음악(宗教音樂), 경극(京劇), 곤곡(崑曲), 대만현대음악(臺灣現代音樂), 유행 음악(流行音樂) 등 다양한 음악을 포함한다.

타이베이에서 만난 음악극, 가자희

내가 대만을 사랑하는 것은 대만 사람들의 따뜻하고 말랑말랑한 마음 때문이다. 정직하고 성실한 그들이 대만을 매력적인 여행지로 만든다는 생각을 했다. 이번에 다시 타이베이로 가면서 나는 김포에서 송산으로 가는 항공권을 구입했다. 송산은 서울의 신촌처럼 거의 도심에 있는 공항이다. 내가 묵었던 쇼핑의 메카 충효동로에서 버스로 10분 거리에 비행기 장이 있다. 물론 아직까지는 인천 공항에서 타우위엔 공항으로 가는 비행기가 일반적이지만, 김포−송산 구간의 저가 항공사의 항공권은 20만 원 남짓의 행복한 가격으로 구매가 가능했고, 한국보다 월등히 저렴한 식사비도 대만 여행을 아주 신나게 했다. 눈과 입이 즐거운 대만의 먹거리는 하루에 3번

타이베이의 신이(信義) 지구는 고층빌딩, 럭셔리한 쇼핑몰, 화려한 일루미네이션, 노천카페, 거리의 예술가들의 공연으로 세련미 넘치는 '시티 타이베이'를 완성한다. © 현경채

이 아니라 7번의 식사를 하고 싶게 만들었다. 딤섬으로 유명한 타이베이의 필수 코스 맛집으로 팅타이펑(鼎泰豐)과 까오지(高記)를 비롯하여, 대만식 샤부샤부, 야시장의 길거리 음식, 꽃보다 할배가 먹었다는 망고빙수, 쫄깃 쫄깃 알갱이가 씹히는 버블티, 그리고 대만의 열대 과일까지 먹방의 행렬은 끝이 없었다.

최근 몇 년 동안 타이베이 시정부 근처가 야경이 아름다운 핫플레이스로 급부상했다. 101빌딩을 지을 당시만 해도 다들 시큰둥했지만, 전철(MRT) 시정부 역에서 타이베이 101빌딩까지 이어지는 구름다리 길은 이곳

전철(MRT) 시정부 역에서 타이베이 101빌딩까지 구름다리로 이어진다. 야경이 아름다운 핫플레이스로 급부상했다. ⓒ 현경채

배낭 속에 담아 온 음악

이 대만의 수도 타이베이라는 것을 한방에 알려 주었다. 오랜만에 다시 찾은 타이베이의 신이(信義) 지구는 고층빌딩과 럭셔리한 쇼핑몰, 화려한 일루미네이션, 노천카페, 거리의 예술가들의 공연으로 세련미 넘치는 '시티 타이베이'를 완성하고 있었다. 녹색의 시골은 시골대로, 도시는 도시대로 타이베이는 하루 안에 모두 다 즐길 수 있는 매력덩어리의 도시다.

　타이베이는 작은 규모에서부터 거대한 규모까지 수많은 사원이 있다. 타이베이 시내에 자리한 용산사(龍山寺)는 대규모 야시장 옆에 있는 도교 사원으로 관광객들의 관광 필수 코스다. 대만에 유학하던 시절에 서울에서 온 지인들과 함께 참 많이도 갔던 곳이다. 용산사는 아주 용한 사원으로 소원을 빌면 잘 이루어지는 곳으로도 유명하다. 주변 상인들이 돈을 많이 벌게 해 달라고 이곳에 찾아와 정성을 들이는데, 마당 한가운데 제물로 쌓아 올린 제사 상의 모습은 마치 거대한 설치미술처럼 보였다. 음력 보름날이었던 것으로 기억하는데, 용산사 근처에서 일제히 폭죽을 터뜨리며 성대하게 제를 지내는 것을 목격한 일도 있었고, 어떤 날은 사원 앞마당 가설무대에서 가자희(歌仔戲)가 공연되는 것을 보기도 했다. 불교와 도교, 민간신앙이 어루러진 용산사는 1740년에 건립된 곳으로, 화려하고 정교한 지붕의 세공과 조각 등의 건축양식 자체만으로도 둘러볼 가치가 충분한 곳이다. 향불연기 자욱한 사원 내부로 들어가면 애니메이션 영화 〈하울의 움직이는 성〉 속으로 들어간 듯 신비롭다. 용이 휘몰아치듯 조각된 돌기둥 뒤쪽에는 역사적인 인물들이 춤을 추는 모습이 새겨져 있고, 서붕에는 수많은 용이 장식되어 있다. 그야말로 오색찬란의 화려한 절이다. 이 사원에는 관음(觀音), 마조(馬祖), 관공(關羽) 등의 신(神)을 모시고 있다. 그중에서는 관세음보살상이 가장 영험하다고 한다. 전철(MRT) 5호선 용산사역 1번 출구로 나와 오른쪽으로 직진하면 길 끝에 용산사가 있다.

대만－때로는 섬세하고, 때로는 토속적인 소박함의 음악

의학신 보생대제를 모시는 도교사원인 보안궁(保安宮). 보생대제의 탄생일을 전후로
화려한 페스티벌이 펼쳐진다. 축제기간에는 이곳에서 가자희 공연도 볼 수 있다. © 헌경채

　　타이베이에서 시민들의 특별한 사랑을 받는 절은 대만의 의학신 보생대
제를 모시는 도교사원인 보안궁(保安宮)이다. 바로 앞에 있는 공자묘는 정
갈하고 멋스럽다면, 이곳은 참으로 화려하다. 알록달록한 색감과 아름다운
조각으로 장식되어 있는 이 사당은 지나가는 시민이면 누구라도 가던 길을
멈추고 향을 피우며 가족의 건강을 기원한다. 특히 주말에는 각지의 아픈
병자들이 찾아와 회복을 기원하는 이곳에서는 보생대제의 탄생일(음력 3월
14일)을 전후로 약 두 달간 화려한 페스티벌이 펼쳐진다. 이는 타이베이의
3대 축제이고, 2003년에는 유네스코가 아시아태평양 문화유산으로 지정하
였다. 축제기간에는 이곳에서 가자희 공연도 볼 수 있다.

배낭 속에 담아 온 음악

대만의 음악극, 가자희

가자희는 유일하게 대만에서 생겨나고 자란 향토적인 음악극이다. 중국의 극음악은 대체로 중국 본토의 난양평원(蘭陽平原) 일대에서 발생한다는 점을 생각하면 상당히 특이한 사례다. 가자희는 시작에서 전승까지 대략 100년의 역사를 갖고 있는 음악극으로, 초기에는 민요 수준의 단순한 노래로 '가자(歌仔)'라는 노래를 기초로 했다. 그 후 단계적으로 '차고희(車鼓戲)'가 포함되었으며, 분장과 복식 등이 전문화되며 점차 음악극으로서 체계를 갖춘 '가지진(歌仔陣)'과 '낙지소(落地掃)'로 발전하였고, 거기에 가무가 곁들인 작은 음악극 형식의 '본지가자(本地歌仔)'가 완성되었다.

가자희는 대만에서 한 시대를 풍미하는 독특한 유행의 흐름을 형성하였고, 전승되는 과정에서 세력이 확장되었으며, 상당한 영향력을 겸비한 음악극의 한 장르로 자리 잡게 되었다. 한편으로는 경극과 북관, 복주반(福州班) 등의 기타 극음악의 표현양식을 받아들이면서 점차 완전한 형태의 대형 음악극으로 완성되었다. 상당수의 경극 배우나 북관의 예인이 부득이하게 가자희를 겸하여 공연하거나 완전히 가자희 쪽으로 전공을 바꾸는 경우도 종종 있다. 이러한 현상은 가자희가 표현기법과 예술적인 면에서 더욱 성숙되는 계기를 마련하게 되었다. 더불어 가자희는 경제력을 장악하고 있는 상인들의 후원으로 상업 구역 내의 무대에서 정식으로 공연을 하기 시작했으며, 일제강점기에는 황민화운동(皇民化運動)의 압력을 받기도 했다. 하지만 광복과 함께 다시금 새로운 진환기를 맞아 발전의 세기를 마련하였다.

가자희는 통속적이고 평민 친화적인 내용으로 꾸준히 사랑받으며, 대중문화에서 군건한 자리를 확보한 음악극이라는 점이 흥미롭다. 과학기술의 발전과 함께 무대공연 외에도 대중적인 표현수단으로 매체를 바꾸어 다양하게 사용된 사례가 있다. 예를 들어, 영화와 광고, TV 연속극으로 가자희의 영역이 확대되었다. 이는 가자희에 대한 대만인들의 특별한 사랑의 표현으로 해석된다. 한 시대를 풍미했던 대표적인 가자희 음악극 〈양려화풍조(楊麗花風潮)〉를 제외하더라도 가자희의 멜로디는 큰 무대뿐만 아니라 작은 골목에서도 쉽게 들을 수 있는 대중적인 음악으로 대만 민중들의 공통된 기억 속에 자리한 음악극이다. 대만인들의 가자희에 대한 사랑은 각별하다. 생전에 가자희를 좋아하던 부모님을 위해 봉분 앞에 스크린을 설치하고 돌아가신 분을 위해 가자희 영화를 상영하기도 하고, 타이베이의 용산사처럼 시민들이 많이 모이는 시장이나 도교사원의 광장에도 종종 가설무대를 설치하고 가자희 공연을 무대에 올리기도 한다.

가자희의 표현 양식은 강한 생명력이 특징이다. 노래하는 창법에서 다양한 음악극 장르의 노래 스타일을 받아들이고 융합되기도 한다. 심지어는 유행 음악을 받아들인 사례도 발견되는데, '칠자조(七字調)'를 받아들인 것이 그 예다. 이것은 가자희의 전체 내용에 상당히 중요한 의미로 해석된다. 대만의 대표적인 민요이면서 대중유행 음악이기도 한 '칠자조'의 멜로디는 '도마조(都馬調)'와 '잡념자(雜唸仔)'에도 자주 사용된다. 이 노래의 가장 큰 특징은 '곡조(哭調)'라고 하는 우는 소리를 노래로 부르는 방식이다. '대만의 노래는 울면서 시작해서 울면서 끝냈다(從台灣頭哭到台灣尾).'라는 표현이 있을 정도로 대만의 대표적인 울음의 문화 코드를 대변한다. 울음의 문화는 초기 가자희의 내용을 처량하고 비극에 가득 찬 색채로 물들였다.

가자희는 소재 또한 상당히 넓은데, 가장 많이 사용되는 이야기의 소재는 선남선녀의 사랑 이야기다. 대만의 4대 이야기 중 하나로 꼽히는 '산백영태(山伯英台)'가 대표적인 예다. 그밖에도 역사적인 이야기가 소재가 되거나 신화와 전설, 민간설화를 비롯하여 심지어는 시사적이며, 사회적인 내용 등이 모두 가자희의 소재가 되어 공연되었다. 야외에 가설무대를 설

치하고 공연되는 '외태희반(外
台戲班)'이 있다. 그중에 공연
으로 '호별자희(胡撇仔戲)'는 심
지어 무협소설과 유명 영화를
각색하여 무대에 올린 작품이
다. 하늘을 나는 말과 항공을
가르는 연출기법이 등장한 '무
협기정비희극(武俠奇情悲喜
劇)' 등의 기법이 가자희에도
있다. 이처럼 최근의 가자희는
전통과 현대를 넘나들며 다양
한 내용과 기법을 두루 수용한
모습으로 공연된다.

　　현재 가자희 공연을 볼 수
있는 곳은 사원의 야외 가설무

객가희의 명배우 이정방(李靜芳)의 '제녀화(帝女花)'를 공연 중이다. © 李靜芳歌仔戲團 제공

포스터 속 인물은 대만의 가자희 스타 배우. 당미운(唐美雲). 돌아가신 부모님의 위해 묘소에
스크린을 걸고 가자희 영상을 상영할 정도로 대만 사람들의 가자희에 대한 사랑은 아주 특별하다.

대와 TV 프로그램 그리고 공연장 등이고, 관록의 노배우들이 중심이 되어 공연되는 고박한 가자희도 여전히 만날 수 있다. 이것은 '외태가자희(外台歌仔戲)'와 'TV가자희', '대형극장가자희' 등과는 다른 스타일의 공연 모습을 담고 있다. 최근 가자희는 신세대 관중들의 미적 요구가 달라지면서 생기는 자연스러운 변화를 적극적으로 받아들이고 있다. 음악 학자들은 이러한 현상을 가자희가 표현기법이 좀 더 정밀해지고 대형화되는 긍정적인 흐름으로 보고, 더불어 가자희 발전의 중요한 지표로 삼고 있다.

북부 해안도로, 영화 〈희몽인생〉과 인형극 포대희

허우샤오시엔(侯孝賢, Hsiao-hsien Hou)의 영화 〈희몽인생(戲夢人生)〉
(1993)은 인형극의 명인 이천록(李天祿)을 주인공으로 하는 영화다. 〈비정
성시〉(1989), 〈호남호녀〉(1995)와 함께 허우샤오시엔의 근대사 3부작으로 알려진 〈희몽인생〉은 단순히 인형극 장인인 '이천록'의 인생 역경만을 보여 주는 영화가 아니라 명인이 어떻게 인형극을 시작하게 되었는지를 설명하기에 앞서, 대만 근대사의 형성 과정이 녹아 있으며, 실제 인물인 이천록이 직접 등장하여 간간이 내레이션을 하며 이야기를 전개한다. 마치 인생이 한

허우 샤오시엔(侯孝賢, Hsiao - hsien Hou)의
영화 〈희몽인생(戲夢人生)〉(1993)은 인형극의
명인 이천록(李天祿)을 주인공으로 했다.

편의 인형극인 듯 인형극 명인 이천록의 삶의 면면을 통해 일제강점기의
대만 사회를 간접적으로 그려냈다.

대만의 북쪽 해변가 작은 마을에는 '이천록 포대희 문물관(李天祿布袋戲
文物館)'(주소: 新北市三芝區芝柏路 26號)이라는 명인의 박물관이 있다. 이

곳에는 빼곡한 글씨가 인상적인 수첩, 참여한 영화 목록 그리고 영화 감독과 작업 당시의 사진, 포대희(布袋戲)의 무대와 인형 등이 전시되어 있다.

'이천록 포대희 문물관(李天祿布袋戲文物館)'에는 참여한 영화 목록과 비디오, 영화 수상 트로피 등이 전시되어 있다. © 현경채

대만의 북부 해안도로는 참으로 많은 이야기를 담고 있다. 주걸륜의 피아노 배틀이 압권인 대만영화 〈말할 수 없는 비밀(不能說的秘密)〉에 등장하는 단쉐이(淡水)와 바이사완(白沙灣)도 북부 해안도로에 있다. 특히 하얀 백사장의 바이사완에는 이끼가 낀 긴 나무 길이 있다. 이 길은 영화 속의 두 주인공이 자전거로 귀가하던 바로 그 장소다. 자전거 타는 것을 좋아 한다면 북부 해안도로가 답이다.

대만 여행 9일째(2016년 2월 11일), 오늘은 북부 해안도로 가까운 곳에 있는 국립전통예술센터(國立傳統藝術中心, 주소: 宜蘭縣五結鄉季新村五濱路二段201號, http://www.ncfta.gov.tw/ncfta_ce/main/index.aspx)를 다녀왔다. 이곳은 한국의 국립국악원과 같은 대만 문화부 소속의 기관으로, 타이베이에서 1시간 거리에 있는 이란현(宜蘭縣)의 넓은 부지를 이용하여 전통문화 테마파크로 조성하였는데, 숙박시설을 비롯하여, 5개의 공연장, 그리고 소속 연주단체가 있다(물론 연주 단체는 타이베이나 까오슝에 있지만). 이곳에서는 매일 전통음악공연 관람과 체험행사 참여가 가능하다. 나는 이곳으로

국립전통예술센터는 한국의 국립국악원과 같은 대만 문화부 소속의 기관이다. 이란(宜蘭)의 넓은 부지를 이용하여 전통문화 테마파크와 숙박시설, 5개의 공연장, 그리고 소속 연주단체를 갖추고 있었다. ⓒ 현경채

국립전통예술센터는 수로 옆에 자리를 하고 있어서 배를 타고 다른 곳으로 이동할 수 있다. 물을 바라보며 차를 마시고 식사를 할 수 있는 식당들이 성업 중이다. ⓒ 현경채

국립전통예술센터에서 손가락 인형극 포대희 체험관(古典布袋
戱偶推広中心)을 운영 중인 임명문(林銘文) 명인. 2016년이
원숭이 해라고 손오공 인형으로 포즈를 취해 주셨다. © 현경채

국립전통예술센터는 전통예술을 주제로 한 테마파크다. © 현경채

배낭 속에 담아 온 음악

휴일을 맞아 국립전통예술센터의 포대희 체험관으로 스승을 찾아온 포대희의 차세대 예인 16세의 임언여(林彦如. 2001년생), 자신이 만든 인형을 스승 임명문(林銘文)에게 보여 주고 지도를 받고 있었다. 대만의 포대희는 연희자들이 직접 인형을 만들어서 사용한다. © 현경채

국립전통예술센터의 상설공연장에서는 친절한 설명과 함께 하루에 두 번 포대희 공연이 있다. © 현경채

대만-때로는 섬세하고, 때로는 토속적인 소박함의 음악

포대희에 사용되는 인형 © 현경채

배낭 속에 담아 온 음악

국립전통예술센터의 포대희 상설공연. 하루에 두 번 공연이 진행된다. 2016년 원숭이해를 맞이해 손오공이 공연되고 있었다. © 현경채

대만의 인형극 포대희를 체험하러 찾아 갔었다. 인연은 꼬리에 꼬리를 물고 이어진다. 이곳에서 만난 포대희의 명인은 대만 포대희의 최고의 명인이신 그의 스승에게 전화로 방문 스케줄을 잡아 주기도 했다.

민예가방(民藝街坊)은 1930년대를 재현해 놓은 민속예술거리로 국립전통예술센터에서 가장 볼거리가 많고 재미있는 곳이다. 그 중간에 손가락 인형극 포대희 장인 임명문(林銘文)의 체험관이 있다. 예스러운 장면이 필요한 영화 촬영도 이곳에서 종종 진행된다고 한다. 2013년 가을에는 한국의 국립민속국악원의 공연팀이 1주일간 이곳에서 공연을 하기도 했었다. 국립전통예술센터에서는 길거리 공연과 함께 매일 5개의 공연장에서 다양한 공연이 진행된다.

국립전통예술센터를 나와 라동(羅東)에서 기차를 타고 외오(外澳)로 왔다. 기차역 바닷길에는 보행자용 나무 길이 깔려 있어서 걷기에 편했다. 안

대만 북부해안 외오(外澳) 해변 공원. 서핑을 하는
남자들도 있었고, 산토리니풍의 펜션도 있다.
추억의 미스터 브라운커피 카페는 이름이 바뀌어
9호(九號) 커피집으로 영업을 하고 있었다. ⓒ 현경채

개는 끼었지만, 경치는 말할 필요 없는 경지였다. 서핑을 하는 남자들도 있었고, 산토리니풍의 펜션도 연휴를 맞아 손님으로 가득했다. 추억의 미스터 브라운커피 카페는 이름이 바뀌어 9호(九號) 커피집으로 영업을 하고 있었다.

인형극 포대희

포대희는 인형극으로 보여 주는 경극 공연이다. '장중희(掌中戱)'라고도 하는 이 인형극은 대만어 계통(福佬語系)의 공연예술로 상당한 붐을 일으키며 한 시대를 풍미한 예술이다. 명인들의 절묘한 손가락 동작과 손바닥,

팔목 운동으로 조작되는 인형의 연기로 완성되는 전통 인형극은 마치 살아 있는 사람이 연기하는 듯 섬세하고 완성도 있는 예술의 극치를 담고 있다. 최근 대만의 포대희는 중국 대륙의 기예를 받아들였다. 특히 중국 대륙의 당산사부개반(唐山師傅開班) 기예가 대만으로 전승되었는데 그중 청나라 광서년(光緒年)의 저명한 진파최(陳婆最)는 남관 음악 스타일의 포대희를 대만에 전승하였다.

이렇게 대만의 포대희는 본토의 특징을 담아 하나의 예술로 완성되었는데, 청나라 광서년에는 남관희의 전성기를 맞아 남관 포대희의 탄생을 보았고 남관희 중 문희(文戲)의 특징을 받아들이기도 했다. 이러한 변화로 포대희 중 무희(武戲) 양식이 시작되었고, '도창(跳窗)', '번곤(翻滾)', '대타(對打)', '도대(跳臺)' 등의 동작이 정형화되었다. 이것이 바로 남관 포대희(南管布袋戲)다. 그 후 많은 애호가들의 사랑을 받아 소설을 각색한 포대희가 등장하였는데, 그것이 바로 〈팽공안(彭公案)〉, 〈시공안(施公案)〉 등이다.

제2차 세계 대전 말기 일제강점기에 접어들면서 대만은 압박과 설움의 식민지 정치 시절을 보내게 된다. 그 시절에는 '황민화운동(皇民化運動)'이 있었으며, 강제로 〈황민극(皇民劇)〉을 공연하기도 했다. 이러한 정치적·사회적 환경은 포대희에도 영향을 주었다. 많은 포대희극단(布袋戲團)은 생존을 위해 극 내용이나 복식을 바꾸어 〈황민포대극(皇民布袋戲)〉을 공연을 하기도 했다. 7개의 포대극단(布袋戲團)이 연합하여 '연극정신대(演劇挺身隊)'를 결성하기도 하고, 7개 단체가 공통으로 다섯 개의 작품을 만들어 공연을 하기도 했다. 작품 목록은 황해대(黃海岱)의 〈오주원(五洲園)〉, 종임상(鍾任祥)의 〈신흥(新興)〉, 구금장(邱金墻)의 〈욱승좌(旭勝座)〉, 소본지(蘇本地)의 〈동광(東光)〉, 희문박(姬文泊)의 〈복광(福光)〉 등으로, 이러한 포대희는 일본의 무사도 정신을 담은 음악 인형극이다.

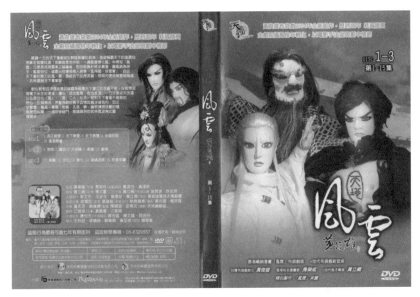

포대희는 중화권에서 선풍적인 인기를 끌었고, 〈풍운〉이라는 제목의 연속극으로 제작되어 방영되었다.

1948년 포대희 명인인 이천록은 〈청궁삼백년(淸宮三百年)〉을 제작하였고, 이것은 '금광 포대희(金光布袋戲)'의 새로운 경지를 개척한 것으로 상당한 의미를 갖는다. 이 작품은 대만의 포대희 예인에게 새로운 창작 인형극을 만들어야 한다는 창작 욕구를 자극하는 동기를 부여하였다. 이러한 흐름은 연속극 형식의 포대희 〈풍운(風雲)〉의 탄생을 이끌었을 뿐 아니라, 더나아가 오천래(吳天來) 선생 같은 저명한 포대희 전문 연희자를 양성하는계기를 마련하였다.

경제 발전에 따라 사찰의 야외 가설무대에서 공연하던 대만의 전통 포대희는 전용극장 무대에서 연희되고, 더불어 방송국의 정규방송으로 제작되기도 하는 결과를 얻었다. 1965년을 전후로 포대희 음반이 대량으로 유행했으며, 포대희의 반주 음악(後場音樂) 역시 점점 많은 사람에게 익숙해지면서 급기야는 대만의 유행 음악 속에 담아 부르기도 하고, 심지어 서양

대만 포대희의 인간국보로 지정된 진석황(陳錫煌, 1931년) 명인으로 노사부라는 근현대사의 역사적인 공간에 기거하고 계셨다. © 현경채

노사부는 1807년 청나라의 건축 양식으로 지어진 고택으로 청나라 시절의 아름다운 건축 양식을 갖고 있다. © 현경채

대중음악에서 노래 한 사례도 있었다.

최근 몇 년 동안 포대희는 TV 가자희와 함께 영화로 제작되는 등 전에 없던 전성기를 맞았다. 이러한 전통 포대희의 양식 변화는 인형 크기나 기계장치의 설치 등의 변화로 나타났다. 작은 가설무대(彩樓)에서 공연되던 소박한 인형극이 특수촬영을 위한 세트장이 필요한 공연물로서의 장소 변화도 생겨났다. 심지어 야외촬영 기술이 도입되는 수준까지 진화했다. 이처럼 포대희는 다양한 표현양식을 받아들인 하나의 예술 장르로서 확고한 입지를 얻게 되면서 복료어계(福佬語系)의 표현예술로 상낭한 붐을 일으키며 한 시대를 풍미하기도 했다. 더욱이 흥미로운 것은 포대희 인형극의 생성 구조나 전승 양상 면에서 남사당패에 의해 전승되던 한국의 꼭두각시놀음과 흡사한 점이 발견된다는 것이다.

대만 여행의 마지막 날 허사우쉬엔의 영화 〈희몽인생〉의 이천록 명인

이천록 포대희(李天祿) 명인 ⓒ 박물관 홈페이지

의 큰 아들을 방문했다. 부친의 대를 이어 대만 포대희의 인간국보로 지정
된 진석황(陳錫煌, 1931년 출생) 명인은 노사부(老師府, 台北市 延平北路)라
는 근현대사의 역사적인 공간에 거주하고 계셨다. 1807년에 청나라의 건축
양식으로 지어진 이 고택은 청나라 시절의 아름다운 건축 양식을 갖고 있
으며, 한 쌍의 나무깃대가 남아 있는 유일한 가옥으로 역사적으로 의미 있
는 건축물로 1985년 8월 19일 대만의 문화사적으로 지정되었다. 진석황 명
인은 어머니의 성을, 그의 동생은 아버지의 성을 따랐다고 했다. 외모는 아
버지 이천록 명인을 꼭 닮아 있었다. 명인은 지금도 매주 수요일과 토요일
타이베이인형극관(台北偶戱館)에서 강좌를 진행하고 계신다. 한국 공연 때
에 받은 하회탈 선물이 명인의 거실 벽에 걸려 있었고, 명인은 포대희 인형

대만 포대희의 인간국보 진석황(陳錫煌, 1931년 출생) 명인. 매주 수요일과 토요일 타이베이인형극관
(台北偶戲館)에서 강좌를 진행하고 계신다. ⓒ 현경채

의 발을 목각으로 조각하고 계셨다. 명인이 직접 제작한 포대희 인형은 손
끝 하나, 머리 장식 하나, 의상 등이 특히 섬세한 완성도를 자랑한다.

타이베이인형극관(台北偶戲館)

개관시간: 10:00 ~ 17:00(월요일 휴관)

주소: 台北市松山區市民大道五段 99號 2樓(京華城백화점 옆)

전화: (02)2528-9553/FAX: (02)2528-9556/E-mail: pact@pact.org.tw

홈페이지: http://www.pact.org.tw

대만-때로는 섬세하고, 때로는 토속적인 소박함의 음악

대만 포대희의 인간국보 진석황 명인이 직접 제작한 인형 © 현경채

대만 포대희의 인간국보 진석황 명인은 포대희에 사용하는 모든 인형은 직접 제작하여 사용하신다.
© 현경채

배낭 속에 담아 온 음악

장화와 루강에서 체험한 남관 음악

대만 여행 이틀째, 고속 열차를 타고 대만 중부지방에 위치한 도시 타이중(台中)으로 풍류음악 남관을 찾아가는 짧은 여행을 떠났다. 한 시간 만에 150km 거리의 타이중 고속 열차 역에 도착했고, 여기서 다시 일반철도로 환승하여 10분 만에 타이중 기차역에 도착할 수 있었다. 가까운 거리의 이동은 대만 전체가 하나의 교통카드로 통합되어 사용하는 시스템이 도입되어 아주 편리하다.

대만 마을 중에서 가장 예쁜 골목을 갖고 있는 도시, 루강

루강에 취미로 남관을 연주하는 모임인 관거(館閣)가 있다고 해서 찾아나섰다. 날도 선선하고 점심식사도 전이라 출출해서 루강 용산사 근처의 어떤 허름한 식당으로 들어가서 부추새우만두와 간단한 오징어탕을 주문했다. 그리고는 잠시 주인장에게 취잉서(聚英社)가 어딘지 찾아가야 하는데 도와 달라고 했다. 조사한 바에 의하면 취잉서에서 남관을 연주한다는 정보가 있다는 얘기와 함께. 그랬더니 식당에서 음식을 드시던 분들이 일제히 스마트폰을 꺼내서 나를 위해 검색하기 시작했다. 결국 취잉서를 찾

루강의 부추새우만두 © 현경채

루강 용산사 입구 © 현경채

루강 용산사는 1653년에 지어진 대만 국가 1급 고적으로 소박한 느낌의 사원이다. 단 한 개의 못도 사용하지 않고 지어진 것으로 유명하며, 목조 조각이 매우 아름다운 절이다. © 현경채

배낭 속에 담아 온 음악

지는 못했지만, 친절
하고 정이 많은 대만
사람은 언제, 어디서
나 이렇게 가깝게 있
었다.

루강 용산사는 화려한 장식이 없이 소박한 아름다운
사찰이다. © 현경채

   대만은 어느 곳을
가던 전통적인 건축
양식의 외관을 갖춘
사당을 만나게 된다.
그중에서도 장화(彰
化)와 루강(鹿港)은
고풍스러운 작은 도
시로, 예로부터 경제
적으로 풍요로운 도
시로 발전해 왔다. "세 걸음만 가면 절이 있고, 다섯 걸음만 가면 사당이 나
온다."는 말이 있을 정도로 사당이 많다. 특히 공자의 사당(孔子廟) 주변에
는 크고 작은 고찰이 남아 있어 골목을 산책하기도 아주 좋았다. 루강(鹿
港)의 용산사는 감히 흉내 낼 수 없는 아름다운 조각을 자랑했다. 예전의
문인들은 여가 시간을 이용해 아름다운 사당에 모여 풍류 음악을 연주했는
데, 여기서 연주한 음악이 바로 남관(南管)이다. 용산사의 중간 건물의 선
청에는 정말 아름다운 팔괘조정(八卦藻井)이 조각되어 있다. 대만에는 세
군데에 바로 이런 팔괘조정이 있다고 하는데, 2개가 루강에, 1개가 장화에
있다고 한다. 이 세 개는 모두 한 사람의 장인이 제작한 것이라고 한다. 음
력설이 얼마 남지 않아서 그런지 많은 사람이 가짜 돈과 향을 사르며 정성

을 들이고 있었다. 용산사는 대충 구경을 다 했는데 정작 남관을 연주한다는 관거 취잉서는 어디에 있는 것일까? 경내에서 열심히 불경을 보고 계시는 분이 알고 계실 듯해서 문의를 했다. 루강에 있다는 세 개의 관거를 찾는 중인데 혹시 알고 계시냐고, 물으니 나머지 2개는 모르겠고 취잉서는 팔괘조정 바로 밑이라고 알려주었다. 하하하, 정말 등잔 밑이 어둡다는 말이 딱 맞는 상황이었다. 이렇게 물어물어 도착한 남관 음악을 연주하는 관거는 용산사 경내에 팔괘 모양의 천정으로 유명한 바로 거기였다. 팔괘조경 밑에 남관 풍류객들이 모여 연주를 한다. 매주 토요일과 일요일 아침 8시에 시작한다고 하니 그들이 연주하는 음악을 감상하려면 루강에서 1박을 해야 가능할 것이다. 오늘은 금요일이니, 그럼 내일 아침에 오면 볼 수 있느냐고 물었더니. 구정이라서 악기를 봉비해서 내일은 연주가 없고, 설 연휴를 지내고 돌아오는 주말에 다시 시작된다고 알려 주었다. 아쉽지만 새벽에 울려 퍼질 음악 소리만 상상하며 돌아설 수밖에……. 루강 용산사 취잉서(聚英社) 관거(館閣) 남관 음악의 대표는 허요승(許耀升, 전화: 0935-224-100) 선생님이라고 하니 미리 전화로 확인하고 찾아보는 것도 좋을 듯하다. 루강 용산사의 직원들은 내게 루강의 관광지도와 함께 남관 음악에

루강 용산사는 목조 조각이 매우 아름다운 절이다. 중간 건물의 전청에는 정말 아름다운 팔괘조정(八卦藻井)이 있다. © 현경채

장화현 루강 취잉서 남관 연주 © 施澄洮(彰化縣鹿港生活攝影學會施澄洮攝影作品)

용산사의 중간 건물 팔괘조정 아래가 바로 취잉서다. 매주 토요일과 일요일 아침 8시에 이곳에서
남관을 연주한다. © 현경채

대한 정확한 정보를 주었다. 용산사 직원 중 한 분은 한국말을 배우고 있다
고도 했다. 한국 드라마의 열풍으로 한류의 바람이 여기까지 불어오고 있
었다.

그리고 용산사를 나와서 본격적으로 루강을 걸어 보았다. 구시가(老街)
방향으로 걷기 시작하니 재래시장이 나왔다. 루강은 숨어 있는 소도시지
만, 예전에는 제법 규모있는 부역의 노시었나고 한다. 대민의 주요 항구 중
에서 상당한 부자도시였다는 것을 증명하듯, 당시의 화려했던 모습은 지금
도 루강의 곳곳에 남아 있었다. 구시가를 걷다가 많은 사람들이 사진을 찍
는 곳이 있어서 살펴보니 집안의 우물의 반을 밖으로 내놓은 곳이 있었다.
신기한 이 우물은 송나라 시절 감찰관을 지낸 왕 씨가 소유한 우물이라고

155
대만−때로는 섬세하고, 때로는 토속적인 소박함의 음악

우물의 절반을 이웃에게 제공하여 함께 사용했다는 미담이 전해지는 반변정
© 현경채

했다. 우물의 절반을 이웃에게 제공하여 함께 사용했다는 미담이 전해지는
곳으로 지금은 루강의 명소가 되었다. 루강은 내가 가본 대만 마을 중에서
가장 예쁜 골목을 갖고 있는 도시였다. 스페인의 톨레도에 필적할 만한 작
은 골목들이 거미줄처럼 복잡하게 얽혀 있었다. 오죽하면 10일간의 대만
여행 중 두 번이나 이 작은 마을을 찾았을까. 아름다운 골목과 대만스러운
대문의 색감은 루강을 가장 특색 있는 도시가 되는 데에 큰 역할을 했다는
생각을 했다. 조금 더 걸으니 일본인들이 거주했던 근현대 건축물을 예술

루강 골목에서 만난 역사를 품고 있는 풍경. 아름다운 골목과 대만스러운 대문의 색감은 루강을
특색 있는 도시로 완성했다. ⓒ 현경채

대만−때로는 섬세하고, 때로는 토속적인 소박함의 음악

모유항(摸乳巷). 뚱뚱한 사람은 들어가지도 못할 50cm 넓이의 골목이다. ⓒ 현경채

인들의 작업실로 사용하고 있는 계화항예술촌이 나왔다. 그리고 가슴이 스
치는 골목이라는 이름의 모유항(摸乳巷)이라는 흥미로운 좁은 골목도 나왔
다. 뚱뚱한 사람은 들어가지도 못할 50cm 넓이의 골목이었다. 소소한 골
목이 있어 걷기 좋은 루강이다.

지금의 루강은 비록 작은 마을 수준이지만, 청나라 때는 대만 무역을 담
당하던 주요 항구였다고 한다. 루강에는 몇 개의 절이 유명하다. 이곳의 성
황묘는 화려하기가 끝이 없었으며, 마조(媽祖) 사당인 천후궁(天后宮)도 대
만의 천후궁 중 단연 최고로 손꼽는다. 마조는 바다의 여신이고, 루강의
3대 역사적인 건축물 중 하나가 바로 천후궁이다. 명나라 말과 청나라 초
기인 1591년에 대만 최초로 이곳 루강에 천후궁이 세워졌고, 여러 천후궁
중에서 가장 아름다운 건축양식을 자랑한다. 물론 장화에도 천후궁이 있지
만 루강의 천후궁은 규모 면에서나 예술적인 면에서나 으뜸이었다. 사당

안으로 들어가니 예상치 않은 곳에 고금을 연주하는 그림이 걸려 있다. 이 그림은 '지음(知音)'의 고사(故事)와 관련된 백아학금(伯牙學琴)이라는 춘추 시대 고금에 관한 그림이다. 고금의 연주로 이름 높은 백아(伯牙)와 그 소리를 누구보다 잘 감상해 주는 친구 종자기(鐘子期)의 전설적인 이야기로, 자신의 음악을 알아주는 지기(知己)를 가리켜 '지음(知音)'이라고 일컫는 유명한 이야기다. 내가 두 번째로 루강은 찾은 날은 선

화려함의 극치 루강 성황묘 ⓒ 현경채

루강 천후궁 마조 사원의 지음도 ⓒ 현경채

대만-때로는 섬세하고, 때로는 토속적인 소박함의 음악

루강 천후궁에서는 섣달 그믐날 밤 11시에 '삽두향(揷頭香)' 행사가 진행된다. © 현경채

루강 천후궁 마조 사원 © 현경채

배낭 속에 담아 온 음악

달 그믐날로 진정한 2015년 마지막 날이었다. 대만 사람들은 정월 초하루보다 이 날을 더욱 중요하게 생각한다. 가족이 모여 저녁식사(年夜飯)를 같이하고 붉은 봉투에 세뱃돈을 넣어 아랫사람에게 주는 풍습이 있다. 그리고 밤 11시 큰절에서는 '삽두향(揷頭香)'이라는 행사가 진행된다. 밤 11시가 바로 설날의 시작이고, 첫 번째

루강 천후궁 마조 사원 © 현경채

만나는 사당에 들어가서 향을 피우는 사람은 올해 행운을 받을 수 있다는 미신이 있다. '삽두향(揷頭香)'으로 유명한 루강의 천후궁을 찾았지만 밤까지 기다릴 수는 없었다. 그래도 초저녁의 분위기는 조금 맛보았고, 숙소가 있는 타이중에도 이러한 행사가 있다는 정보가 검색 되었다. 혹시 여기도 가볼 수 있을까? 루강의 천후궁 사원 자체도 특별하지만, 그 입구의 먹자골목도 대단한 볼거리였다.

첫사랑의 도시 장화

장화(彰化)는 영화 〈말할 수 없는 비밀〉과 〈그 시절 우리가 좋아했던 소녀(那些年, 我們一起追的女孩)〉의 배경이 되었던 도시다. 이러한 배경 때문에 나에게 있어서 장화는 줄곧 아련한 첫사랑의 도시로 기억하게 하였

대만-때로는 섬세하고, 때로는 토속적인 소박함의 음악

다. 장화는 타이중 기차역에서 15~25분이면 도착할 수 있는 아주 가까운 위치에 있었다. 음악과 관련된 곳을 중심으로 몇 군데만 빠르게 둘러보았지만, 기차역 안에 있는 관광안내소에서의 설명으로 확인된 것은 대략 하루 정도는 시간을 투자해야 하는 곳이었다. 한국 가이드북은 장화의 추천 코스로 기차역-팔괘산-공자묘-산형차고-다시 기차역으로 돌아오는 3~4시간으로 코스를 소개하고 있다.

대만 사람은 중국인이기도 하지만 본토와는 다른 문화를 갖고 있다. 음악 문화도 같은 듯 다른 자신만의 것을 보유하고 있는데, 사실 근원으로 거슬러 올라가면 당나라 송나라 시절에 대만으로 전파된 남관이나 청나라 때에 들어온 북관 등의 음악이 있다. 대만의 남북관 음악은 중국 본토와는 같은 듯 다른 모습의 고박함을 갖고 있다. 내가 장화를 찾은 이유는 장화현(彰化縣) 문화국에서 남관과 북관을 지역 대표 음악 장르로 부각시키기 위한 노력의 일환으로 조성해 놓은 남북관 음악희곡관(南北管音樂戱曲館)을 가보기 위해서였다. 도시마다 남다른 문화로 특화시키려는 노력은 한국이나 대만이나 비슷한 것 같다. 남북관 음악희곡관(월요일 휴관, 09:00~17:00, 무료 관람)은 실내 공연장과 야외 공연장, 그리고 전시실, 자료실, 다양한 문화 활동을 위한 공간이 있었다. 공연과 강습이 진행되는 듯, 강습 스케줄이 꼼꼼하게 게시되어 있었다.

장화 기차역에 내리면 역사 오른편에 관광 안내소가 있다. 관광지도를 얻을 수 있고 자신의 관심 분야를 얘기하면, 여행 동선도 직원과 함께 짤 수 있다. 나는 여기서 남요궁(南搖宮)과 남북관 음악희곡관의 정보와 가는 방법을 얻었다.

장화의 남요궁에는 지난번 루강의 용산사에서 보았던 팔각조정 장인의 다른 작품이 있었다. 이 절은 도교사원으로 종교성이 조금 더 강해 보였고,

장화시의 남북관 음악희곡관(南北管音樂戲曲館) © 현경채

또한 번잡하다는 생각이 들었다. 절 앞에는 소박하게 그림을 그리는 사람이
있었고, 묘회진향(廟會進香) 행사에 관련된 대형 사진이 게시되어 있었다.
묘회진향은 사당에 모셔 놓은 신을 꺼내서 다른 절로 옮기는 대규모 종교 행
사다. 경비는 일반적으로 그 지역 유지가 모두 부담을 하고, 사람들은 그 행
렬을 따라가며 신앙심을 확인하는 대규모 마을축제다. 이런 행사엔 당연히
음악이 빠질 수 없다. 언젠가는 큰 절에서 주최하는 묘회진향 행사를 꼭 직
접 보고 싶다. 특히 펑후(澎湖) 섬의 마조(媽祖) 진향은 그 규모면에서 대만
최고의 행사라고 한다. 언제가 될지는 모르지만 놓치고 싶지 않은 축제다.

장화에는 부채꼴 기차 주차장인 산형차고와 공자묘, 그리고 위에서 내
려다보는 경치가 아주 좋다는 팔괘산 등의 관광 포인트가 있다. 나는 산형
차고를 먼저 보고, 민생로를 슬슬 걸어서 공자묘로 향했다. 산형차고는 기
차역에서 걸어서 15분 거리에 있었으며, 찾는 데 어렵지 않았고, 입구에서

장화의 산형차고. 일제 강점기의 근현대 건축물로 1922년에 만들어졌으며, 증기기관차 시대에 활용도가 높았던 곳이다. © 현경채

이름과 연락처를 기재하면 무료입장이 가능했다. 일제 강점기 시대의 근현대 건축물로 1922년에 만들어졌으며, 증기기관차 시대에 활용도가 높았다. 전 세계에서 딱 세 군데에 남아 있다고 하는 유적지다. 위로 올라가서 내려다볼 수 있도록 전망대도 소박하게 만들어 놓았다. 그리고 그곳을 나와 지하도를 건너 민생로를 걸어 공자묘 가는 길에 금석당 서점이 있어서 들어가 보았다. 내가 대만을 부러워하는 것이 바로 이런 풍경이다. 편안하고 쾌적하게 마음껏 책을 보라고 책상과 의자가 마련되어 있는 서점이다. 이란과 베이토우에도 사람을 배려한 아름다운 서점이 있고, 타이베이 돈화남로에 있는 청품서점은 24시간 오픈으로 시민에게 개방되어 있다.

남관 음악과 관거

문인들이 모여 남관을 연주하는 곳과 모임을 전문용어로 '관거(館閣)'라고 하는데, 장화(彰化)의 루강에만도 5개의 '관거'가 있다. 그중 가장 오래된 남관의 성지는 '취영사(聚英社)'다. 대만의 '남관관거(南管館閣)'는 남관 음악을 연주하는 곳이고, '관거(館閣)'는 대부분 남관을 좋아하고 즐기는 애호가들로 구성되어 있다.

『천남지보중편(泉南指譜重編)』에는 황제의 회갑을 기념하는 잔치에 남관을 올렸던 기록이 있다. 황제는 남관 음악을 듣고 아주 기뻐하였고, 특별히 이 음악을 '어전청객(御前淸客)'으로 봉하고, 황금색 양산과 금사로 된 등을 하사하였다는 내용이 있다. 그 후로 남관을 연주할 때 황제가 하사한 어전청객 휘장과 황금색 양산을 세워 놓고 음악을 연주하는 관례가 생겼다. 지금은 남관 음악을 여가 시간에 편안하게 연주하지만, 송나라 시절에는 황제 앞에서 연주하던 멋진 음악이었다. 송나라 때의 고풍스런 선율을 담고 있어서 음악학자들은 남관을 음악의 살아 있는 역사이며, 중국 고대 음악의 활화석(活化石)이라고 말한다.

이처럼 옛스럽고 고졸한 음색의 풍류 음악 남관은 청나라 중엽, 대만 일대에 널리 유행하던 음악 장르이지만, 근원은 송나라로 거슬러 올라간다. 초기의 남관 음악은 중국의 복건성(福建省) 천주 시(泉州市) 일대를 중심으로 크게 성행하였다. 그 후 대만 및 동남아 일대에 거주하는 중국인 지역으로 전승된 음악이다. 남관의 명칭에 관련해서는 지역과 악기의 쓰임에 따라 '남악(南樂)', '오음(五音)', '남음(南音)', '랑군악(郎君樂)', '현관(絃管)' 등의 이름으로 구별하여 지칭된다. 남관은 한국의 선비음악인 가곡이나 줄풍류와 같은 계열의 음악으로 앉아서 조분조분 연주하거나 노래와 함께 연주한다. 그러나 아정한 음악으로 연주되는 것 외에도 남관 창법으로 음악극의 표현 방식을 갖고 있는 '남관희(南管戱)'도 있다. 즉, 단순히 연주만 하는 것과 남관 창법으로 공연되는 음악극으로 이분화된다. 남관희를 다른 명칭으로는 '이원희(梨園戱)', '칠자희(七子戱)'라고 했던 기록에서 그 근거를 찾을 수 있다.

지금은 대학에서 남관을 배우고 전문적으로 남관 음악을 전공하는 음악인들이 있지만, 남관은 높은 기교를 요하는 전문가의 음악이 아닌 아마추어 음악이다. 지금도 장화(彰化)나 타이중(臺中), 타이난(臺南) 등지에서 연주되는 대만의 남관은 일상생활의 한 부분으로 생각하여, 동네 사람들이 모여 서로 돌아가며 노래하고 반주를 하는 형태로 연행된다.

타이중에서 만난 남관 음악

타이중(台中)과 장화(彰化), 루강(鹿港)을 비롯하여 타이베이에는 아직도 사랑방 풍류음악이 남아 있다. 남관 음악은 송나라 시절 대만으로 전래되었고, 어전에서 연주하던 실내악 앙상블 음악이다. 한국의 가곡, 가사, 시조, 영산회상 풍류 등의 풍류 음악과 많이 닮아 있는 대만의 남관 음악은 아마추어 연주자들 사이에서 강한 생명력으로 살아남아 있었다. 시대의 변화에 따라 국립타이베이예술대학에서 남관을 전공하는 코스가 생겼지만, 진정한 남관의 음악 문화는 역시 비전문 음악인들에게서 찾을 수 있다. 루강과 장화의 남관 음악을 찾아 접근이 쉬운 거점 도시인 타이중에 둥지를 틀었다. 그러던 중 아주 운이 좋게도 전날 만나던 염가의 음악인 축견지(儲見智) 선생님의 인맥으로 타이중의 남관 음악인들을 만나는 데 성공했다. 타이중시 북동부의 분위기 있는 마을 예술남가(藝術南街)는 아름다운 찻집이 많은 동네다. 그곳의 소화다옥(昭和茶屋, 주소: 台中市龍井區藝術南街三巷二號)의 주인 왕우임(王佑任) 씨는 풍류를 즐길 줄 아는 분으로 그의 찻집은 가끔씩 음악인들이 모여 연주를 즐긴다. 그날은 오로지 한국에서 온 나를 위해 남관 음악을 연주하는 음악인들이 모였다. 나를 이곳으로 초대하고 남관 음악을 연주해 준 분들은 타이중의 관거 합화예원(合和藝苑, 주

소: 台中市 沙鹿區 四平街 123號)의 회원들이다. 그들은 매주 월요일과 토요일에 연습(7~9시)을 하고, 일요일(2~6시)에는 연주 모임을 갖는다고 했다. 이들은 밝고 따뜻했으며 진정으로 음악을 즐기는 분들이었다. 오늘 모인 분들의 직업은 회계사, 편의점 사장, 카페 주인, 플라스틱 공장 경영, 박사 과정 학생 등 아주 다양했다. 연령대는 40대 중후반으로 남관 연주경력은 10~20년의 실력파들이었다.

내게 관련 서적을 펼치고 남관 음악과 악기편성에 대해서 설명해 주었던 진연령(陳燕玲, 47세, 세븐일레븐 사장)은 박판과 비파를 연주했고, 이현을 연주한 왕소방(王小芳, 49세, 플라스틱 공장 경영), 노래와 비파를 연주한 하벽주(何碧珠, 44세, 회계사),

최근 남관극에 관련된 논문으로 석사학위를 받은 Reinhard Straub(47세, 박사과정)는 퉁소와 노래를 불렀다. 그 외에도 뢰운여(賴韻伃, 47세, 자유업, 三絃 연주), 장숙정(張淑貞, 48세, 회계사, 簫 연주) 등이 이날 연주에 참여했다.

남관은 전헤 오는 유명한 시를 노래하는 것이기에 문학적 소양을 기르는 데 아주 좋다. 또한 음악이 상당히 고상하여 우아한

남관극에 관련된 논문으로 석사학위를 받은 Reinhard Straub(47세, 박사과정)는 퉁소 연주와 노래를 불렀다. 중국어와 대만어, 남관음악에 능통한 독일인이다. ⓒ 현경채

대만-때로는 섬세하고, 때로는 토속적인 소박함의 음악

타이중의 관거 합화예원(合和芸苑) 회원들의 남관 연주 © 현경채

타이중의 남관 모임 합화예원(合和芸苑)의 회원인 하벽주는 성악과 비파를 담당했다. © 현경채

정서를 기를 수 있으며, 전통음악이라서 민족 문화 전승에도 아주 적절한 음악이다. 남관은 자신이 즐기면서 남을 즐겁게 한다. 스스로 연주하고 노래하며, 음악에 도취되는 경지에 이르는데, 스스로 즐기는 동안에 마음에 유해지고 담담하고 맑아져 개인의 심성을 다스리는 데 효과가 있다.

남관의 음악은 크게 지(指), 보(譜), 곡(曲)의 세 유형으로 구분된다. 그중 '지(指)'는 총 48투(套, 모음곡)이다. 비록 지금 가사는 불리지 않지만, 하나의 투에는 여러 곡이 포함된다. '보(譜)'는 16투이고, 표제 음악의 기악곡이다. '곡(曲)'은 반주 없이 노래만 부르는 노래곡이다.

남관은 지금까지 전승되고 불리는 곡 수가 1,000곡 이상이다. 악곡 구조는 곤문(滾門, 박자개념)을 기초로 장박(長拍), 중박(中拍), 단박(短拍)의 멜로디 계통이다. 쓰이는 악기에 따라 '상사관(上四管)' 및 '하사관(下四管)'으

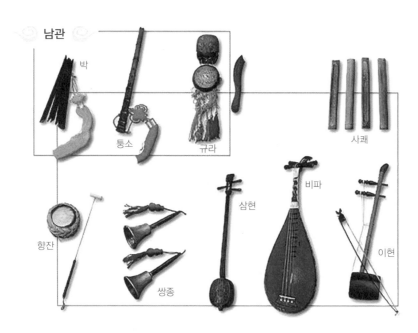

남관에 사용되는 악기

로 나뉘며, 상사관은 선율 악기인 비파, 퉁소(洞簫), 삼현(三絃), 이현(二絃)이 사용되고, 하사관은 타악기인 향잔(響盞), 사쾌(四塊), 규라(叫鑼), 쌍종(雙鐘) 등이 사용된다. 연주할 때는 악기의 자리가 엄격하게 규정화되어 있다. 노래 부르는 사람이 박을 들고 중앙에 자리하고 노래하는 사람 왼편에 비파, 삼현을 배치하고, 오른편은 퉁소와 이현이 자리한다.

남관 음악 중 고갑희(高甲戲)는 남관의 노래 중에서 온화한 선율의 창법을 보유하고 있고, 우아한 자태의 이원신단(梨園身段)을 동시에 갖고 있으며, 한편으로는 북방(北方)의 나고무장타악기(鑼鼓武場打樂器)의 방식을 담고 있어서 남창북타(南唱北打)의 독특한 연주형식으로 평가받는다. 이는 극적인 표현을 보강한 것으로 내용 면에서 소리의 효과를 극대화한 점이 흥미롭다. 이러한 특징으로 고갑희는 '교가희(交加戲)'라는 다른 이름으로 지칭되며, 남북 지역의 음악적 특징을 한 몸에 갖고 있는 희극(戲劇, 음악극)으로서 한 시대를 풍미했다.

남관 비파   한당악부(漢唐樂府)의 남관 음악 연주 홍보물

타이베이 한당악부(漢唐樂府)의
남관 음악 연주

대만-때로는 섬세하고, 때로는 토속적인 소박함의 음악

시끌벅적한 축제의 흥을 돋우는 북관 음악

한국의 풍물놀이와 같이 시끌벅적한 음악이 바로 대만의 북관(北管)음악이다. 결혼식 같은 축제의 현장이나 장례 행렬 등에서 연주되는데, 상당히 요란한 음향으로 폭죽이 터지고, 징과 꽹과리, 북 등으로 빠른 박자를 연주한다. 명절이나 경조사에 대만 사람들은 악귀를 쫓기 위해 큰 소리가 나는 폭죽을 터뜨린다. 이러한 축제의 자리에 빠질 수 없는 것이 풍악이다. 폭죽이 터지고, 요란한 북관 음악이 연주되면 대만 사람들은 축제가 시작되었다는 것을 알게 된다.

명나라와 청나라 시기에는 중국 각지에서 지방의 신흥 극음악 집단이 남쪽으로 전파되었는데, 그중에는 청나라 중륭(中隆)과 가경년(嘉慶年) 동안 광동(廣東)과 복건(福建) 그리고 대만에 들어온 북방어 계통의 희곡 음악을 통칭하여 '북관'이라고 한다.

북관은 대만의 초창기 시절 민간에 넓게 유행되던 음악 중 하나다. 당시는 직업적인 난탄반(亂彈班)을 제외하고도, 여러 지역에 비직업인들이 모여 북관을 연주하는 단체인 '자제단(子弟團)'이 있을 정도로 대중적인 음악이었다. 북관을 연주하는 집단은 비록 연주하는 내용은 서로 다르지만, 자신만의 독특한 연주 방식과 공연 장소를 보유하고 있다.

직업적인 북관 단체는 '난탄희(亂彈戲)' 중심으로 연주를 하고, 공연 장소는 '신명성탄(神明聖誕)'과 '건초(建醮)' 등이다. 자제단(子弟團)은 공연을 위한 연주회를 개최한다기보다는 자신을 위한 오락 목적의 공연을 한다는 것이 차이점이라고 할 수 있다. 초기의 자제단은 농한기에 오락으로 즐기던 형태 외에도 민중이 모이는 공공장소에서 연주하기도 하였다.

북관을 연주하는 단체는 일반적으로 혈연을 중심으로 형성되지만, 한편

종교적인 대축제일(神誕節慶)과 민간의 도교사원에서의 행사인 묘회진두, 결혼을 비롯한 축제의
자리에 빠질 수 없는 것이 풍악이다. 폭죽이 터지고, 요란한 북관 음악이 연주되면
대만 사람들은 축제가 시작되었다는 것을 알게 된다. ⓒ 王泯淳

한때는 대만 전역에 비직업인의 북관 연주단인 '자제단(子弟団)'이 있을 정도로 대중적인 음악 이었다.
ⓒ 王泯淳

으로는 자연스럽게 같은 일을 하거나 지연 관계의 사람들이 모여 결성되는
예도 쉽게 찾을 수 있다. 타이베이의 죽기상(竹器商)들로 조성된 '덕악헌
(德樂軒)'과 신죽(新竹)의 수토행업(水土行業)에 종사하는 사람들로 조성된

대만-때로는 섬세하고, 때로는 토속적인 소박함의 음악

초기의 북관 자제단(子弟団)은 농한기에 오락으로 즐기던
연주 형태 외에도 민중들이 모이는 공공장소에서 연주하기도 한다.
© 王泯淳

'진악헌(振樂軒)' 등이 그 예다. 이들은 주로 종교적인 대축제일(神誕節慶)에 북관을 연주한다. 연주 방법은 실내에 둘러앉아 연주를 하는 것과 밖으로 나가서 움직이며 연주하는 행진연주(出陣演奏) 두 가지가 있다. 대만의 초기 농업사회에는 북관 음악과 음악극 공연 모두 상당히 인기가 좋았다.

북관 음악의 내용은 다채롭고 다양하다. 희곡(戲曲), 세곡(細曲), 사죽(絲竹) 및 패자(牌子) 등 크게 네 가지로 분류되며, '복록(福祿)'과 '서피(西皮 혹은 西路)'의 두 가지 계통으로 나뉜다.

현재는 민간의 도교사원에서 열리는 큰 행사인 묘회진두(廟會陣頭)와 생일, 결혼을 비롯한 잔치 자리에 북관 음악 연주단을 초청하여 성대하게 연주한다. 북관 음악은 시끌벅적한 것이 특징이며, 선율은 분명하고 빠른 속도를 자랑한다. 징, 꽹과리 및 북의 민첩한 장단 변화가 만들어 내는 풍부한 리듬감 덕분에 일반인들 사이에서 많은 사랑을 받는다. 최근 변화하

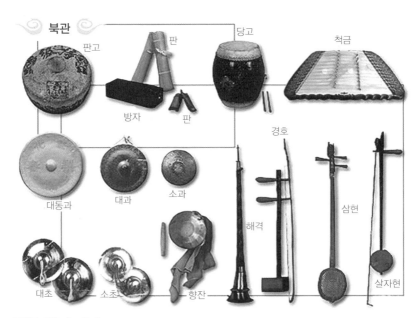

북관

판고 판 당고 척금

방자 판

경호

대동과 대과 소과 해격 삼현

대초 소초 향잔 살자현

북관에 사용되는 악기

는 사회의 흐름 속에 예전 명성에는 미치지 못하나 직업적인 '신미원북관극단(新美園北管劇團)'이 존재할 만큼 북관 음악의 영역이 형성되어 있다. 왕금봉(王金鳳) 단장이 세상을 떠난 후 잠시 휴지기를 갖기도 했지만 당당히 이 단체가 북관

북관 음악이 무대화되면서 악기 편성에 이현이 포함된다.

음악의 맥을 잇고 있다. 지금은 국립타이베이예술대학(國立台北藝術大學)에서 북관을 전공하는 학생을 배출하고 있다. 남관과 마찬가지로 음악 환경의 변화 속에 비전문가의 음악이었던 음악들이 대학의 전문교육의 제도

대만−때로는 섬세하고, 때로는 토속적인 소박함의 음악

권 안으로 들어가면서 장기간 전문적인 교육과정을 거치면서 대만을 대표하는 전통 장르가 되었다. 북관은 한국의 풍물놀이처럼 박자가 아주 복잡하다.

일월담 호수, 원주민 음악

자다가 침대가 심하게 흔들려서 깼다. 대만은 지진이 자주 오는 곳이긴 하지만 침대를 누가 흔드는 것 같았다. '설마 지진?'이라는 생각을 했고, 여진의 느낌이 있었지만 개의치 않고 다시 잠 속으로 빠져들었다. 그때는 지진이 이번 여행에 미칠 영향에 대해서 미처 생각하지 못했었다. 대만은 지진이 자주 발생하는 나라이고, 내진 설계를 한 건축물이라서 걱정은 없다. 유학시절에는 강한 지진으로 세워두었던 가야금이 넘어졌던 경험이 있었다. 하지만 그때 진짜 무서웠던 것은 '부지직' 하며 벽이 갈라지는 소리였다. 아침에 일어나 신문기사를 검색하니, 타이완 남부서 규모 6.4도 규모의 지진이 발생했으며, 아파트 등 건물 5채 붕괴되었다는 기사를 확인했다. 강도가 원자탄 2개 정도라고 했다. 지진의 진앙지는 200km 거리의 메이농(美濃)이라고 한다. 원래 오늘 고속열차로 가려고 했던 곳이라고 생각을 하니 등골이 오싹했다. 타이중 스케줄이 늘어나서 남쪽으로 내려가는 일정을 다음날로 하루 미룬 것이 천만 다행이라 생각하며 가슴을 쓸어내렸다. 참고로 이번 대만 일정을 공개한다.

일정표 (2월 3일~12일)

3日 台北
4□ 台中, 彰化, 鹿港
5日 日月潭
6日 高雄 美濃(메이농)
8日 恒春
9日 台東 花蓮
10日 宜蘭 國立傳統藝術中心 外澳해변공원
11日 台北
12日 回國

대만－때로는 섬세하고, 때로는 토속적인 소박함의 음악

타이완 남부서 규모 6.4 지진···아파트 등 건물 5채 붕괴

입력 2016.02.06 (05:27) | 수정 2016.02.06 (14:41)   담산뉴스

타이완 남부 가오슝시에서 리히터 규모 6.4의 지진이 발생해 인근 타이난에서 건물 5채가 무너졌다고 타이완 중앙통신이 보도했습니다.

2016년 2월 6일자 신문기사

타이중−까우슝 구간 고속열차 예매

새벽에 일어난 지진 여파인지 이곳의 날씨는 흐리고 안개가 끼어 있다. 하지만 나는 일월담으로 원주민의 음악을 만나러 간다. 타이중 이남으로는 고속열차도 잠시 중단되었다(오늘 메이농으로 넘어 갔었다면 발이 묶일 뻔 했다.). 내일 객가음악을 만나러 메이농으로 가야 하는데 걱정이다. 타이중도 리히터 규모 4.5도 지진이었다고 한다. 일월담 호수로 가는 버스 안의 TV에는 계속 지진 속보를 방송하고 있었다.

일월담으로 가는 교통편은 왕복버스, 호수 유람선, 구족문화촌 입장권, 일월담 순환버스 1일권, 자전거 대여권 등이 포함된 종합권(1,060위엔)을 구입하였다. 쿠폰 형식으로 필요할 때 한 장씩 떼어 사용하면 되는 편리한 시

178

배낭 속에 담아 온 음악

스템으로 한두 개를 포기하더라도 종합권이 많이 저렴했다. 유효기간은 15일이고, 돌아오는 표도 15일 이내만 사용하면 되니 일월담에서 숙박을 계획하고 있는 사람도 사용이 가능한 표다.

대만의 자랑 일월담 호수의 아름다운 리조트는 언제나 여행객들을 유혹한다. 해와 달의 모습을 닮았다고 일월담(日月潭)이라는 이름을 갖게 된, 이 호수는 다양한 표정의 풍경으로 볼거리가 가득하다. 특히 아침 안개가 낀 호수의 수면은 아침부터 낭만적으로 만들기에 충분하다. 일월담은 외국 여행객들의 사랑을 받는 것은 물론이고, 대만인들에게도 신혼여행지로서 명성이 자자하다.

원주민 테마파크 구족문화촌

일월담 근처에는 대만의 아홉 개의 소수민족을 한 곳에 모아 놓은 '구족문화촌(九族文化村)'이 있다. 원주민의 가옥을 재현해 생활 도구를 전시하거나 민족의상을 입은 사람들이 직물 짜기를 실연하고, 아홉 개 원주민의 음악과 춤을 만날 수 있는 일종의 테마파크다.

타이중에서 떠난 지 2시간 만에 일월담 호수의 구족문화촌에 도착했다. 케이블카를 타고 무조건 테마파크의 윗부분으로 올라가 안내원에게 오늘 공연에 대한 자세한 정보를 얻었다. 대만 최대의 원주민 테마파크라서 탈 것도 볼 것도 많았지만 나는 원주민 음악에 집중했다.

구족문화촌에서 원주민 음악을 만날 수 있는 곳은 문화굉징을 비롯하여, 나루완극장, 제전회소, 석음극장의 모두 네 곳이다. 그리고 구족문화박물관이 있는데 규모는 크지 않지만 전시물이 비교적 충실했다. 문자가 없었던 이들은 그림으로 기록을 했던 것에 대한 설명을 비롯하여, 원주민의 악기도 전시되어 있었다. 코피리(鼻笛), 죽금(竹琴), 죽종(竹鐘), 목고(木鼓),

배령(背鈴), 요령(腰鈴), 죽구황금(竹口簧琴) 등의 악기의 실물을 볼 수 있다. 구족문화촌에는 아홉 개 소수민족의 주거 형태를 만들어 놓았고 집에도 들어가 볼 수 있게 해 놓았다. 로개족(魯凱族, Rukai)의 집으로 들어가니 사람을 집 안에 매장하는 조금 끔찍한 장례 문화가 있었다.

꽃도 피고 공기도 촉촉한데, 2월의 비오고 안개 낀 구족문화촌은 많이 추웠다. 11시에 제전회소에서 민속행사가 예정되어 있어서 기다렸으나, 기상악화로 공연장을 나루완극장으로 변경해서 진행한다고 안내 방송이 나왔다. 원주민 공연으로 대체되었고 아카펠라와 비슷한 노래로 시작되었다. 노래는 친구에 관련된 내용이었다. 안개가 심해서 사진 촬영은 실패했다.

내 친구 어디에 있든지
나는 언제나 너를 위해 기도할게

또 하나의 공연장은 석음극장이다. 여기에서는 일월담 호수 근처에 거주하고 있는 소족(邵族, Thao)의 음악이 공연되었다. 타악기와 코피리 중심의 연주를 들을 수 있었다. 다시 나루완극장(하루에 두 번 13:30, 15:00 공연)에서의 공연이 시작되었다. 구족문화촌에서의 공연 중에서는 대표성이 있는 공연은 나루완극장에서 진행된다. 아홉 개의 소수민족의 음악을 조금씩 다양하게 소개해 주었다. 아미족(阿美族, Amis)의 아름다운 춤(奇美舞蹈)부터, 포농족(布農族, Bunun)의 5부 합창, 그리고 달어족(達悟族, Tao)의 란여도용사춤(蘭嶼島勇士舞)은 남성의 박력 넘치는 에너지를 느낄 수 있었고, 포농족은 노래 공연에 이어서 좁쌀로 만든 술(小米酒)을 관객들에게 나누어 마시게 했다. 다양한 원주민의 춤과 노래로 꾸며진 축제의 현장이었다.

석음극장의 소족(邵族, Thao)의 음악 공연. 타악기와 코피리 중심의 연주가 진행되었다. © 현경채

석음극장의 소족(邵族, Thao)의 공연. 종을 들고 객석의 관중에게 다가가고 있다. © 현경채

대만-때로는 섬세하고, 때로는 토속적인 소박함의 음악

아미족(阿美族, Amis)의 아름다운 춤(奇美舞蹈)
© 현경채

대만 동남쪽에 란여도(蘭嶼島)는 달어족(達悟族, Tao)의 거주지다. 달어족의 용사춤(勇士舞)은 남성의 박력 넘치는 에너지를 느낄 수 있었다. © 현경채

로개족(魯凱族, Rukai)의 집으로 들어가니 사람을 집안에 매장하는 장례 문화가 있었다.
© 현경채

공연장과 원주민 주거전시관 등의 위치를 알려 주는 이정표
© 현경채

배낭 속에 담아 온 음악

대만의 원주민과 그들의 음악

한국의 경상남북도를 합친 정도의 조그만 나라 대만에 다양한 소수민족이 있다는 것이 신기했다. 그들은 부락을 이루고 씨족 공동체의 삶을 살아가고 있다. 대만의 원주민은 그동안 9개의 소수민족으로 알고 있었지만, 지금은 아미족(阿美族, Amis), 배완족(排灣族, Paiwan), 태아족(泰雅族, Atayal), 포농족(布農族, Bunun), 로개족(魯凱族, Rukai), 비남족(卑南族, Puyuma), 추족(鄒族, Tsou), 색하족(賽夏族, Saisiyat), 달어족(達悟族, Tao), 소족(邵族, Thao), 카마란족(噶瑪蘭族, Kavalan), 태로각족(太魯閣族, Taroko) 등 12개의 민족으로 확인되었다. 원주민 부족들은 자신들만의 생활방식 속에서 풍성한 축제와 다채로운 민속예술 행사로 독자적인 문화를 지니고 있다는 점에서 귀중하다. 대만의 소수민족은 풍년제와 풍어제를 비롯한 생활 속의 축제와 함께 음악 문화를 이어 오고 있다.

대만의 소수민족은 오스트로네시아어족(말레이-폴리네시아어족)계 원주민들이다. 이들은 일본강점기 시대에는 고사족(高砂族)이라고 불렀으나 현재는 고산족(高山族) 또는 산지동포(山地同胞)라고 부르고 있다. 고산족은 대부분 산악지대에 거주하고 있다. 언어는 모두 오스트로네시아어족에 속하지만 각 민족의 언어가 많이 다르고 사회 조직이나 문화도 각각 다르다. 고산족은 전통적으로 농경이나 수렵에 종사하면서 독자적인 문화와 제도를 유지해 왔다. 그러나 20세기 이후 일제의 식민 통치와 정부의 통치 아래 근대화 과정에서 생활양식이 크게 변했다. 당국의 성급한 근대화 정책은 고산족의 권리를 다수 침해하였으며, 대만 사회 안에서 원주민에 대한 차별도 지속되었다. 1980년대 후반부터 고산족 청년들을 중심으로 '원주민 권리 회복 운동'이 시작되었고, 정부 당국도 이들의 요구를 받아들여 고산족의 권리 향상을 도모하는 정책을 추진하고 있다. 현재 대만 정부는 고산족을 '대만 원주민족(臺灣原住民族)'으로 승인하고, 평지에 살고 있는 대만인과는 다른 원주민의 적(籍)을 주고 있다.

원주민의 노래 중에는 전 세계적으로 유명한 노래도 있다. 대만 타이동 마란(馬蘭) 지방의 곽영남(郭英男) 부부와 아미족 사람들이 함께 노래한 환영의 노래 '영빈가'는 3성 합창음악으로 특별히 손님 접대를 좋아하는 소수민족의 정서가 잘 담겨 있는 노래로 손님을 환영한다는 노랫말로 되어 있다. 1분 20초 분량의 짧은 음원은 영국의 밴드 Enigma의 노래 'Return to Innocence'에 사용되었는데, 1996년 올림픽을 계기로 전 세계에 방송되어 익숙해진 노래다. 영국 밴드는 대만의 원주민의 음악을 그대로 도입부에 사용하였고, 영국 여자 가수가 노래로 하모니를 이루었다. 대만 원주민의 아미족 '영빈가'가 사용된 노래 Enigma의 'Return To Innocence'는 한국의 의류 광고 음악으로도 사용되었다. 아미족의 '영빈가'는 다시 제주의 물허벅과 기타, 피아노, 대금이 함께하는 노래 음악으로 작곡가 류형선이 편곡

원시적인 모습의 태로각족(太魯閣族, Taroko) 풍경을 담은 엽서

배낭 속에 담아 온 음악

대만 아미족 곽영남. 환영의 노래 '영빈가'를 부른 주인공이다.

하였고, 소리꾼 김용우의 노래로 재탄생되어 〈질꼬냉이〉 음반에 수록되었다.

대만의 원주민은 넓게는 말레이 계통이다. 여러 물적 증거나 정황으로 볼 때 대만의 남도어족(南島語族)의 발원지 중 하나이며, 문화 발전의 한 구심점이라는 사실이 밝혀진 바 있다. 대만 원주민의 음악과 춤은 상당히 다채롭고 풍성하다. 원주민의 음악 문화는 전통생활의 상당 부분을 차지하고 있는데, 문자가 없는 사회에서 구전 문화에 의존하고 있는 그들의 생활 방식도 이에 한몫을 했을 것이다. 대만의 소수민족 원주민 음악이 음악을 넘어 문화의 핵심이 되는 이유가 이러한 배경에 있다. 농경 생활을 비롯하여 사냥, 고기잡이, 남녀의 사랑, 생사 문제, 제사 의식 등 모든 것이 음악으로 표현된다.

이것이 음악의 개념을 뛰어넘어 대만 원주민의 음악이 갖고 있는 내적인 특수성의 의미를 이해해야 하는 이유다. 원주민의 음악 형태는 그저 연주하고 감상하는 용도로서 표면적으로 나타나는 음악이 아니라, 부락의 사회적인 맥락과 문화가 담고 있는 음악의 이면에 대한 이해가 선행되어야 하는 이유다. 원주민의 음악과 춤은 각 소수민족이 갖고 있는 자신만의 언어이고 각기 노래 부르는 형식과 기교 또한 소수민족만의 독특한 특징을 담고 있다. 민족 음악학자들은 원주민 음악을 구성음과 화성적인 구성에 따라 다음과 같이 정리하였다.

기본음으로 볼 때 대만의 9개 소수민족의 음악은 다음과 같이 구분된다. 2음으로 구성된 음악은 아미족(雅美族)에서 나타나고, 3음 구성의 음악은 아미족(雅美族)과 태아족(泰雅族)에, 4음은 태아족(泰雅族)과 배완족(排灣族)에, 5음은 아미족(阿美族), 비남족(卑南族), 배완족(排灣族), 로개족(魯凱族) 음악에 나타난다.

즉흥적인 낭송창법은 '태아족', '새하족(賽夏族)', '아미족(雅美族)'을 중심으로 연창되며, 다성부 창법은 '아미족', '배완족', '로개족' 등이 두드러진 특색으로 노래한다. 자연화성이 어우러진 창법은 '포농족(布農族)'과 '추족(鄒族)'의 음악에서 찾을 수 있다.

음악 구성 요소인 음고와 박자 등은 표준화로 표기할 수 없을 정도로 미분음이 많이 나오며, 기록과 채보를 할 수 있는 구체적인 음악 부호 시스템도 없다.

음악과 언어의 관계는 상당히 밀접하다. 그 예는 대만 원주민의 음악에서도 발견된다. 대만 원주민 음악은 수많은 노래에서 노랫말을 통해 미묘한 구전문학을 형성하였다. 그 예로 태아족의 '족원가(族源歌)'와 새하족의 '왜령제가(矮靈祭歌)', 배완족의 '혼례축가(婚禮祝歌)' 등은 바로 음악의 차원을 넘어 부족의 역사와 풍습을 담아낸 문학작품으로서의 가치가 인정된다.

한편, 원주민의 기악음악은 성악곡과 같이 풍부하지도, 발달되지도 못했다. 하지만 기악곡들은 외래문화의 영향을 비교적 적게 받았으며, 에스

자연 화성이 어우러진 창법을
갖고 있는 포농족(布農族)

대만 남서쪽 바닷가에
거주하는 달어족(達悟族, Tao)은
풍어제와 관련된 음악을
보유하고 있다.

러운 모습을 보유하고 있다는 점에서 의미가 있다. 소수민족이 사용하는
대표적인 악기로는 구황(口簧), 궁금(弓琴), 디즈(笛子), 저음(杵音) 등이 있
고, 그밖에 상당한 규모의 행사를 진행할 때 그들이 차려입은 의복과 장신
구와 조각 그리고 몸에 달려 있는 방울들은 사실상 음악과 춤에서 소리를
내며 악기로서 역할을 한다. 새하족의 '둔령(臀鈴)'과 비남족의 '배령(背鈴)',
그리고 로개족, 배완족의 복식 위의 장식은 가무의 장단과 함께 신비한 성
음으로 축제의 장에 울려 퍼지며 장관을 이룬다.

대만-때로는 섬세하고, 때로는 토속적인 소박함의 음악

원주민 악기 죽금(竹琴) © 현경채

원주민 악기 목금(木琴) © 현경채

원주민 악기 목고(木鼓) © 현경채

원주민 악기 배령(背鈴) © 현경채

원주민 악기 요령(腰鈴) © 현경채

대만 원주민 예술가 허곤중(許坤仲)이 쌍피리를 코로 연주하고 있다. © 吳榮順 제공

대만 소수민족 배완족(排灣族) 수피우마(Supiuma) 부락의
코로 부는 피리에 맞추어 노래를 부른다. © 吳榮順 제공

대만─때로는 섬세하고, 때로는 토속적인 소박함의 음악

대만의 소수민족 포농족(布農族)의 릴레(Lileh)의 소리.
프랑스 파리극장 공연 © 吳榮順 제공

대만 원주민 마을의 행사에서 음악은
중요한 요소다. ©吳榮順 제공

배낭 속에 담아 온 음악

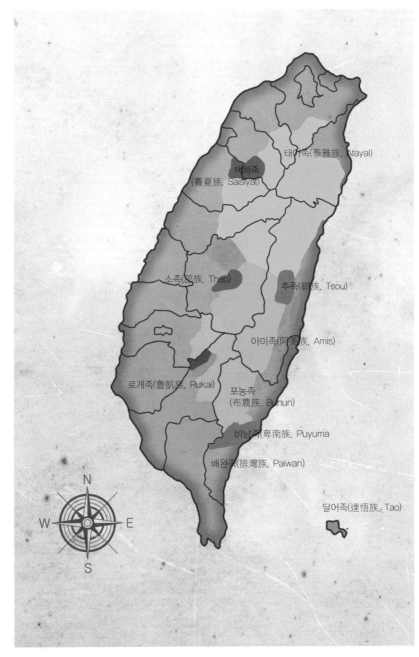

태어족(泰雅族, Atayal)

색하족
(賽夏族, Saisiyat)

소족(邵族, Thao)

추족(鄒族, Tsou)

아미족(阿美族, Amis)

로개족(魯凱族, Rukai)

포농족
(布農族, Bunun)

비남족(卑南族, Puyuma)

배완족(排灣族, Paiwan)

달어족(達悟族, Tao)

N
W   E
S

원주민 분포 지도

대만−때로는 섬세하고, 때로는 토속적인 소박함의 음악

헝촌 마을의 슬픈 노래

대만의 최남단의 작은 마을 헝촌(恒春)은 겨울에도 따뜻해 1년 내내 봄 날씨 같다고 해서 항상(恒) 봄(春)이라는 이름이 붙여진 곳이다.

대만 최남단 헝촌으로 민요의 명인 천다(陳達, 1906~1981)의 흔적을 찾아 나섰다. 음력 설 연휴라서 교통체증이 아주 심했다. 까오숑에서 대략 2시간 정도면 도착하는 곳이지만 차가 밀리니 가는 길이 참 멀다는 생각이 들었다. 그래도 여기까지 왔으니 직접 민요의 명인이 나고 자란 곳을 느껴 보고 싶었다. 밀리는 버스 안에서 생각이 생각의 꼬리를 물었다. 사람들은 모두 똑같이 먹고, 마시고, 공부하고, 음악 듣고, 여행하는 이런 경험이 축적되어 지금의 나를 만들었다는 사실인데, 어찌 보면 당연한 것이지만, 이것이 나는 너무 신기했다. 자고, 먹고, 마시고, 하는 것은 다들 비슷하지만, 세상에는 똑같은 사람이 한 명도 없다는 점이 경이로웠다. '인풋은 비슷한데, 아웃풋은 각양각색이다.' 이 엄청난 사실을 나는 밀리는 길 위에서 터득했다. 주변에는 같은 사람은 한 명도 없는데, 세상의 엄마들은 자기 자식이 보통 사람이기를 원한다. 상식적이고 도덕적이고 일반적인, 꿈도 비슷하고 생각도 비슷하고 하고 싶은 일도 비슷한 사람을 원한다는 것이다. 내 주변에 있는 대학생들도 튀지 않으며 그냥 좋은 직장에 취업하는 것이 인생 목표란다. 아무리 발버둥을 쳐도 똑같은 사람이 한 명도 없다는 점이 정말 중요한데 말이다. 세상의 모든 사람이 비슷하고 세상의 모든 문화와 나라가 비슷하다면, 이 세상은 정말 지루하고 재미없을 것이다. 세상이 다 비슷하다면 내가 굳이 대만 최남단의 헝촌까지 찾아 갈 필요도 없었을 것이다. 나는 나와는 다른 문화, 나와는 다른 음악, 나와는 다른 공기를 찾아 이곳으로 왔고, 나는 지금 헝촌에만 있는 슬픔의 노래를 찾고 있다. 나는 다르게 보고, 다르게 듣고, 남들과는 다른 나만의 여행을 하고 싶다는 생각을 새삼스레 다시 해 본다.

헝촌 가는 길인데, 차가 너무 막히니 사색도 하게 된다. 여행은 이래서 좋다. 전설적인 명인 천다를 찾아가는 여정은 쉽지 않았지만, 결국은 도착한다는 진리도 터득했다. 헝촌 터미널에 도착하니 관광안내소도 있고 자원봉사자들도 있었고, 그들에게 친절한 안내도 받을 수 있었다. 천다가 살던 옛집을 찾아가기 위해, 주소를 들고 문의를 했다. 택시로 가야 되는지 버스로 갈 수 있는 곳인지가 궁금했다. 그들에게서 돌아온 대답은 버스로 갈 수 있다는 말과 함께, 곧 출발하니 앞에 서 있는 차를 빨리 타라고 했다. 지방버스는 배차시간 간격이 넓은데, 바로 탈 수 있다는 것으로 다시 기분이 좋아졌다. 버스는 관광지를 한 바퀴 도는 코스로 운행 되는지 하얀 모래로 유명한 백사(白沙) 해수욕장 해변과 절경이 눈앞에 펼쳐지는 묘비두(猫鼻頭)를 거쳐 대략 30분 만에 작은 마을에 도착했다. 버스에서 내리니 허름한 가게 앞이었고, 가게 주인 할머니는 오로지 대만말만 하시는 분이었다. 시간은 벌써 두 시로 들어가는데 나는 아직 점심 전이었고, 팥빵을 하나 사들고 천다의 생가를 찾아 나섰다. 작은 가게를 돌아서니 벽면에 지도와 함께 천다고택(陳達故居, 주소: 台灣 屏東縣 恆春鎭 大光里 砂尾路)이 10m 거리에 있다고 게시되어 있었다. 시골의 작은 마을에서 천다가 기거했던 허름하고 낡은 집은 어렵지 않게 찾았다. 이리저리 사진을 찍고 집의 뒤쪽도 가보고 했지만, 워낙 작은 공간이라서 더 이상은 할 일이 없었다. 미리 준비해 간 그의 대표적인 노래 '사상기(思想起)'를 그 집에서 들었다. 3분 43초의 길지 않은 음악 속에 소박한 노인이 조촐하게 월금을 반주로 굴곡진 삶을 노래하고 있었다. 그를 소개하는 게시물에는 '헝촌의 전설적인 기적의 가수, 헝촌의 레전드'라고 그를 묘사했지만, 이어폰 속의 노래에는 가난한 노인의 슬프고 애절함이 한가득 들어 있을 뿐이었다. 전태룡 명인의 창부타령을

대만−때로는 섬세하고, 때로는 토속적인 소박함의 음악

대만 남쪽 끝의 작은 마을 헝촌의 시골에서 천다가 기거했던 허름하고 낡은 집을 찾았다.
'헝촌의 전설적인 기적의 가수, 헝촌의 레전드'라는 입간판이 세워져 있었다. © 현경채

들었을 때, 김옥심의 민요를 들었을
때의 아련한 느낌이 오버랩되었다.
그리고 다시 헝촌 읍내로 돌아와 작
은 식당을 들어가 천다의 가난한 삶
을 곱씹으며, 숙주나물 볶음과 송화
단 두부, 생강 조개탕에 흰밥 한 공기
로 늦었지만 소박한 점심을 먹었다.

그리고 다시 천다의 민요기념관을
찾아보았다. 관광안내소에서 얻은
정보로는 소방서 옆에 있다고 했으

헝촌은 소리꾼 천다를 영웅 수준으로
추대하는 듯했다. 그가 연주했던 월금은
도시의 상징 이미지로 이정표 위에
올려져 있었다. © 현경채

작은 마을 헝촌을 대표하는 이미지는 양파와 천다의 월금이다.
곳곳에 월금이 도시의 상징으로 사용되고 있었다. © 현경채

헝촌민요관에는 이 도시의 대표 인물인 천다의 기념물이 세워져 있었다. © 현경채

대만-때로는 섬세하고, 때로는 토속적인 소박함의 음악

나 찾을 수 없었고, 소방서에 들어가 문의한 결과 헝촌민요관으로 가보라
는 얘기를 들을 수 있었다. 헝촌은 소리꾼 천다를 거의 영웅 수준으로 추대
하고 있었다. 그가 연주했던 월금(月琴)은 도시의 상징으로 곳곳에서 이미
지로 사용하고 있었으며, 헝촌민요관도 잘 조성되었다. 음력설 연휴라서
실내는 들어가 볼 수는 없었지만, 천다를 발굴해서 대만 음악계에 소개하
고 그를 전설적인 인물로 우뚝 서게 한 대만의 음악학자이자 나의 스승인
쉬창혜(許常惠)의 업적도 잘 조명해 놓았다. 중국 본토에 아빙(阿炳)이 있
다면, 대만에는 천다가 있다. 두 사람의 음악을 배운 적이 없다는 것과 맹
인음악가였다는 점에서 비슷하다. 아빙은 중국의 저명한 음악학자 양인류
(楊蔭瀏, Yáng Yinliu 1899~1984)에 의해서, 천다는 쉬창혜라는 당대 최고의
학자가 발굴해서 그 나라의 대표 음악으로 인정되었다는 점도 비슷했다.
천다도 아빙도 발굴 후에 각각 타이베이와 베이징의 녹음 스튜디오로 모셔
와 음반을 제작하였고, 그들의 음악은 다양한 버전으로 편곡되어 널리 연

헝촌민요관에는 이 도시의 대표 인물인 천다의 기념물이 세워져 있었다. ⓒ 현경채

주되고 있다는 점도 공통점이다.

헝촌에서 월금을 연주하며 민요를 부르던 전설적인 소리꾼 천다는 핑동현(屛東縣) 헝촌의 작은 마을에서 태어났다. 학교교육을 받은 일이 없기 때문에 글도 악보도 볼 줄 모르지만, 큰 형과 넷째 형이 마을에서 꽤나 유명한 가수였기 때문에 형의 영향으로 자연스럽게 노래를 부르게 되었을 것이다. 어깨너머 익힌 음악을 형의 악기를 빌려서 연주해 보기도 했다고 한다. 그는 월금을 연주하며 헝촌의 민요(恆春民謠)를 부르는 것을 즐기게 되었고, 조금씩 소리꾼으로서 노래도 부를 기회가 생기게 되었다. 천다는 29세에 심한 병을 앓았고, 그 병으로 한쪽 눈의 시력을 잃게 되었다. 그는 의도적으로 가수가 되려고 했던 것은 아니지만 시멘트공, 석재공, 숯 굽는 일, 농부, 소를 키우는 일 등 다양한 직업을 전전하다가 20세부터 자작곡을 노래하기 시작했다. 그의 노래는 헝촌 일대에서 타의 추종을 불허하는 수준으로 두각을 나타냈다. 광복 이후, 60세가 되던 해에 질병으로 한쪽 눈마저 잘 보이지 않게 되어 '홍목달자(紅目達仔)'라는 별명을 얻게 되었고, 치아도 다 빠져 버리는 지경에 달하였고, 1981년 불의의 교통사고로 세상을 떠나 많은 사람이 안타까워했다.

1967년에 시작된 음악학자 스웨이량(史惟亮)과 쉬창혜(許常惠)의 '민가채집프로젝트(民歌採集運動)'를 통해 병들고 가난한 62세의 헝촌의 천다 음악이 채집되었고, 드디어 세상에 공개되었다. 그 두 학자의 노력으로 귀중한 천다의 노래가 대만의 중요 민요로 전승되게 되었고, 대만을 대표하는 하나의 민요 장르로 자리 잡게 되는 단초를 마련하였다. 급기야 1971년에는 타이베이의 녹음실에서 본격적으로 음반 취입을 위한 녹음 작업이 진행되었는데, 민족음악 가수 천다의 노래(民族樂手陳達和他的歌)는 그렇게 해서 LP 음반으로 발매되었다. 1977에는 제1회 민속음악인 음악회(第一屆

民間樂人音樂會)에 초대를 받아 무대공연을 갖기도 하였고, 그다음 해에는 '천다와 헝촌조설창(陳達與恆春調説唱)'이라는 제목의 두 번째 음반이 출시되었다.

천다의 노래는 아주 처량하고, 노랫말은 시적이며, 월금 병창으로 노래 불린다. 감정이 상당히 풍부했던 그의 노래는 타이베이 음악계에서 크게 환영을 받았다. 그를 유명하게 만든 대표적인 노래는 '사상기(思想起)'다. 염가(唸歌)가 긴 이야기를 월금 반주에 맞추어 노래 부르는 긴 민요라면, 천다의 소박한 헝촌 민요는 '대만복료민간음악(台灣福佬民間音樂)'으로 분류하여 대만 민요의 중요한 장르로 자리 잡게 되었다.

대만복료계민가는 대만 민간에서 넓게 불리던 민요로, 복료어(福佬語)로 노래된다. 복료계민가는 대대로 구전으로 전해 내려오는 민요이고, 대략 '서부평원(西部平原)'과 '헝촌지구(恆春地區)' 및 '북의지구(北宜地區)' 등 세 구역으로 나눌 수 있다. 이것은 바로 복료인(福佬人)이 거주한 주요 지역이다. 복료계민가를 가사의 내용으로 볼 때 '가정윤리류(家庭倫理類)', '노동류(勞動類)', '애정류(愛情類)', '제사류(祭祀類)', '서사류(敍事類)', '오락류(娛樂類)' 등으로 구분된다. 어떤 노래는 가사의 내용이 여러 뜻을 동시에 내포하고 있어서 명쾌하게 분류하기 어렵다. 복료계민가의 노래는 대부분이 단 선율 창법이 가장 많은 분포를 차지하고, 그다음은 서로 주고받는 2인창이다. '도화과도(桃花過渡)'와 '토인자가(土蚓仔歌)'가 그 예다. 그 외에 낭송방식의 노래가 있으나 많지는 않다. 복료민가(福佬民歌)는 소박하지만 사람의 마음에 와 닿는 매력이 있다. 이것은 선율과 복료어의 억양과 밀접하게 관련되어 있으며, 또한 향토적인 흥취가 가득하다. 가사의 글자 수는 대부분이 칠언절구의 '사구련자(四句聯仔)' 형식이다.

대만복료민가는 순수 기악연주곡도 전승된다. 기악곡은 남관악(南管樂)

음유시인이자 가수였던 천다. 그의 음악을 발굴한 음악학자 쉬창혜(왼쪽)는 얼굴 가득 눈물이다.
© 許常惠文化藝術基金會: 提供

과 북관악(北管樂)에 많은 영향을 받은 합주음악이 대부분이며, 독주음악
은 적은 편이다. 독주음악으로서 기악곡은 현악기 중에서도 이현(二弦)으
로 연주하는 독주음악이 있고, 그 외에 발현악기인 월금(月琴) 독주음악이
간헐적으로 보인다. 합주음악에 사용되는 악기는 금(金), 석(石), 토(土), 혁
(革), 사(絲), 죽(竹), 포(匏) 등의 악기 재료에 의해 분류되며, 이러한 악기는
다양한 편성의 음악으로 연주된다. 악기 편성에 따라 '라고악(鑼鼓樂)', '고
취악(鼓吹樂)', '사죽악(絲竹樂)' 그리고 '혼화악(混和樂)'으로 분류된다.

　천다의 노래는 대만을 넘어 국제적으로도 새롭게 불리고 있다. 미국을
중심으로 활동하는 보컬리스트 젠슈(Jen Shyu)는 천다의 노래에 크게 감명
을 받아 그의 음악에 심취했고, 직접 월금을 연주하며 대만복료 음악을 노
래하는 세계적인 음악가다. 젠슈는 2014년 도리스 듀크 임팩트 어워드 수
상자로 선정될 정도로 탁월한 예술가로, 다양한 소리의 실험을 추구하는

Solo Rites: Seven Breaths, Roulette, NYC, 2014.
© Steven Schreiber

미국을 중심으로 활동하는 보컬리스트 젠슈(Jen Shyu)는 천다의 노래에 크게 감명을 받아 그의 음악에 심취했다. 직접 월금을 연주하며 대만복료 민가를 노래하는 세계적인 음악가다.
© Witjak Widhi Cahya

재즈보컬리스트이자 작곡가이며, 다양한 악기를 다루는 연주가이고, 무용가이며 프로듀서 등으로 활동을 펼치고 있는 전천후 아티스트다. Pi Recording 레이블의 첫 번째 여성 아티스트로서 전설적인 베이시스트 Mark Dresser와 함께 작업한 〈Synastry〉를 포함하여 총 6장의 앨범을 발매했다. 2013년에는 국립국악원의 문화 동반자 사업에 참여해 판소리와 가야금 병창을 배웠고, 아시안 문화협의회의 지원을 받아, 판소리를 비롯해 쿠바, 브라질, 대만, 중국, 동티모르, 인도네시아 등의 현지에서 얻었던 영감을 바탕으로 한 편의 솔로 오페라 〈Seven Breaths〉를 작곡하였다. 이 오페라는 인도네시아의 유명 영화감독인 가린 누그로호(Garin Nugroho)가 감독을 맡아 2014년 5월 28일 뉴욕에 있는 룰렛(Roulette) 퍼포먼스 스페이스에서 처음으로 공개되었다. 젠슈가 각 나라의 아티스트로 등장하여 월금, 가야금을 연주하고 시와 춤을 선보인 이 작품은 2015년 11월 30일 국립국악원에서 공연되었고, 2014년부터 전 세계 투어 중인 작품이다.

메이농(美濃)의 객가음악(客家音樂)

지난밤에 메이농을 갈 것인가 말 것인가 고민하다가 잠을 설쳤다. 새벽 5시에 눈을 떴고 다시 고민하다가, 가는 길을 검색하고 또 조사를 했다. 드디어 6시가 되었고 버스터미널로 가서 아침 7시 7분에 출발하는 버스 티켓을 구매했다. 부지런히 호텔로 돌아와 씻고 짐 싸고 밥 먹고 체크아웃하고 지진을 뚫고 메이농을 향해 출발했다. 2월 8일은 음력으로 정월 초하루다. 카톡에는 계속해서 '새해 복 많이 받고, 늘 즐겁고 행복한 일이 가득하길~' 등의 새해 인사가 속속 답지하고 있지만 나는 지진의 진앙지인 메이농을 향해 달려가고 있다. 기차 레일이 망가졌으면 버스로 가면 되는 것이고, 시간은 더 걸리겠지만, 가격은 고속철도(790元)의 5분의 2(310元)로 저렴했다.

여행 중에는 구글 맵이 최고다. 오프라인 상태에서 위치 확인이나 온라

스마트폰의 구글맵은 전화번호는 물론이고, 웹사이트, 가는 방법, 영업 시간, 실시간 스트리트뷰 등의 다양한 정보를 제공한다.

대만−때로는 섬세하고, 때로는 토속적인 소박함의 음악

인상에서는 전화번호는 물론이고, 웹 사이트, 가는 방법, 영업시간, 실시간 스트리트뷰 등의 정보를 제공한다. 나는 메이눙 민속촌으로 출발하기 전에 구글 맵에서 확인한 번호로 전화를 걸어 몇 가지를 확인했다.

1. 오늘 음력 설날인데 문은 여는지
2. 버스를 타고 갈 것인데, 가는 방법은 어떻게 되는지, 그리고 내리는 곳 등
3. 객가음악을 들을 수 있는지

남쪽에 오니 날씨도 화창하고, 기온도 거의 봄 날씨다. 무사히 메이눙 민속촌에 도착했으나, 내가 생각한 그런 곳이 아니었다. 이곳은 식당과 찻집, 우산 만들기 실습이 가능한 곳으로 지극히 상업적인 곳이었다. 아주 유명한 음악의 장인이 계시기는 했지만, 그분은 다양한 생활 폐기물로 악기를 만들어 연주하시는 분이었고, 여러 언론에 많이 노출된 유명인사인 듯하지만 내가 찾는 객가음악은 아니었다.

메이눙 민속촌을 대충 둘러보고 나왔다. 그리고는 작은 문제가 발생했다. 버스를 내릴 수는 있으나 탈 수는 없다는 것을 그때는 몰랐다. 버스 정류장 앞에서 메이눙 시내로 가는 버스를 기다렸으나 버스 기사는 손을 흔들며 안 선다는 표시만 하고 쌩하니 지나갔다. 햇볕 아래서 대략 한 시간쯤 기다렸으나 해결 방법을 찾지 못했다. 드디어 빈 택시 한 대를 발견하고 뛰어가 택시를 잡았으나, 어떤 청년이 다가와서 자기가 전화로 부른 택시라고 했다. 어디까지 가는지 나도 좀 같이 타고 갈 수 없느냐고 했더니, 자기는 바로 까오슝으로 간다고 했다. 해서 나는 치산으로 들어가는 입구까지만 동승하는 것으로 하고 합승에 성공했다. 그렇게 해서 메이눙과 10분 거

리의 마을인 치산에 도착했다, 가이드북에는 소박하고 아름다운 마을이라고 했으나, 느긋하게 구경할 수 있다는 가이드북의 글이 무색했다. 치산 구시가(老街)는 사람이 너무 많아 걷기도 힘든 장바닥 같은 분위기였다. 가이드북에는 꼭 먹어 보아야 하는 식당과 음식을 나열하고 있지만. 인파를 뚫고 맛을 보기에는 정말 역부족이었다.

우여곡절 끝에 메이농 영안구시가(永安老街)에 도착했다. 별다른 정보가 없는 작은 마을 메이농은 생각보다 분위기 있는 곳이었다. 객가 사람들의 마을 메이농은 투명하고 쫄깃한 국수 반티아오가 유명한 음식이다. 대만 사람들은 이것을 먹으러 일부러 메이농을 찾는다. 비빔 반티아오와 우동같이 국물에 말아 주는 반티아오의 두 가지가 있다. 주변엔 반티아오 전

메이농 구시가 입구엔 1930년에 만들어진 옛 다리가 있었고, 그 위에 떡하니 자리 잡은 원숭이상이 메이농의 상징적인 역할을 하고 있는 듯했다. © 현경채

대만-때로는 섬세하고, 때로는 토속적인 소박함의 음악

문 식당이 즐비했다. 구시가 입구엔 1930년에 만들어진 옛 다리가 있었고, 그 위에 떡하니 자리 잡은 원숭이상이 메이농의 상징적인 역할을 하고 있는 듯 했다. 역사를 담고 있는 집이 있어서 촬영을 하려는데, 막 집주인이 오토바이를 타고 돌아왔다. 사진을 찍어도 되냐고 했더니 헬멧을 벗고 포즈를 취해 주셨

메이농 구시가. 역사를 담고 있는 집이 있어서 촬영을 하려는데, 막 집주인이 오토바이를 타고 돌아왔다. 사진을 찍어도 되냐고 했더니 헬멧을 벗고 포즈를 취해 주셨다. ⓒ 현경채

메이농에는 한 집 건너 하나씩 사당이 있을 정도로 사당이 많았다. 도교와 민간신앙. 마조. 토지신. 관우 등이 모셔져 있다. ⓒ 현경채

객가음악의 마을 메이농. 그러나 음악은 못 만났고. 이번 대만 여행 처음으로 석양을 만났다.
© 현경채

창문마다 붉은색의 복(福) 종이를
붙여 놓은 것도 분위기가 있었다.
© 현경채

대만-때로는 섬세하고, 때로는 토속적인 소박함의 음악

다. 메이농에는 한 집 건너 하나씩 사당이 있을 정도로 사당이 많았다. 도교와 민간신앙, 마조, 토지신, 관우 등이 모셔져 있다. 창문마다 붉은색의 복 종이를 붙여 놓은 것도 참 분위기 있다는 생각을 했다. 여기는 객가음악의 마을 메이농, 그러나 음악은 못 만났고, 이번 대만 여행 처음으로 석양을 만났다.

나는 이곳에서 취두부 음식 체험을 했다. 우리나라 청국장처럼 냄새가 지독한 두부다. 유학시절엔 100m 전방에 취두부 수레가 등장하면, 코를 쥐고 호흡을 멈추고 멀리 돌아갔었다. 그때는 가리는 것 많은 20대 아가씨였고, 시식을 해 보고 말겠다는 생각은 오래전부터 있었다. 드디어 메이농에서 까오송으로 가는 버스를 기다리며 취두부를 맛볼 기회가 되었다. 가격은 50위엔으로, 양배추 김치와 함께 주었다. 딱 발효된 두부 튀김 맛이었다. 다음에 또 먹을 용의가 있을 정도로 나쁘지 않았다. 그러나 난감한 것은 먹은 후에도 냄새가 상당히 오래 간다는 것이었다.

대만의 남쪽 마을 메이농(美濃)에는 객가 문화를 접할 수 있다. 메이농은 객가족이 많이 사는 도시이며, 진실하고 강건한 기질로 유명한 중국의 유대

취두부 음식 체험. 우리나라 청국장처럼 냄새가 지독한 두부다. 유학시절엔 100m 전방에 취두부 수레가 등장하면, 코를 쥐고 호흡을 멈추고 멀리 돌아 갔었다. © 현경채

인이라고 불리는 객가족의 문화를 제대로 느낄 수 있는 곳이기도 하다. 마을 입구엔 학문을 중시하고 조상을 공경하는 객가족의 기질을 상징한 경자정(敬字亭)이 있다. 번화가 중산로(中山路), 미흥가(美興街)에는 객가의 전통적인 쫄깃한 국수 음식점인 반티아오(粄條) 가게가 즐비하다. 메이농은 오래된 가옥이 많이 남아 있는 구시가의 뒷골목 탐색도 흥미롭고, 1.5km 정도의 가벼운 산책 코스도 있는 고풍스러운 마을이다.

대만 객가인(客家人)의 선조들은 원래 중국의 중원(中原) 지역을 중심으로 거주하다가 전쟁으로 남쪽으로 이주하게 되었는데, 강서(江西)와 양광(兩廣), 복건(福建) 등과 같은 타지에 자리 잡게 되었다. 객가의 '객(客)'은 고향을 떠나 타향에서 사는 사람이라는 뜻에서 붙은 것이다. 명나라 말기와 청나라 초기에 다시 동쪽으로 조금 옮기게 되었고, 그러면서 자연스럽게 지금의 대만에 자리 잡게 되었다. 대만의 객가인은 크게 남부와 북부 두 계통으로 구분된다. 남부의 객가인은 고웅현(高雄縣)과 평동현(屏東縣)의 작은 마을에 거주하였으며, 그들을 '육퇴(六堆)'라고 구분하여 지칭한다. 북부의 객가인은 대부분이 미아오리(苗栗)와 신죽(新竹), 도원(桃園) 등 조금은 규모가 있는 도시에 거주한다.

객가인의 대표적인 음악은 '객가산가(客家山歌)'와 '채차희(採茶戲)' 그리고 '팔음(八音)'으로 분류된다. 초기의 객가인은 고산지에서 고난과 역경을 겪으며 밭을 일구며 힘든 삶을 살았다. 찻잎을 따고(採茶), 밭을 일구는 힘든 노동을 운율에 맞추어 흥얼거리는 노래로 만든 것이 바로 객가의 '채차음악(採茶音樂)'이다. 산위에 있는 친구들과 소리 높여 이야기하듯이 이 음악은 높은 소리로 발성되고 어조는 길다. 이렇게 소박하게 시작된 객가의 채차음악은 점점 유장한 곡조로 완성되어 '객가산가(客家山歌)'의 독특한 틀을 만들었다. 이 음악은 다분히 즉흥적인 특징을 유지하며 발전되고 형성되었다. 일반인의 눈으로 볼 때 원래 '산가(山歌)'라는 것은 거친 면이 있어서 넓게 유행하기에는 조금 무리가 있지만, 객가산가는 지체 높은 상류사회의 취향에 맞을 정도의 품격을 담고 있다. 1960년대부터 시작된 본토운동(本土運動)에서는 의식 있는 인사들의 적극적인 지지로 여러 지역에서 산가반(山歌班)이 결성되었고, 산가(山歌) 경연대회가 개최되었는데, 그 결과 객가산가는 객가 민족에게 중요한 문화의 상징으로 대단한 환영을 받았다.

객가의 채차희(採茶戲)는 원곡인 객가의 민요를 배역으로 나누어 무대화하여 발전시킨 음악극이다. 간단한 노래가 음악극 형태로 발전되었으며, 내용은 주로 즉흥적이다. 그 후 객가의 채차희는 여자 배우 2인과 어릿광대 1인의 '이단일축(二旦一丑)', 즉 3명의 배우가 주축이 되는 고정 편제의 음악극으로 자리 잡았다. 때문에 채차희는 '다람등(茶籃燈)', '삼각채다희(三腳採茶戲)' 등의 명칭으로 부른다. 전통적으로 3인 배역의 채차희는 지금도 많은 수의 작은 음악극으로 전승되고 있다. 객가희의 '구강십팔조(九腔十八調)'에서 '강(腔)'은 '성강(聲腔)'이라고 하는 다양한 창법을 말하는 것이고, '소조(小調)'는 음계를 구별하여 지칭한다. '구강십팔조'는 고정된 노래를 고집하지 않는 다양한 창법과 풍부한 내용을 담아 내겠다는 특징을 피력한다.

'객가팔음(客家八音)'은 일종의 '고취(鼓吹) 음악'과 '현색형식(絃索形式)'이 조합된 기악음악이다. 한국의 태평소와 같은 계통의 악기인 '소나(嗩吶, 혹은 嗩仔라고 함)'와 타악기 위주로 편성되는 합주음악으로, 객가 기악음악의 대표적인 장르다. 전문공연 장소인 객가장(客家庄)에서 팔음(八音)을 연주하는 직업 단체를 '팔음반(八音班)'이라고 하는데, 집안에 경사스러운 일이 있을 때나 묘회(廟會)의 종교행사가 있을 때 팔음반이 초청되고, 이들은 행사

객가 난타희 © 苗栗栄興客歌採茶劇団 제공

객가 난타희 공연 포스터 © 苗栗栄興客歌採茶劇団 제공

장의 흥을 돋우는 역할을 맡는다. 객가팔음은 속칭 '타팔음(打八音)' 혹은 '청
디아오적(請丟滴)'이라고 부르기도 한다. 팔음반의 시끌벅적한 고취악 연주는
경사스러운 묘회 행사에서 유쾌하고 경사스러운 분위기로 연주되며, 객가

객가 현악합주(弦索音楽) 미아오리롱씽
객가음악단 © 苗栗栄興客歌採茶劇団
제공

객가고취음악 미아오리롱씽객가음악단
© 현경채

팔음은 객가인의 생활에서 빼놓을 수 없는 중요한 음악으로 자리하고 있다.

메이농객가팔음단(美濃客家八音團, 團長 鍾彩祥, 연락인 謝宜文, 전화: 886-932-837-873, 주소: 高雄市美濃區中圳里泰中路259巷23號, Email: anmiwen@gmail.com)은 2015년 12월에 대만 정부로부터 무형문화재로 지정을 받았다. 원래 팔음은 북관이나 한국의 풍물놀이처럼 시끌벅적한 음악이지만, 메이농의 객가팔음은 4인조(嗩吶 1, 얼후류 2, 타악기 1)의 정교한 실내음악이라는 것이 다른 지역과 차별되는 특징이다. 순수기악합주로 연주하지만 서로 교감하며 주거니 받거니 하는 모양새가 대화 같기도 하고, 자분자분 옛날 이야기를 들려주는 것 같기도 한 음악이다. 메이농의 객가팔음은 사람이 태어나 결혼하고 죽어서 장례를 치를 때까지, 매 순간에 음악으로 함께하는 풍습이 있다. 객가팔음의 음악은 곧 객가인들의 관혼상제에 깊숙이 융합된다. 때문에 어떤 이는 메이농 객가팔음을 생명의 음악이라고 했다. 객가인들은 객가팔음을 들으면 가슴속 깊이 간직된 고향에서의 추억이 아련하게 떠오른다고도 했다. 메이농 객가팔음은 그 예술성을 인정받아 2005년 프랑스 파리음악제에 초대되어 공연하였고, 2006년 스위스 제네바 초청공연을 비롯하여, 2006년에는 까오슝의 지방문화예술로 지정되었다. 객가팔음은 관혼상제의 제의음악으로 쓰이지만, 한편으로는 일반인들의 감상용으로 소박한 민요의 레퍼토리도 상당수 보유하고 있다.

대만 남부지방의 객가음악의 맥을 메이농에서 잇고 있다면, 북부 지역

메이농 객가팔음단은 사람이 태어나 결혼하고 죽어서 장례를 치를 때까지 매 순간에 음악으로 함께하는 풍습이 있다. 태평소(嗩吶), 찰현악기, 타악기의 4인 편성을 원칙으로 한다. © 美濃客家八音團 제공

은 미아오리(苗栗)를 중심으로 전승된다. 정룽씽(鄭榮興)은 객가희곡학교 교장 선생님이면서 동시에 희곡대학의 교수로 재직하고 있는데, 북관의 집안에서 태어나 할아버지의 음악을 잇고 있는 사람으로, 나와는 쉬창혜 선생님 문하에서 동문수학을 한 선배님이고 『대만객가음악』을 출판한 이론과 실기를 겸비한 인물로 진정한 객가음악의 권위자다. 이분을 뵈러 기차를 타고 미아오리를 다녀왔는데, 내가 궁금해하던 악기를 꺼내서 보여 주고 직접 시범 연주까지 해 주셨고, 북관 음악과 객가음악에 대해서 자세히 설명도 해 주셨다. 마치 수업을 듣고 온 기분이다. 대만 마잉지우(馬英九) 총통이 이 단체와 객가난탄극을 함께 공연을 하기도 했다는 것을 무용담처럼 이야기했고, 공연 당시의 사진도 벽에 걸려 있었다. 난탄음악극 배우로 분장한 대만총통의 모습이 참 아름다웠다. 정룽씽은 미아오리 지역에 객가 희곡학교를 설립하고, 자신의 이름을 붙인 음악극단체(苗栗榮興客歌採茶劇團, 전화 886-37-725099, 주소: 苗栗縣後龍鎭豊富里4鄰新東路 47之1號, Email: hakka.fans@msa.hinet.net)를 만들었으며, 명실공히 객가음악의 대표적인 인물로 자리하고 있다.

공연을 위해 분장 중인 미아오리객가음악극단(苗栗栄興客歌採茶劇団) © 현경채

배낭 속에 담아 온 음악

공연을 위해 분장 중인 미아오리객가음악극단(苗栗栄興客歌採茶劇団) © 현경채

미아오리객가음악극단(苗栗栄興客歌採茶劇団) 타이중 공연 © 현경채

대만-때로는 섬세하고, 때로는 토속적인 소박함의 음악

미아오리객가음악극단(苗栗栄興客歌採茶劇団) © 현경채

미아오리객가음악극단(苗栗栄興客歌採茶劇団) © 현경채

배낭 속에 담아 온 음악

한국에는 판소리, 대만에는 염가(唸歌)

　　옛사람들의 감각은 지금과 다르다. 집을 지을 때도 작은 부분도 놓치지 않고 아주 감각적으로 장식한다. 문틀 하나 처마 끝, 바닥 장식의 섬세함을 보니 예전 상류사회의 멋스러움에 신비로움마저 느껴졌다. 벽과 처마엔 흙을 빚어 가마에 구운 도자기 공법을 사용한 멋진 고택 안에 임념안(林恬安) 월금 염가관(唸歌館)이 있다기에 다녀왔다. 예전의 어떤 장군의 집을 활용하여 전통문화를 소개하는 공간으로 사용하고 있었다. 타이중에서 기차를 타고 북쪽으로 두 정거장 거리의 탄쯔(潭子) 역에서 내려 1.7km 떨어진 곳에 위치한 적성산장(摘星山莊, 주소: 臺中市潭子區潭富路二段 88號, 전화:

청나라 시대 건축예술의 극치를 담고 있는 적성산장.
안에 임념안(林恬安) 월금 염가관(唸歌館)이 있다. © 王泯淳

대만–때로는 섬세하고, 때로는 토속적인 소박함의 음악

적성산장. 벽과 처마엔
흙을 빚어 가마에 구운
도자기 공법을 사용한
고택 안에 임념안(林恬安)
월금염가관(唫歌館)이 있다.
© 현경채

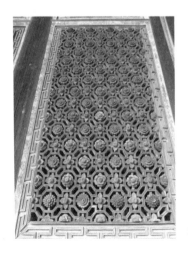

적성산장의 섬세한 창문 조각 © 현경채

배낭 속에 담아 온 음악

탄츠의 적성산장. 옛사람들의 감각은
지금과 다르다. 집을 지을 때도
작은 부분도 놓치지 않고
아주 감각적으로 장식한다. ⓒ 현경채

이 멋진 고택 안에 임념안(林恬安) 월금 염가관(唸歌館)이 있다. ⓒ 현경채

대만-때로는 섬세하고, 때로는 토속적인 소박함의 음악

886-4-2534-3859, 개방시간 9:00~12:00, 13:00~18:00, 화요일 휴관)이란 이름의 이 고택은 청나라 시대 건축예술의 아름다움의 극치를 담고 있었다. 적성 산장은 대만 10대 고택 중에서 단연 첫 번째로 손꼽히는 유적이다. 청나라 시절의 장군 임기중(林其中)이 1871년부터 시작하여 9년의 시간과 정성을 들여 완성한 이 집은, 많은 문인들이 건축의 아름다움을 시로 남기기도 했던 역사적인 장소다.

타이난예술대학(台南藝術大學)에서 민족음악을 전공한 임념안(林恬安)은 양수경 명인의 염가의 맥을 잇고 있는 음악인이다. 이곳에 자신의 이름을 붙인 염가관을 개관하였고, 2015년에는 스승과 지아비 저견지(儲見智, 1977년 출생)와 함께, 고택에서 염가음악회를 개최하기도 했다.

염가는 긴 이야기를 노래와 이야기로 풀어내는 음악이다. 염가 노랫말이 기록되어 있는 가사집은 작은 책자로 남아 있는데, 약 5천 개의 스토리가 있다고 한다. 예전의 염가는 약을 팔 때 부르는 노래로 알려져 있지만, 노래로 운세를 점치기도 했다. 궁금한 것을 집중해서 깊이 생각하고 하나를 뽑으면 해당된 것을 찾아서 노랫말이 적힌 종이를 꺼내어 임념안(林恬安) 대표가 점쟁이처럼 꼼꼼히 풀어 설명해 주고, 또한 그것을 노래로 불러 주기도 했다.

임념안(林恬安) 월금 염가관(唸歌館) © 王泯淳

배낭 속에 담아 온 음악

임념안(林恬安)
월금 염가관(唸歌館)
© 현경채

염가로 운세를 점치기도 한다. 임념안
대표가 점쟁이처럼 꼼꼼히 풀어서
설명해 주고, 노래로도 불러주기도 했다.
© 현경채

저견지(儲見智, 大広絃), 염가관 임념안(林
恬安, 月琴) 대표, 정아문(鄭雅文, 노래).

대만-때로는 섬세하고, 때로는 토속적인 소박함의 음악

염가로 아름다운 하모니를 이루며 사는
저견지(儲見智) 임념안(林恬安) 부부
© 저견지 제공

CF 스타를 만나러 가는 길

    날씨가 꾸물꾸물 흐려서 가랑비가 내리던 날 나는 염가의 인간문화재 양수경(楊秀卿, 1935년 1월 1일 출생) 명인을 집으로 찾아뵈었다. 타이베이의 북쪽의 작은 마을 시즈(汐止)로 CF 스타이며 대만의 판소리 염가로 한 시대를 풍미한 예인을 만나러 가는 길은 두근두근 설레기도 했다. 명인이 부르는 노래는 약 300년의 역사를 갖고 있다. 안경을 쓴 모습을 보고 짐작을 했겠지만, 이분은 네 살 때 알 수 없는 병에 걸렸고, 고열로 그만 시력을 잃게 되었다고 했다. 이분의 어머니는 기술이라도 배워야 앞으로 먹고 살 수 있을 것이라 생각해서, 열 살 소녀를 스승에게 보내 소리공부를 시켰고, 기술이라도 배우라고 했더니, 어린 소녀가 전설적인 명창이 되었다고 하니 신체적인 핸디캡의 문제는 살아가는 데 있어서 조금 불편할 뿐이지 치명적인 단점이 될 수 없다는 것을 명인의 인생으로 증명하였다. 명인이 살고 계시는 곳 시즈는 타이베이에서 멀지 않았다. 나는 전철을 타고 남강으로 가서 기차로 갈아타고 시즈 역에 내려서, 다시 택시를 타고 들어갔다. 작은 시골마을에 살고 계셨고 개를 한 일곱 마리쯤 풀어놓았기 때문에 처음엔 좀 겁이 나기도 했다.

이번 대만 여행에서 나는 참으로 운이 좋았다. 인연과 인연의 끈으로 줄줄이 연결되어 일생에 한 번 만나 보기도 어려운 분을 단시간에 많이 만날 수 있었다. 그 시작은 저견지 씨로부터 시작되었다. 타이베이에 도착했던 첫날 나는 양수경 명인의 연락을 담당하는 저견지 씨에게 전화를 했고, 타이중에 살고 있는 그가 그날 딱 그 시간에 타이베이에 있었기에 명인 방문이 성사되었다. 전화 한 통으로 양수경 명인과 스케줄을 잡아 주었고, 안내인을 자청했다. 명인이 사시는 곳은 시골이라서 내가 혼자서 찾아갈 수 있는 곳이 아니기 때문에 특별히 그분에게 감사했다. 저견지는 대만말만 하시는 스승을 대신해서 내게 차분하게 중국어 통역을 해 주었고, 명인이 부

대만 염가의 인간문화재 양수경(楊秀卿) 명인 ⓒ 현경채

대만−때로는 섬세하고, 때로는 토속적인 소박함의 음악

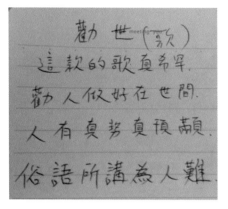
저견지(儲見智)는 명인이 부른 노랫말도 내 수첩에 꼼꼼하게 기록해 주고 또 자세한 설명도 해 주었다. 사람다운 인생을 살기가 어렵다는 내용의 권세가다.

른 노랫말도 내 수첩에 꼼꼼하게 기록해 주고 또 자세한 설명도 해 주었다. 그는 최근에 타이난예술대학(台南藝術大學)에서 염가 연구로 석사학위를 받은 인재다. 그날은 스승과 함께 큰 해금(大廣絃)을 연주하며 염가 시범을 보여 주기도 했다.

저견지는 자신이 거주하는 타이중에서 남관을 연주하는 친구들을 예쁜 찻집으로 초대해서 나를 위한 남관 음악회를 꾸며 주기도 했고, 그의 아내가 하는 염가관으로 안내하기도 했다.

일반적으로 염가는 창자가 직접 월금 반주로 공연되지만, 공명통이 큰 해금(大廣絃)으로 반주하며 성창되기도 한다. 7년 전에 작고한 양수경 명인의 남편 양재흥(楊再興)도 대광현을 연주하던 염가의 명인이었고, 부부가 서로 주거니 받거니, 혹은 대선율의 이중창으로 노래했었다고 한다.

대만의 염가는 어떤 음악일까

대만에도 한국의 판소리와 같은 음악이 있다. 말과 노래로 구성된 대만의 음악이 바로 '염가(唸歌)'다. '염(唸)'은 대사 부분이고, '가(歌)'는 노래 부분으로 중국 본토에서는 이러한 음악 양식을 일반적으로 '설창(說唱)음악'이라고 한다. 염가는 노래와 대사가 반반씩 들어가 있다고 해서 '반설반창(半說半唱)', '설중대창(說中帶唱)', '창중대설(唱中帶說)'이라는 표현을 쓰기

배낭 속에 담아 온 음악

도 한다.

'염가'의 노래는 대만의
대표적인 민요인 '가자조
(歌仔調)'가 가장 많이 사
용된다. 넓은 의미의 염가
는 대만의 '설창음악'과 가
자회에서 쓰이는 대부분
의 노래를 모두 포함되지

양수경 명인의 염가를 소재로 한 애니메이션 광고

만, 좁은 의미로는 '칠자가(七字仔)'라는 대만의 민요 종류만을 지칭한다.
가장 간단한 염가는 4구로 된 민요에 이야기를 담아 독립된 노래로 부르는
구조로, 이것을 다른 말로 '사구연자(四句聯仔)'라고 한다. 이야기의 내용과
창법에 따라 '강호조(江湖調)', '칠자조(七字調)', '도마조(都馬調)', '잡념조(雜
念仔)' 등으로 나뉜다. 강호조(江湖調)는 염가의 대표적인 노래 스타일이
다. 예전에는 '강호조'로 노래하며 약장수 들이 약을 팔러 다녔기 때문에 이
러한 스타일의 노래를 다른 말로 '매약자조(賣藥仔調)'라고 했다. 그 외에도
강호조에 맞추어 권선징악의 교훈적인 이야기를 얹어 권유형의 노래로 불
리기도 했었기 때문에 '권세조(勸世調)'라고 부르기도 했었다.

초창기의 '염가'는 대만 광복을 기점으로 한다. 이 시기는 말보다는 노래
중심의 염가가 자리 잡혔다. 비록 노래의 수는 많지 않았지만, 간단한 창법
의 고박한 전통식의 '염가'라는 점에서 귀중한 노래들이다. 광복 이후의 '염
가'는 '설(說)'과 '창(唱)'에 고루 비중을 두게 되는데 독백 부분이 늘어난 염
가라는 뜻으로 '구백가자(口白歌仔)'라는 다른 용어로 구분하여 지칭한다.
이 시기부터 지금과 같은 '염가'의 틀이 확립되게 되는데, 이것은 염가에 경
극과 같은 희곡의 가창 방법을 받아들인 형태다. 대화체의 교창 방식이 염

대만−때로는 섬세하고, 때로는 토속적인 소박함의 음악

염가 공연 포스터

가에 도입되었으며, 다양한 인물의 목소리나 어투가 모방되었고, 이야기 속 인물의 감정과 성격이 표현되는 행동을 노래나 말로 묘사되는 음악극의 형태로 자리잡게 되었다.

염가가 음악극과 다른 점은 동작이 없이 노래만 부른다는 것이다. 일반적으로 염가 예인은 본인이 직접 월금(月琴)을 연주하면서 공연한다. 염가는 칠언사구(七言四句)의 정형시로 된 노랫말을 가지고 있는데, 칠언절구로 된 짧은 노래 여러 편으로 긴 이야기를 표현한다. 염가의 내용으로는 '이삼랑(李三娘)'이나 '맹강녀(孟姜女)' 등의 민간설화나 사회의 시사적인 이야기가 모두 소재가 된다. 그러나 점차 충효 등의 교훈적인 내용으로 세상을 가르치는 '권세유인(勸世喻人)'의 내용이 주를 이루게 되면서 '권세가(勸世歌)'로서의 역할에 큰 비중을 두었다. 대표적인 염가의 명인으로는 양수경(楊秀卿)이 있다. 한국의 판소리 명창 박동진과 필적할 만한 인물로 대만의 인간문화재로 예우되며 동시에 대중적인 인기를 한 몸에 받고 있다. 2009년 3월 3일 대만문화부지정(台灣行政院文化建

設委員會指定) 중요전통예술 염가(重要傳統藝術説唱_唸歌仔)의 보유자로
인정되었다. 명인의 인물과 노래를 소재로 한 애니메이션 TV 광고가 제작
되어 방송되었다는 점은 참으로 흥미롭다.

음악으로 듣는 대만의 풍경

대만은 다분히 중국적 색채를 담고 있다. 하지만 한편으로는 중국 대륙과는 차별되는 자신만의 독특한 문화를 갖고 있다. 원주민 부족의 풍년제를 비롯하여 다채로운 민속예술, 그리고 사찰에서 열리는 시대를 초월한 제례의식 등은 독창적인 음악과 음악극으로 이어졌고, 가장 대만스러운 고유한 문화를 간직하게 되었다. 지금은 다소 소원해졌지만, 한국과는 그 어느 나라보다도 친밀했던 나라다. 최근 〈꽃보다 할배〉라는 TV 프로그램을 통해 여행자들의 관심이 늘고 있는 대만에 대한 일반적인 인식은 '소박하고 섬세하며, 친절하고 예의 바른' 나라라는 것이다.

2014년 4월 25일에 한국의 국립극장에서 개최된 국립국악관현악단의 '대만의 소리' 공연은 대만 국립차이니즈 오케스트라(대만국악단, 臺灣國樂團)를 초청하여 그들과 함께 대만의 음악을 보여 주었다. 정스선(鄭思森, Zheng Si-Song) 작곡의 '소나무 松'는 현재 대만의 국악관현악의 현주소를 살펴보기에 적당한 작품이었고, 대만의 오페라 음악 가자희 '얼음 물속의 목단(凍水牡丹)'은 힘든 삶을 살아낸 대만인들의 슬픔의 미학을 만날 수 있는 음악이었다. '사자 춤(弄獅)'은 축제 현장의 시끌벅적함을 고취악과 소나(태평소)로 표현한 음악이었으며, 관나이종(關迺忠, Guan Nai-zhong) 작곡의 '대만의 사계(臺灣四季)'에서는 소박한 민요의 세련된 변신을 확인할 수 있었다. 음악과 함께 떠나는 대만 여행은 다양한 장소의 다양한 음악으로 우리의 호기심을 채우기에 충분했다.

모던함 속에 정갈한 대만 음악을 담아내다

대만 국립차이니즈 오케스트라(臺灣國樂團, National Chinese Orchestra

Taiwan)(이하 약칭 NCO)는 대만을 대표하는 국립국악관현악단이다. 문화부 직속 음악기관으로 당연히 최고 엘리트 음악인들이 구성원이다. 중국 본토 음악은 물론이고, 대만 토속음악을 현대적으로 해석한 음악이 주요 레퍼토리다. 특히 국제무대에서 대만의 아름다움을 담은 음악으로 이미 상당한 성과를 얻었다. NCO는 전통 오페라의 융합 공연을 비롯하여 무용, 미술, 시가(詩歌), 문학 등에서 영감을 얻어 전통을 새롭게 해석한 모던한 작품을 다수 발표하였다. 이러한 업적은 여러 장의 CD 음반으로 출시되었으며, 2011년에는 공연작품 〈대만의 사계(臺灣四季)〉로 제22회 전통음악 어워드에서 민족음악 최고음반상을 수상하였다.

　　NCO 단원들은 음악적인 성격에 따라 9개의 소그룹으로 활동한다. 그중 하나인 '차이펑악단(采風樂坊, Chai Found Music Workshop)'은 자국의 전통악기로 현대적인 음악을 연주하는 것으로 상당히 유명하다. 이들이 초연한 현대음악은 종종 대표 브랜드가 되기도 한다. 이런 쟁쟁한 연주자들을 보

대만의 소리 포스터

대만국악단(臺灣國樂團, National Chinese Orchestra Taiwan)은 대만문화부정부에 소속된 대만을 대표하는 국립단체다. © 臺灣國樂團 제공

2013~2014년 염혜창(閻惠昌)을 수석 지휘자로 영입하였고, 염혜창은 음악 총감독(2015)으로 영역을 확대하여 본격적으로 〈대만의 아름다움 시리즈–인상 깊은 대만〉 음악회를 브랜드화하였다. © 臺灣國樂團 제공

'대만의 아름다움'은 NCO가 꾸준히 지켜 온 일관된 주제이며 그들만의 연주회 색채다.
© 臺灣國樂團 제공

대만국악단(臺灣國樂團)은 자국만의 독창성이 얼마나 큰 문화적 자산인지 잘 알고 있으며,
매번 토속적인 대만음악을 현대적으로 재해석하여 세련된 기법의 음악회를 기획하고 있다.
© 臺灣國樂團 제공

대만-때로는 섬세하고, 때로는 토속적인 소박함의 음악

유한 것이 NCO의 남다른 경쟁력이다.

NCO는 1984년에 창단되어 이미 30여 년의 역사를 자랑한다. 2014년 3월 13일에는 '가장 아름다운 대만 음악 이야기'라는 제목의 30주년 연주회를 개최했다. '대만의 아름다움'은 NCO가 꾸준히 지켜온 일관된 주제이며 그들의 음악적 색채다. 2011년 중국대륙 순회 연주회 제목은 〈대만의 아름다움시리즈-인상 깊은 대만〉이었으며, 2012년 홍콩 연주회에서도 대만의 아름다운 풍경을 영상과 함께 보여 주는 음악회로 꾸몄다. NCO의 일관된 주제는 대만의 아름다운 풍경과 대만 음악의 재해석이다. 자국만의 독창적인 음악 문화를 간직하는 것이 얼마나 큰 문화 자산인지 '대만의 소리' 음악회를 통해서 확인되었고, 한편으로는 토속적인 대만 음악을 어떻게 현대적으로 재해석했는지 그들의 세련된 기법은 무엇인지를 직접 확인할 수 있었다.

대만 토속음악, 대만 문화의 자신감

2014년 서울국립극장에서의 공연은 대만의 특색을 만날 수 있는 음악으로 꾸며졌다. 대만 오페라 음악 가자희 '얼음 물속의 목단'은 '얼음 물속에서 핀 목단은 차가워서 더 슬프고 아름답다'는 내용의 슬픈 노래로, 유명 가자희 중 일부분이다. 가자희는 유일하게 대만에서 생겨나고 자란 향토적인 희곡의 한 종류인 음악극으로, 중국어가 아니라 순수 대만말(민난어)을 사용한다. 작은 음악극 단계로서의 초기 가자희는 민요 수준으로 시작되었고, '가자(歌仔)'라는 노래를 기초로 하는 가장 대만스러운 내용을 담은 장르다. '사자 춤(弄獅)'은 축제의 자리에서 벽사진경(辟邪進慶)의 내용을 담고 있는데, 대만의 대표적인 민속 연희를 재해석한 음악이다. 대만의 민간 신앙을 대표하는 사자춤을 중심으로 사자가 눈을 뜨고, 깨어나고, 놀고, 신을 받아들이고(迎新), 폭죽을 터뜨리고, 마지막으로 여흥을 즐기는 6단계로 구성된 음악이다. 한국의 북청사자놀이나 남사당놀이에 필적할 만한 것이 바로 사자춤과 북관(北管)음악이다. 이 곡에서는 세 가지의 다른 크기(다른 조성)의 소나(嗩吶, 태평소)가 사용되었다. 조성과 음색 그리고 음악적인 분위기의 대비와 함께 소나의 다양한 기교가 악단과 함께 어우러졌다. 소나의 순환 호흡법이 대만의 대표적인 고취 음악인 북관 음악과 만나기도 하였고, 폭죽을 표현하는 부분에서는 27개의 디즈(笛子)가 사용되었다. 2014년 한국 공연에서는 NCO의 젊은 소나 연주자 스레이홍(石瑞鴻, Shih Jui-Hung)이 연주하였다. 그는 11세부터 소나를 연주했고, 중국의 남경과 베이징 등지의 명인을 찾아 소나를 배웠으며, 2002년부터 지금까지 가장 촉망받은 소나 연주자의 자리를 지키고 있는 음악인이다.

관나이종(關迺忠, Guan Nai-zhong) 작곡의 '대만의 사계(臺灣四季)'는 토속 문화 색채가 농후한 작품으로, 대만 민요에서 영감을 얻어 아름다운 대만의 사계절의 느낌을 표현한 음악이다. 관나이종은 베이징 출신의 작곡가이지만 대만의 아름다운 명소에 매료되어 이 작품을 작곡했고, 2013년 홍콩 공연에서 대만의 대표적인 명소의 영상과 함께 공연하였다. 2014년 한국 공연에서는 '여름' 부분이 한국 악기와 중국 악기로 연주되었다. 대만의 유명한 노동요 '쟁기질 소리(駛犁歌)'에서 농촌의 목가적인 모습을, 대만의 민요 '향주머니 만들기 노래(香包調)'로는 쾌활한 분위기를 표현하였다.

대만이 낳은 걸출한 음악

꾸바오원(顧寶文, Gu Bao-Wen)은 간결, 섬세함, 정확, 효율, 진중, 풍부한 감정 등의 단어로 대변되는 대만의 대표적인 젊은 지휘자다. 그는 대만 국악계가 배출한 걸출한 인물로, 대학에서 비파를 전공했고, 미국에서 지휘로 석 · 박사학위를 받았다. 베이징과 싱가포르에서 상임 지휘자로 재직하기도 했으며, 최근에는 빈번한 해외 활동을 통해 명성을 쌓아가고 있다.

그밖에도 디즈(笛子, Dizi), 얼후(二胡, Erhu), 삼현(三弦, Sanxian) 소나 등의 악기를 연주하는 걸출한 음악가들이 무대에 등장했다. 디즈 연주자 장준하오(張君豪, Zhang Jun-Hao)는 대학 시절 두 곳에서 동시에 장학생으로 선발될 정도로 천재성을 보인 연주자다. 이것은 장준하오가 얼마나 걸출한 연주자인가를 증명하는 이력이다. 얼후 연주자 양페이이(楊珮怡, Yang Pei-I)는 NCO의 독주와 협연자로, 다양한 수상 경력을 자랑하는 연주로 활약이 큰 인물이다. 대학생 시절에 이미 학생악단 단원으로 유럽과 중동, 미국, 캐나다 등 10여 개국 순회공연에 참여했다. 삼현 연주자 야오비칭(姚碧青, Yao Pi-Ching)은 기교가 뛰어난 연주자로 알려져 있다. 전통음악은 물론이고 작곡가들의 새로운 시도에 적극적으로 참여하는 연주자로, 실험적인 음악에 해석을 더하여 생명력을 불어넣어 살아 있는 음악으로 만드는 데 탁월하다.

대만의 음악을 만들어 온 전통악기들

디즈(笛子)

한국의 대금이나 소금처럼 옆으로 들고 부는 관악기 디즈(笛子, Dizi)는 중국 송나라 때부터 중국 오페라 음악의 중요 반주 악기로 사용되었다. 전통적인 디즈는 대나무로 제작하고 취구와 청공 그리고 6개의 지공을 갖고 있다. 음역은 두 옥타브이고, 청초하고 투명한 음색의 악기다. 독주 혹은 합주 시 독특한 음색과 풍부한 표현력으로 사랑받는 악기다. 디즈는 음높이에 따라 종류가 다양하지만, 가장 보편적인 악기는 중국의 오페라 곤곡(崑曲)과 방자희(梆子戲)에서 반주로 중요하게 사용되던 '취디(曲笛)'와 '방디(梆笛)'다.

얼후(二胡)

두 줄, 기다란 외관, 줄 아래 달린 작은 통 등의 비슷한 모습 때문에 중국의 얼후(二胡, Erhu)는 늘 한국의 해금에 견주어졌다. 해금이 조금은 고지식하다면 얼후는 사랑에 빠진 여인같다. 얼후의 음색은 부드럽고 아름다우며, 표현력이 강하다. 부드럽게 흘러내리는 선율 연주에 적합할 뿐만 아니라 역동성 있는 멜로디를 연주할 때도 그만이며, 음색의 강약 변화에도 자유롭다. 얼후의 조율은 보통 '레'와 '라'의 5도 간격으로 조율한다.

얼후는 중국의 서북부 지역에 거주하는 소수민족인 해부속 사이에서 연주되던 악기가 명나라, 청나라를 거쳐 중국의 극음악과 민간음악이 활성화되면서 중국 음악에서 중요한 악기의 위치를 차지하게 되었다. 얼후의 음색은 사람 목소리와 흡사해 주로 경극과 같은 극음악의 반주 악기로 사용되었고, 독주에 사용된 것은 20세기 초반의 일이다.

중국의 현악기 얼후는 80cm 정도의 가는 나무의 입죽을 공명통 위에 세우고 2줄의 현이 고정되어 있다. 아래쪽에는 지름 9~10cm 정도 크기의 머그 잔 모양의 공명통이 달려 있고, 말의 꼬리털로 만든 활대로 연주한다. 오동나무 울림통에 명주실을 현으로 쓰는 한국의 해금과 달리 대만(혹은 중국) 얼후는 뱀 가죽을 댄 울림통을 만들고 철사줄을 사용하며, 왼손 손가락 끝으로 음을 짚고 오른손으로 활대를 잡는다. 얼후는 3개 옥타브의 넓은 음역으로 풍부한 표현력을 가지고 있다. 음색에 약간 슬픈 느낌이 섞여 있어서 사람의 감정선을 건드리는 매력이 있다.

삼현

삼현(三弦, Sanxian)은 기타와 같은 구조로 된 중국 현악기로 목이 길고 괘가 없으며 앞뒤에 뱀가죽을 댄 사다리꼴 공명통의 3줄 악기다. 이 현악기는 중국 오페라 반주나 설창 음악 반주로 사용하다 최근에는 합주음악에 편성되고, 현재는 독주 악기로도 널리 쓰인다. 삼현 가운데 크기가 가장 큰 것은 길이가 약 1.2m로 세 옥타브 음역을 연주할 수 있다. 왼손으로는 긴 목의 줄을 짚고, 오른손 손톱으로 퉁겨서 연주한다. 삼현 연주는 멀리 퍼지고 힘차

디즈(笛子, Dizi) ⓒ 國立台北藝術大學 제공

삼현(三弦, Sanxian) ⓒ 國立台北藝術大學 제공

얼후(二胡, Erhu).

게 진동하는 소리와 화음, 그리고 지판 위를 미끄러지는 주법이 특징이다.
음색은 건조하고 껄끄러우며 음량은 큰 편이다. 1950년에서 1960년 사이에
악기 개량이 진행되면서 음색이 다소 부드럽고 밝아졌다. 지금은 음역에 따
라 세 가지의 삼현이 있으며, 대형 삼현의 음역은 세 옥타브 정도다.

일본

장인정신과 미니멀리즘의 음악

J a p a n

일본(Japan)

수도: 도쿄
언어: 일본어
면적: 약 37만 7,915km²(한반도의 약 1.7배)
인구: 약 12,710만 명(2013년), 세계 10위
GDP: 약 4조 1,162억 달러, 세계 3위
통화: 일본 엔 100JPY=943.33원(2015.10.30)
기후: 온대성 기후
종교: 토착 신앙인 신토(神道) 49%, 불교 45%
종족: 일본 민족(야마모토) 94%, 아이누 족 6%
국가번호: 81

가깝고도 먼 나라, 역사적으로 앙금이 남아 있는 나라, 반드시 넘어야 할 대상으로 대립각을 세우며 경쟁 상대로 생각해 온 나라, 전통을 존중하는 나라, 고색창연한 전통문화를 잘 보존하고 있는 나라, 정교하고 예의바른 나라, 미야자키 하야오(宮崎駿)의 2001년 애니메이션 영화 〈센과 치히로의 행방불명〉, 〈하울의 움직이는 성〉을 비롯하여, 세계 최첨단을 자랑하는 전자기술과 세계 유행을 선도하는 패션의 중심지이기도 한 나라, 바로 일본이다.

일본어로는 '니혼' 또는 '닛폰'이라 하고, 영어로는 'Japan'으로 표기한다. 수도는 도쿄(東京)다. 면적은 약 37만km²이고, 인구는 2013년 기준으로 1억 2천700만 명이다. 인구의 절대 다수는 일본 민족이며, 토착 민족인 아이누 족 약 1만 6,000명이 홋카이도에 거주하고 있다. 언어는 일본어가 통용되며, 동경어를 기반으로 하지만 지역마다 독특한 방언이 있어 지위 · 직업 · 성별에 따라 언어 차이가 심하다.

일본은 남북으로 2,800km에 걸쳐 초승달 모양으로 위치하고 있으며 홋카이도(北海道), 혼슈(本州), 시코구(四國), 큐슈(九州) 등 4개의 큰 섬과 이들 주변 4,000여 개의 섬들로 구성되어 있다. 한국과 시차가 없고, 면적은 한반도의 1.7배이며, 온대 기후로 사계절이 분명하다. 남북으로 길게 섬이 이어져 있고, 복잡한 지형과 해류에 의한 영향이 크기 때문에 지역마다 계절별로 온도 차이가 심하다. 삿포로 지역은 겨울이 길고 추우며, 눈이 많이 내리고, 오키나와 지역은 아열대성 기후에 연중 온난하다. 또한 지진이나 화산 폭발, 태풍의 영향권에 항시 노출되어 있다. 2011년 3월 11일 도호쿠

지방 태평양 해역 지진으로 인한 후쿠시마 원자력 방사능 누출 사고는 아직도 아픈 상처로 남아 있다.

제2차 세계 대전이 끝난 후 눈부신 경제발전으로 국제사회에서 아시아 최대 강국의 지위를 넘어 미국·유럽공동체와 더불어 세계경제를 이끌고 있다. 최근 중국과 한국의 빠른 성장에 따라 아시아 제1강국은 아니지만, 일본은 지금도 사회적으로나 문화적으로 대단한 나라임에는 분명하다.

일본 문화의 가장 큰 특징은 다양성인 듯하다. 서로 다른 문화가 마찰 없이 병존하고 있다. 일본인은 종교적인 면에서도 비교적 우호적인데 두 가지 이상의 종교를 가진 사람도 많다. 1999년 현재 종교별 신도 수의 비율은 불교가 45%, 신토(神道: 자연숭배·조상숭배를 기본으로 하는 일본의 고유종교로, 신사를 중심으로 발달한 신사 신도가 주류)가 49%를 차지하여 일본의 양대 종교로 자리 잡았고, 그 밖에 신·구교를 합친 그리스도교가 6% 등의 분포를 나타낸다.

우리나라와 일본은 2,000년 이상 교류해 왔으나 임진왜란과 한일합병 등의 사건이 얽혀 있으며, 이 시기에 그들은 우리 문물을 대량으로 약탈하였다. 현재 일본에는 고고학적 유물에서 시작하여 불상·불화·불경·회화·서적·활자·도자기와 같은 유물뿐만 아니라 언어나 노래·신화·전설 등에도 한국적인 요소가 남아 있다. 일본천황가의 보물창고인 쇼소인(正倉院)에도 신라 가야금(시라기고토) 2점이 남아 있다. 이것은 한국과 일본의 음악적 교류를 알 수 있는 단적인 예다.

일본인은 개인보다는 집단을 중요시한다. 자본주의와 민주주의 체제를 기반으로 하고 있으나 아직도 인정과 의리를 중시하고, 엄격한 상하관계와 가족주의적인 기업정신 등을 내용으로 하는 전통적인 인간관계가 남아 있다. 일본인은 타인, 자신의 집단, 타인의 집단, 일본과 외국 등으로 모든 대상을 우리[우찌가와(內側)]와 남[소또가와(外側)]으로 구분하여 사고하는 경향이 있다. 우리 것은 신뢰하며 안도감을 느끼지만 남의 것에는 불안감을 느끼거나 신뢰하지 않는다. 그러나 자신의 생각을 좀처럼 표현하지 않는 일본인은 이를 드러내는 일은 거의 없이 겉으로는 매우 친절하다. 일본인은 타인과 두드러지게 구별되는 행동을 꺼려, 되도록 집단의 한 부분으로 존재하기를 좋아한다. 따라서 자신의 행동을 다른 사람의 행동에 맞추거나 다른 사람이 어떻게 생각할 것인가를 염두해 결정한다.

다테마에(建前)와 혼네(本音)라는 말이 있다. 이것은 일본인의 성향을 단적으로 표현하는 단어다. 얼굴에 본심을 드러내지 않고 숨길 수 있는 능력이 일본에서는 어른 자격 중 하나다. 일본인은 감정을 직접 표현하는 것, 특히 얼굴로 표현하는 것은 품격이 떨어지고 실례되는 행동이라고 생각한다. 원래 감정은 본심에서 나오는 것이지만, 일본인은 본심을 '혼네(本音)'라 하여 자신의 인격 중 가장 비밀스럽고 신중한 부분으로 생각한다. 일본 사회에 순응하기 위해서는 많은 행동규범과 사회적 통념에 혼네를 한 번 비추어 보고 걸러 내야 하는데, 이 여과 과정에서 사회적으로 해야 할 말과 취해야 할 행동이 결정된다. 그렇게 하여 혼네를 완전히 위장[다테마에(建前)]해 상대방의 감정을 손상시키지 않아야 한다.

도쿄에서 만나는 음악극, 가부키

 밤하늘에 빛나는 붉은 색의 도쿄타워, 쇼핑의 천국 하라주쿠와 오모테산도, 파악하기 어려운 지하철 시스템, 매일 저녁 재즈 음악이 흐르는 롯본기힐스의 라이브 카페, 모리타워 꼭대기에 있는 모리 미술관, 인파로 가득 찬 긴자거리 그리고 긴자거리의 가부키좌에서 만나는 전통공연, 이것이 내가 기억하고 있는 일본의 심장 도쿄의 모습이다.

 가부키좌(歌舞伎座)는 가부키 전용극장이다. 건물 자체가 문화재로 지정되어 있으며 일본 음악 문화의 진정한 성지다. 긴자 하루미도리와 쇼오도리가 만나는 사거리에 전통 양식의 가부키좌라는 건물을 구경하는 것만으로도 상당히 흥미로운 경험이다. 1889년에 개관된 도쿄 가부키좌는 화재로 여러 차례 재건되었고 1,600석 규모의 공연장으로 모모야마(桃山)라는

시바이 우키에(Shibai Ukie) 마사노부 오쿠무라(Masanobu Okumura, 1686 ~ 1764) 그림.
에도시대의 가부키 극장 모습으로 1740년대 작품이다.

배낭 속에 담아 온 음악

일본 전통양식의 3층짜리 기와건물이다. 이곳에서는 매일 밤 가부키(歌舞伎)가 공연된다. 외국 관광객을 위해 1막만 관람할 수 있는 공연 티켓이 당일에 판매되는데, 주머니가 가벼운 여행객이나 긴 시간을 낼 수 없는 관광객들을 위한 배려다.

에도(江戶)시대에 생겨난 가부키는 음악(歌)과 무용(舞), 연기(伎)가 합쳐진 종합예술로, 우리나라의 창극과 비교될 수 있다. 노가쿠가 느린 노래와 무용으로 정형화된 정적인 음악극이라면, 가부키는 여러 스타일의 노래와 무용, 현대어 대사 그리고 화려한 무대가 전환되는 스펙터클한 음악극이다. 가부키는 일반적으로 세 부분(조: 序 · 하:破 · 큐 우:急)으로 나누어지는 전통을 유지하고 있다.

가부키는 에도시대에 등장하는 도시의 상인층과 시민층을 상대로 성장한 공연예술의 한 갈래다. 교토 서쪽 지금의 시마네현의 이즈모에서 태어난 오쿠니(阿國)라는 여자 무용수에 의해서 시작된 것으로, 본래의 가부키는 넨부츠오도리(念佛 踊)라는 불교춤을 바탕으로 만들어진 아주 단순한 무용극이었다. 오쿠니 가부키는 우리나라 여사당패처럼 여배우들에 의해 공연되었고, 교토 지방에서 인기를 끌었다. 초기의 가부키는 여자들이 담당했는데 풍기문란의 이유로 금지되어 한때는 청소년기의 남자들이 연기하기도 했으나, 현재는 성인 남자들만으로 구성되어 연행된다. 남성으로만 이루어지기 때문에 남자배우가 하는 여성의 역할을 온나가타(女形)라고 하는데, 다소 과장된 목소리와 몸짓을 탄생시키기도 했디. 가부기 극장의 무대는 본 무대와 관중석에 튀어나온 돌출 무대로 구분된다. 가부키 무대의 인상적인 돌출 무대를 '하나미치'라고 부르는데, 하나미치는 노의 무대에서 배우들의 등 · 퇴장에 사용되는 '하시가카리'라는 통로에서 유래되었다고 한다. 가부키 무대의 또 다른 특징으로는 주 무대 안에 회전 무대가 장면

일본-장인정신과 미니멀리즘의 음악

가부키 포스터 ⓒ 현경채

도쿄 가부키좌(歌舞伎座), 건물 자체도 문화재로
지정되어 있는 곳으로 모모야마(桃山)라는
일본 전통양식의 3층짜리 기와건물이다. ⓒ 장일범

도쿄 가부키좌(歌舞伎座), 긴자 사거리에 있는
1,600석 규모의 가부키 전용극장은 일본 극음악을
경험할 수 있어 흥미로운 장소다. ⓒ 장일범

전환을 위하여 사용된다는 것이다. 이러한 특수한 무대장치가 배우들의 화
려한 의상과 연기, 그리고 음악이 혼연일체가 되어 가부키 공연의 장관을
이룬다.

　우리나라의 창극은 대부분 배우가 노래하고 대사를 하지만 가부키는 배우
의 노래와 대사를 연주자가 대신하고 배우는 몸짓과 무용만을 주로 하는 경
우도 많다. 최근에는 전통 가부키 외에 창작 가부키도 널리 공연되고 있다.

정재미의 음악극, 노(能)

노(能)는 가부키와 함께 일본의 대표적인 전통 음악극이다. 중세 초 봉건영주의 등장과 함께 출현한 노는 사무라이 계층의 후원으로 발전된 무대예술이다. 중세 말 도시 상업의 발달과 함께 등장한 가부키가 부유한 상인과 시민계층의 경제적 후원 아래서 뿌리를 내린 무대예술과 비교된다. 이두 극음악은 일본 전통음악의 갈래로서 중요하게 꼽힐 뿐 아니라 일본의 전통문화·무용·연극 분야에서도 중요시되고 있는 일본 전통예술이다. 이는 노와 가부키가 서양 오페라처럼 음악·무용·연극의 세 가지 예술적 요소가 종합적으로 무대에서 이루어지기 때문이다.

일본의 대표적인 음악극 형식인 '노'는 5백여 년의 긴 역사 속에서 연극, 무용, 음악의 종합예술로 일본 지식인들에게 무대예술의 아름다움을 안겨주는 공연예술의 하나로 인식되고 있으며, 지금도 활발하게 공연된다. '노'의 미학 이론은 심오하며, 음악극임에도 불구하고 음악적으로도 일본의 전통음악에서 가장 중요한 장르 중 하나다. 특히 노 음악은 가부키와 분라쿠 및 고토(琴) 등 여러 음악에 영향을 주었다.

노 음악은 기본적으로 매우 판에 박힌 형태이나 노의 예술적 미는 숭고미와 장엄미를 갖춘 '유겐(幽玄: 아름다움, 우아함, 귀족적인)'과 꽃의 아름다움을 나타낸 '하나(花)'의 개념을 표현하는 것에서 그 상징성을 찾을 수 있다. 음악극 형태로서 노는 무대징치나 소품을 거의 사용하시 않음에도 미학과 음악 자체로 깊고 높은 경지의 예술로 완성된다.

노의 무대는 크게 주 무대와 옆 무대 그리고 뒷 무대, 이렇게 세 부분으로 구분될 수 있고, 주 무대로 이어주는 '하시가카리'라는 통로가 무대의 왼쪽에 이어져 있다. 하시가카리를 거쳐서 등장한 배우들은 주 무대에서 연

노의 예술적 미는 숭고미와 장엄미다.

노의 음악은 배우의 노래, 옆 무대(오른쪽)에서 제창으로 부르는 합창 그리고 뒷 무대에서 연주하는 반주 음악, 이렇게 세 갈래로 구분된다.

기를 하고, 옆 무대는 합창석이며, 뒷무대에서 노의 반주자들이 앉아서 연주한다. 하시가카리의 앞 그리고 주 무대의 앞쪽과 왼쪽이 청중석인데, 청중은 배우의 연기, 반주자의 연주, 합창 연주의 세 무대를 동시에 보면서 감상할 수 있다.

노의 배우는 배역에 따라서 크게 세 갈래로 구분된다. 주인공의 역할을 맡은 배우를 '시테(爲手)'라고 하고, 조연 배우를 '와키(脇一)'라고 부르며, 어릿광대의 역을 '교겐(狂言)'이라 한다. '시테'는 무용과 노래와 연기를 주도적으로 맡아서 노의 공연을 이끌어 가는 배우인데 그의 대사나 독백은 특수한 억양의 일본말로 연출된다. 배우의 모든 연기는 형식화되어 있고, 형식화된 연기는 춤 동작으로 이어진다. '시테'는 한 종목에서 두 역할을 바꾸어 연기하기도 하는데, 실례로 제1막에서는 젊은 여인으로 등장했다가 제2막에서는 무사의 혼령으로 등장하기도 한다.

노의 음악은 배우의 노래, 옆 무대에서 제창으로 부르는 합창 그리고 뒷무대에서 연주하는 반주 음악 이렇게 세 갈래로 구분된다. 각 장면에서 배우들이 부르는 노래는 상투적인 고정 선율로 구성되어 있다. '사게', '하루', '우키', '미와시', '이리쿠리'가 상투적인 고정 선율이다. 노래의 선율 구조는 대사의 의미를 청중에게 전달하기 좋으나, 선율은 대체로 일자다음식이다. 노래의 특징은 선율보다 발성법에 있다. 선율은 정형화되어 있기 때문에 비교적 단순하지만 발성법이 독특하게 차별화되어 있다. 반주 악기로는 선율 악기인 후에(笛)(또는 노깡(能管)이라고도 한다)와 타악기인 고쓰즈미(小鼓), 오쓰즈미(大鼓), 다이코(太鼓) 등 네 가지 악기가 사용된다.

오사카의 맛집과 분라쿠(文樂)

　일본의 제2도시 오사카는 도쿄와 함께 우리에게 상당히 친숙한 도시다. 도쿄가 일본의 수도가 되기 전, 오사카는 일본의 정치와 경제, 문화의 중심지였다. 고대에는 잠시 수도의 역할을 했고 중세에는 황제가 살고 있는 교토로 가는 관문 역할을 했다. 지금도 오사카는 일본의 경제와 행정의 한축을 담당하는 좌심실 같은 도시다. 운하의 도시답게 오사카를 배로 즐기는 관광객들도 있고, 구로몬시장의 170개의 상점에서 식도락을 즐길 수 있다. 오사카 사람들은 맛에 매우 민감하기로 유명해서 대부분의 식당이 자기만의 독특한 맛으로 승부를 걸고 있다. 그중에서도 단연 최고는 '도톤보리'다. 최초로 회전초밥 집을 개발한 곳도 그곳에 있으며 도톤보리의 '겐로쿠 회전스시' 2호점에서는 원조 회전초밥을 맛볼 수 있다.

　오사카에는 국립 분라쿠 극장(주소: 大阪市 中央區 日本橋 1 丁目 12)이 있다. 기모노를 입은 사람들을 많이 볼 수 있는 이 극장에서는 매일 저녁 정통 분라쿠 공연을 볼 수 있고, 기록 자료 감상회, 분라쿠 강습 등 다양한 행사가 열린다. 내가 방문했던 시기에는 분라쿠 입문이라는 상설전시가 열리고 있었다.

　일본의 전통 인형극인 분라쿠(文樂)의 원래 이름은 닌교죠루리(人形浄瑠璃)이며, 인형이라는 뜻인 '닌교(人形)'와

오사카 국립분라쿠극장 ⓒ 현경채

배낭 속에 담아 온 음악

이야기체 음악인 '죠루리(浄瑠璃)'가 합쳐진 말이다. 사람 크기만한 인형을 3명이 함께 조종하는 것이 특징이며 숙련된 조종사에 의해 세밀한 동작과 표정 연기가 가능하다. 한 사람은 발동작을 담당하고 다른 사람은 왼쪽 팔을, 세 번째 사람은 머리와 오른팔의 조종을 담당한다. 고도의 기술에 의해 미묘하고 극적인 동작이 가능하다. 인형 조종사와 극작가, 연주자 등의 끊임없는 노력에 시대의 변화가 반영되어 지금까지 일본의 전통문화로서 위치를 굳건히 지키고 있다. 1811년 오사카의 이나리 사당에 최초로 전용 극장이 세워졌고, 1864년에는 다른 인형 극장들이 세워졌으며 1872년에는 도톤보리 구역에 '분라쿠'라는 이름의 극장을 세웠다. 20세기에 들어서 분라쿠는 인형극 극장들의 일반적인 명칭이 되었다. 20세기 중반 이후에는 주로 정부와 애호가들의 후원을 받아 분라쿠의 대본이 출판되었고, 전문 예인들이 활동은 물론 아마추어들의 활동도 활발하다. 분라쿠는 일본의 무형문화재로 지정되어 있으며, 2009년 9월에는 유네스코 인류구전유산에 등재되었다.

분라쿠(桐竹勘十郎. 国立劇場蔵)

분라쿠의 반주를 기다유(義太夫)라고 하는데, 가수 1인과 샤미센 연주가 1인에 의해 연주된다. 가수는 가사가 놓인 단(段) 앞에 무릎을 꿇고, 샤미센 연주자는 가수의 왼쪽에 자리한다. 극의 모든 역할의 대사와 노래는 노래를 담당하는 다유(大夫)의 몫이다. 악기 연주 부분은 짧은 편성에서부터 긴 솔로까지 다양하고, 긴 솔로는 다른 샤미센과 고토가 함께 연주된다. 분라쿠의 기악 반주 부분은 각각의 이름이 있고 특정 드라마의 분위기나 목적에 따라 구분되어 사용된다. 예를 들면, 다양한 울음을 표현하는 '나키' 패턴이 있고, 고음역 성악 종지에 선행되는 '이리'가 있다. 장면과 함께 연주되는 서주나 후주는 극의 암시적인 정보를 제공한다. '오쿠리'라 불리는 샤미센 음악은 극에서 한 장면의 끝에 연주되거나 다른 장면의 처음 부분에 연주되어, 이 두 장면이 한 장소임을 음악으로 알려 주는 역할을 한다. 또한 등장인물의 성격이라든지 등장 시점 등의 신호 역시 샤미센이 맡는다.

일본 전통음악의 미학, 잠깐 멈춤

'호가쿠(邦樂)'로 불리는 일본 전통음악의 미학은 시대 구분의 맥락에서 이해해야 한다. 일반적으로 음악 양식은 '가가쿠'와 '노극' 그리고 '고토와 샤미센과 샤쿠하치 음악'이라는 세 부류로 분류할 수 있다. 오랜 역사 속에서 형성하여 발전된 여러 갈래의 전통음악은 시대마다 새로운 음악 수용층의 후원 아래서 성장의 기틀을 마련하였다. 일본 음악과 근대 서구 음악 사이의 가장 큰 비교 포인트는 '미분음'과 '음색'이다. 일본은 단선율이나 비화성적 음악을 강조한다. 정교한 미분음을 사용하는 것과 음색의 중요성 그리고 세련된 자유 리듬 등도 일본 음악만의 또 다른 특징이다. 음악의 미학은 시기에 따라 다양했지만, 이전 시기의 것은 다음 시기에 계속 이어지거나 종종 서로 뒤섞이기도 했다. 각 시기를 대표하는 미학적 이념들을 뽑아 보면 다음과 같다.

> 고대 전기: 순수(기요사)
> 고대 후기: 세련된 궁중 취향(미야비)
> 중세 전기: 상징성과 고졸(古拙, 와비, 사비, 유겐, 하나)
> 중세 후기: 우아함(이키, 스이)

일본의 종교도 일본 음악을 더욱 독특한 음악으로 만드는 데 일정 부분 역할을 했다. 신토와 불교 철학, 특히 선불교는 중요한 토대를 제공했으며, 유교는 도덕적 틀을 형성했다. 균제와 통일보다는 다양성이 일본 음악의 양식과 형식의 기본 특징이라 할 수 있다. 일본은 계절과 기후 변화가 아주 다양하고, 일본 사람들은 인간이 자연에 저항하기보다 조화를 이루어야 한

다고 생각해 왔다. 이러한 생각은 모든 시대를 통해 일본 음악에 반영되어
왔다.

가가쿠를 제외한 일본 전통음악은 단선율로 구성되어 있다. 단선율은
미분음·자유리듬·미묘한 음색과 합해져 일본 선율의 독특한 맛을 만들
어 준다. '양식화된 세련미'는 일본 음악의 미적 특징을 단적으로 설명하기
에 적절한 표현이다. 지나친 화려함을 피하고 감정의 표출을 억제하여 얻
는 우아함을 '노'에서 '이키'라고 한다.

노가쿠나 가부키(歌舞伎) 배우들이 흔히 쓰는 '마(間)'라는 말이 있다. '마'
란 대사와 대사 사이에 개입되는 침묵의 시간이나 동작과 동작을 연결할
때 잠시 멈추는 부분을 말한다. 마는 어떤 동작이나 대사에서 다음으로 이
어지는 사이에 삽입되어 긴장감을 생기게 하고 다음의 동작이나 대사는 마
에 의해서 더욱 생기 있고 주목을 받게 해 준다. 노가쿠는 마를 가장 잘 표
현하는 공연예술로 알려지고 있는데, 노에서 마를 어떻게 사용하는가에 대
해 제아미(世阿彌)는 『카교(花鏡)』에서 이렇게 말하고 있다.

> 관객이 배우에게 '그는 아무것도 하지 않을 때 최고다.'라고 말할 때
> 가 있다. '그가 아무것도 하지 않을 때'라는 것은 그의 연기에서 신체적
> 움직임 사이에 놓인 시간적 공간을 말한다. 그 배우의 세심한 주의나
> 집중력은 침묵과 중지를 흥미롭게 만드는 요소다. 그는 자신의 춤, 노
> 래, 독백, 동작 등이 끝난 후의 순간에 집중력을 잃지 않기 위하여 주
> 의해야만 한다. 배우의 가슴 깊은 곳에 집중된 강렬한 느낌은 관객에게
> 전달되고, 이로써 잠깐 동안의 정적은 흥미로움을 자아낸다.

배우는 마를 위하여 노래, 춤, 대사, 동작이 끝난 후에도 다음을 위하여

항상 집중해야 한다. 마는 극에서 짧은 시간이지만 완벽한 정적을 연출하여 관객에게 긴장감을 주고 다음 동작이나 대사에 대해서 기대감을 조성한다. 마를 어떻게 적절히 구사하는가는 각 장면의 성패를 좌우하기도 한다.

배우의 연기뿐 아니라 반주 악기에서도 마의 사용은 중요하다. 노의 반주 악기인 고쓰즈미(小鼓)는 오쓰즈미(大鼓)와 짝을 이루며 연주를 하다가 중간에 몇 초간 연주를 멈추고 마를 유지하곤 한다. 마 뒤에는 추임새와 같은 가케고에(掛け声)를 내면서 다시 북을 연주하기 시작하는데, 이렇게 다소 긴 마는 단순한 일시적인 멈춤이 아니고 완전한 장면을 위한 장치이며, 관객은 그것을 긴장된 상태로 감상한다.

궁중음악, 가가쿠(雅樂)

　대부분의 한국 사람에게 2002년은 세계월드컵축구대회에서 한국이 4강에 오른 잊을 수 없는 역사적인 해로 기억된다. 한국과 일본이 공동으로 개최한 이 대회는 축구 경기 외에도 다양한 문화행사들이 동시에 개최되었다. 그중에서 주목할 만한 음악회로는 도쿄와 서울을 오가며 개최되었던 일본 궁내청 소속 아악수들과 한국 국립국악원 정악단의 교류 연주회로, 일본 전통 궁중음악을 직접 만날 수 있었던 귀중한 음악회였다.

　가가쿠(雅樂)는 일본의 전통 궁중음악의 총칭이다. 처음 가가쿠를 들었을 때의 인상은 참 낯설다라는 느낌으로 기억된다. 슬며시 시작해서 슬며시 끝나고, 안 맞는 것 같기도 하면서 맞는 것 같기도 한 독특한 합주의 모습을 하고 있는데, 적당히 늘어났다가 적당히 줄어드는 리듬은 지금까지의 음악 경험으로는 쉽게 이해할 수 없는 독특함이 있었다. 그러나 가가쿠에는 나름의 법칙이 있고 미묘한 미의식이 있다. 일본 왕조는 천 년 이상에 걸쳐 이러한 '슬며시'와 '적당히'를 세련되게 다듬어 왔다. 각 악기의 조화, 선율의 흐름, 리듬이나 템포의 모든 요소가 서로 작용하여 가가쿠의 독특한 음악적 미감을 만들어 낸다. 가가쿠 연주에서 가장 중요한 음악미학의 원리

가가쿠 중의 부가쿠(舞樂) 나소리 레이가쿠사 ⓒ 문현

254

일본의 가가쿠. 레이가쿠샤(伶楽舎, REIGAKUSHA) 연주 ⓒ 레이가쿠샤

일본의 가가쿠. 레이가쿠샤 연주원의 생황 연주 ⓒ 레이가쿠샤

는 차분하고 서두르지 않는 '아정미(雅正美)'다. 모든 악기는 기교를 넘어 편안함, 완벽한 통제 및 완숙함을 요구한다.

연주는 자유리듬에 가까운 지극히 느린 템포로 시작한다. 연주자들은 주의 깊게 서로의 연주를 들으면서 절대적인 시간 감각에 집착하지 않고 각자 자유롭게 움직이는 주 선율선과 어우러지도록 연주자 간의 호흡으로 맞춘다. 악곡의 템포는 점점 빨라지고 막바지에 이르면 심하다고 느낄 정도로 빨리진다. 기기쿠에 사용되는 가창 양식은 자연적인 말소리와 비슷하되 음높이만 있을 뿐이라고 느껴졌다. 노래나 악기 테크닉에서 연주자가 기교를 과시하려고 인위적인 꾸밈음을 사용하는 경우는 거의 없다. 양식은 아주 성기고 꾸밈이 없어 곡의 우아한 윤곽을 그대로 드러내고, 그럼으로써 음악가들의 곡 해석의 통제와 제약의 정도를 높여 준다.

일본의 가가쿠는 크게 세 가지 성격으로 구분된다. 첫째, 아시아 대륙으로부터 일본에 전해진 음악(管絃과 舞樂)으로, 중국에서 건너간 도가쿠(唐樂)와 우리나라에서 전해진 고마가쿠(高麗樂)가 이에 속한다. 둘째, 고대부터 내려오는 일본 고유의 음악과 무용(國風歌舞)인 가구라우타(神樂歌), 아즈마아소비(東遊), 구메우타(久米歌) 등이 있다. 셋째, 10~11세기경 일본 귀족들에 의해서 시작된 가곡으로, 로에이(朗詠)와 사이바라(催馬樂)가 이에 속한다. 일본의 가가쿠는 현재 국가 음악기관인 궁내청식부직 악부(宮內廳式部職 樂部)에 의하여 연주, 계승되고 있다.

일본의 불교 음악, 쇼묘

쇼묘(聲明)는 법회에서 사용되는 불교 성악곡이다. 원래는 범어(산스크리트어)나 한자어로 된 가사를 노래하는 것을 쇼묘라고 했지만 현재는 순수하게 일본어로 부르는 와산(和讚)을 포함하여 법회에서 소리내어 읽는 성악곡을 모두 쇼묘라고 한다. 일본은 552년 백제로부터 불교를 받아들였고, 헤이안시대에 일본 승려 사이초와 구가이가 중국에서 범패를 배워 와서 각각 천태종과 진언종을 창설하였다. 이 두 종파의 쇼묘가 오늘날 일본 쇼묘(聲明)의 대표격이다. 천태종은 교토 근처의 히에이산에 있는 엔야쿠지가 총본산이고, 진언종은 교토의 도지(東寺)가 총본산이었다가 후에 오사카 남쪽의 고야산 사찰로 옮겨졌다.

가마쿠라 시대(1192~1337) 이후에 일본에는 정토종, 진종, 일연종 등 몇 개의 새 종파가 생겼다. 이때 선불교가 도입되었고, 그 후 선종이 일본 불교의 주 종파가 되었다. 이러한 종파들도 그들 나름대로 쇼묘가 있지만, 모두 천태 쇼묘와 진언 쇼묘의 변형이라 할 수 있다. 무로마치 시대부터 일본어를 사설로 하는 와산과 고에이카가 대중 사이에 유행하였다.

그러나 최근에는 쇼묘가 사원이나 가정에서 점점 종교적 색채가 없어지고 형식화되었다. 많은 일본인은 쇼묘가 생소해졌다. 쇼묘의 사설 또한 범어나 한문이어서 대중에게는 난해하다.

'호가쿠'와 '민속 예능'
-음악사로 살펴본 일본 음악

　일본 음악은 정(靜)적인 면에서 독보적이다. 일본 음악에서는 타악합주 곡을 제외하고는 동(動)적인 면을 찾아보기 어렵다. 일본은 한국의 동남쪽에 길고 좁게 활과 같은 모양으로 위치하고 있는데, 옛부터 중국과 한국 등 아시아 지역과 교류가 있어 여러 문물과 문화가 일본에 전해져 왔다. 처음으로 일본에 전해진 외래 음악은 신라의 음악이다. 『일본서기(日本書紀)』에 의하면 453년 윤공(允恭) 천황의 장례에 신라왕이 음악인 68명을 일본에 조문으로 보냈다는 기록이 있다. 그후 100년 후인 554년에는 백제악이, 684년에는 고구려, 백제, 신라 삼국의 음악이 연주되었다고 하는 기록이 보인다. 그 당시에 한국에서 유입된 음악은 '고마가쿠(高麗樂)'라는 이름으로 통일되어 지금까지 계승되고 있다.

게이샤들은 일본의 전통문화를 잘 보유하고 있다. ⓒ 임명숙

전통을 지키려는 장인정신은 일본의 가장 큰 저력이다. ⓒ 임명숙

　일본 음악은 궁중음악인 가가쿠(雅樂)와 그 외의 음악 모두를 조쿠가쿠(俗樂)로 나누기도 하지만 이러한 이분법적인 구분보다는 가가쿠, 노가쿠(能樂), 가부키(歌舞伎), 산교쿠(三曲)와 고토(箏), 샤미센(三味線), 샤쿠하치(尺八) 음악 등을 총칭하는 '호가쿠(邦樂)', 그리고 민요나 가구라(神樂) 등을 포함하는 '민속 예능'으로 나누는 것이 더욱 일반적이다.

　일본 근대 역사는 거의 7세기에 걸친 봉건시대를 마감하고 입헌군주제를 확립한 1868년 메이지유신에서 시작된다. 근대에 들어서 일본은 외부세계에 문호를 개방하고, 그 영향을 받아들여 20세기 중반이 되면서 일본 음악은 일본 전통음악, 서양음악, 현내적 경향의 음악 등 세 가지 유형이 혼재하는 양상으로 나타난다. 도쿄의 청중은 일본 관현악단이 연주하는 바흐에서 스트라빈스키에 이르는 클래식 음악 연주회를 즐기는 한편, 저녁 TV 프로그램에서는 젊은 일본 가수가 부르는 대중가요를 즐긴다. 표면적으로는 전통음악은 소외된 것처럼 보이며, 직업 연주가와 애호가의 수가 점점 줄어들고 있고, 심지어 몇몇 장르는 없어지기도 했다. 그럼에도 살아남은 전통은 높은 수준을 유지하고 있다. 이것이 가능했던 중요한 요인 중 하나는 예로부터 각 음악 장르의 여러 양식을 지켜온 강력한 음악가 길드 체계가 여전히 남아 있기 때문이다. 이러한 전통에 대한 자부심은 예술 음악에서뿐 아니라 일본 전역에 걸쳐 성행하는 갖가지 민속음악에서도 유지되고 있다.

일본 전통음악은 각 시기의 주요 장르 음악이 대부분 그대로 유지되고 있다. 중세 전기(11~15세기)의 고대 궁중음악 가가쿠(雅樂), 불교성악 쇼묘(聲明), 비와로 반주하는 서사 음악 극음악인 노(能)가 있고, 중세 후기(17세기~1868)는 고토, 샤미센, 샤쿠하치 음악과 많은 민속음악이 남아 있다. 일본 음악에서 흔히 보이는 또 다른 특징 중 하나는 극과 춤의 긴밀한 결합인데, 이러한 융합을 가장 잘 드러내는 것이 바로 극음악인 '노'다. 일본 음악의 역사는 정치와 경제의 시대 구분에 맞춰 다음과 같이 크게 다섯 시기로 구분된다.

고대 전기, 원시음악 시대

원시음악 시대로 구분되는 고대음악은 기원전부터 6세기 이전까지다. 원시 씨족사회와 노예 노동이 사회경제의 주축이 되는 이 시기를 음악학자들은 '고대 전기'라고 구분한다. 이 시기에는 원시 토착 음악이 연행되었다. 그 모습은 고고학 자료와 고토(箏), 후에(笛), 쓰즈미(鼓) 등 악기를 언급한 8세기 역사 자료를 통하여 희미하게 알려져 있다. 원시시대 말기는 중앙집권적인 고대국가가 성립됨에 따라서 궁중을 중심으로 발전되었던 원시 음악으로 대표된다. 이것은 종교적인 샤머니즘을 일본화한 신토(神道)의식의 종교음악이다. 궁중의식의 하나로 발전시킨 신토 음악은 음악과 무용으로 구성되었다. 이러한 의식 음악은 5세기와 6세기 무렵 중국 대륙과 한반도의 새로운 음악 문화가 수입되기 전까지 궁중음악의 중요한 부분을 차지했다.

고대 후기, 대륙음악 수용시대

대륙음악 수용시대로 구분되는 고대 후기(6～9세기)는 아스카, 나라, 전기 헤이안 왕조 시대까지를 포함한다. 이 시기는 씨족사회가 중앙정부의 통제에 편입되는 사회경제 구조로 나타났다. 아시아 대륙의 음악과 춤이 중국과 한국을 통해 일본에 전해졌고, 이는 일본 음악의 성격을 크게 변화시켰다. 552년 백제의 성왕이 불교를 일본에 전해 줌으로써 시작된 아스카 시대에는 백제의 미마지(味摩之)가 중국에서 배운 탈춤의 일종인 '기가쿠(伎樂)'를 다시 일본에 전해 주었다. 기가쿠 이외에도 한반도의 고구려 · 백제 · 신라와 중국의 당나라 음악이 일본 궁중에 소개되었다. 이것이 바로 일본의 궁중음악인 '가가쿠(雅樂)'를 형성했다. 현재 가가쿠에는 당나라 음악이란 뜻을 가진 '토가쿠(唐樂)', 고구려의 음악이라는 뜻을 가진 '코마가쿠(高麗樂)', 신라의 음악인 '시라기가쿠(新羅樂)'와 백제의 음악인 '구다라가쿠(百濟樂)' 등으로 구성된다.

가가쿠는 그 당시 우리나라 삼국의 악사와 일본의 왕립음악기관이었던 가가쿠료(雅樂寮)에 소속된 악생 및 당의 악사와 악생에 의해 연주되었다. 이 시기 중요한 국가 음악 행사 중 하나였던 나라의 도다이지(東大寺) 대불 개안식(749년)에서 행해졌다. 쇼무천황(聖武, ～756)의 어물(御物)이 보관되어 있는 나라의 쇼소인(正倉院)에는 당시 의식에 사용된 18종 75대의 악기가 보관되어 있다. 일본 궁중에 소개된 가가쿠 악기의 대부분은 주로 한반도와 당나라에서 전해진 것이지만, 일부는 인도 · 페르시아 · 중앙아시아

가가쿠는 중국의 당나라와 고구려의 대륙 음악을 수용하여 만들어진 궁중음악으로 지금도 토가쿠(唐樂)와 고마가쿠(高麗樂)의 음악이 연주된다. © 레이가쿠샤

쇼소인(正倉院)은 도다이지(東大寺) 경내의 북쪽 구역에 위치해 있으며, 신라금 등 유물이 다수 보관 전시되어 있다.

쇼소인의 출판물. 표지의 자개 무늬가 화려한 5현 비파가 멋스럽다.

배낭 속에 담아 온 음악

에서 건너온 것도 있다. 아스카시대(552~645)와 나라시대(710~794)의 가가쿠는 대륙의 음악적 요소를 많이 포함하였다. 그러나 초기 헤이안 시대(794~897)에 수도를 나라에서 교토로 옮긴 이후부터 가가쿠는 차츰 일본화하기 시작하였다. 6세기 불교의 수입과 더불어 인도에서 발생하여 중국을 거쳐 일본에 소개된 불교 성악 쇼묘(聲明)도 이 시기 또 하나의 중요한 음악 장르로 자리 잡게 되었다.

전기 민족음악시대, 헤이케비와와 노카쿠의 탄생

전기 민족음악시대로 구분되는 3번째 시기는 10세기부터 16세기 전반으로, 헤이안 왕조 후기부터 가마쿠라, 무로마치시대를 아우른다. 본격적으로 봉건사회가 시작되고, 사무라이(무사)들이 정치와 문화에 깊숙히 영향을 끼친 시기다. 전기 민족음악시대에는 겐지가 최초로 가마쿠라 막부를 세움으로써 무단정치가 시작되었던 가마쿠라시대(1885~1333)와 아시카가 집안이 장군으로 취임하여 나라를 다스렸던 무로마치시대를 포함한다. 가마쿠라와 무로마치 시대의 음악 문화는 사무라이 집안과 불교의 승려들에 의해서 발전되었다.

이 시기에는 토착화한 궁중음악과 불교 음악 외에 매우 일본적인 특징을 지닌 두 가지 중요한 새 장르가 나타난다. 그것이 바로 '헤이케비와(平家琵琶)'와 '노(能)'다. 비파 반주로 서사시를 노래하는 독특한 양식인 헤이케비와는 가마쿠라 시대에 처음 등장했고, 나중에 사쓰마비와(薩摩琵琶)와 지쿠젠비와(筑前琵琶)의 전통을 세웠고, 더 나아가 샤미센 음악의 몇몇 장르와 인형극 분라쿠의 서사 음악을 발전시킨 기다유(義太夫)에 많은 영향을 끼쳤다.

노가쿠는 무로마치시대에 발전한 주요 장르 중 하나다. 일본의 미학을

노카쿠(能樂). 전기 민족음악시대는 헤이케비와(平家琵琶)와 노카쿠(能樂)가 탄생되었다.

고도로 집결시킨 노는 드라마와 연극, 음악, 무용이 결합된 종합예술이다. 노가쿠 음악의 아름다움은 세련된 상징성, 단순성과 복잡성의 결합 그리고 고정과 가변성의 결합에 있다. 노의 양식과 정신은 일본 고유 연행 예술의 가장 큰 성과로 여겨진다.

후기 민족음악시대, 코토, 샤미센, 샤쿠하치의 등장

후기 민족음악시대는 16세기 후반부터 19세기 전반으로 모모야마 왕조와 에도시대를 아우른다. 사무라이와 불교 승려들의 후원 아래서 발전된 일본의 중세 음악은 모모야마시대(1573~1603)와 에도시대(1603~1868)에 이르러 도시의 상인과 시민계층의 예술가라는 새로운 음악 수용층에 의해서 발전하게 되었다. 도쿠가와 막부가 265년이라는 긴 세월을 통치했던 에도시대는 도시의 상인과 시민계층을 위한 새로운 음악 문화가 등장하였는데 그것이 바로 '고토', '샤미센'과 '샤쿠하치' 음악이다.

'고토' 음악은 우리나라의 가야금처럼 생긴 고토 반주에 노래로 부르는 성악곡과 악기로만 연주하는 독주곡으로 구분되는데, 주로 맹인 연주자와 여자 연주자들에 의해서 발전되었다. 이 시기에 가장 대중적 형태의 서정

산쿄쿠합주도. 보턴 미술관 소장

적이며 서사적인 노래 음악은 3현의 샤미셴(三線) 음악에서 발견된다. 샤미셴은 중국의 산시엔(三線)에서 유래된 악기다. 우리나라의 퉁소나 단소처럼 세로로 잡고 부는 '샤쿠하치'는 본래 젠(禪)불교의 후케파 승려들이 주로 연주하였지만, 에도시대에 이르러서는 모든 계층의 일본인에게 애용되었다. 에도시대 말기인 19세기에 이르러 샤쿠하치는 고토, 샤미셴과 더불어 삼중주로 연주하는 '산쿄쿠(三曲)'라는 갈래의 전통음악을 만드는 데 기여하였다. 에도시대에 만들어진 새로운 음악 장르로 의미가 크며, 가가쿠나 노 같은 기존의 음악도 상류계급의 예술 음악으로 존중받았음은 물론이고, 더 나아가 궁중과 사무라이 사회에도 수용되었다.

서양음악의 수용시대, 일본 근대음악의 시작

서양음악의 수용시대로 구분하는 마지막 다섯 번째 시기는 19세기 후반인 메이지시대 이후부터 현재까지다. 1868년 일본이 서구 열강과 통상조약을 맺고 문호를 개방하자 민족음악 시대는 종말을 고하게 되었고, 일본 근대사에 따른 근대 음악사가 시작되었다. 서구의 산업자본주의와 사회주의의 새로운 사회제도가 도입되면서, 서양음악이 대거 들어온 시기다. 일본 근대사의 시작이었던 메이지시대부터 일본의 전통음악은 차츰 쇠퇴의 길을 걸었고, 그와 반대로 서양음악은 일본 사회의 구석구석에 커다란 영향을 미치게 되었다. 메이지시대 이후에도 이러한 상황은 크게 달라지지 않고 오늘에 이어지고 있다. 1870년 이후 국가 교육과정은 일본의 전통음악을 초·중등학교에서 배제하였다. 당시 일본의 작곡가들은 독일의 후기 낭만주의 음악의 영향을 강하게 받았으며, 제1차 세계 대전 이후에는 프랑스의 인상주의를 비롯한 여러 사조와 일본의 전통음악적 요소들이 합해져 새로운 음악들이 작곡되었다. 1960년대 이후에는 현대음악 분야에서 세계적으로 명성을 얻는 일본 작곡가들도 나오기 시작했다. 이 시대부터 서양음악의 대칭어로 현재 일본의 전통음악은 '호가쿠(邦樂: 방악-나라의 음악이란 뜻)'로 불리게 되었다.

일본 실내음악의 고전, 산쿄쿠(三曲)

산쿄쿠(三曲)는 일본의 대표적인 고전음악 양식으로 1573년의 모모야마 시대에서 1868년 메이지유신에 이르기까지 일본 근대 음악의 시기에 크게 발전한 실내음악이다. 산쿄쿠는 3개의 악기로 연주한다는 뜻으로 고토, 샤미센, 샤쿠하치(尺八) 또는 고큐(胡弓)로 연주한다. 고음악 평론가 박창호는 산쿄쿠를 다음과 같이 표현하였다.

> 흐느끼는 듯한 소리로 면면히 이어지는 선율은 어쩌면 청승맞은 분위기를 자아내면서 듣는 이의 감성에 호소한다. 극히 정적인 음률을 끊어질 듯 뱉는 샤미센 소리는 마치 환상적인 무릉도원의 한가로움을 상징하는 것 같다. 고토가 울려내는 가냘픈 쇳소리는 우리 마음에 마치 무엇을 간청하는 듯하고, 슬픈 음색의 샤쿠하치 소리 또한 고독을 자극하는 애처로움을 자아낸다. 그렇지만 앙상블이 만들어 내는 전체적인 분위기는 언제나 애수와 비수(悲愁)에 젖어 있는 것만은 아니다. 그와 같은 향수 사이로 알 수 없는 관능적 향기가 한 가닥 피어오르는 것은 일본 음악만이 지니는 아름다움이 아닐까?

산쿄쿠는 에도시대에 생겨난 음악이다. 에도시대는 상업이 급속하게 발선하여 경세적으로 부를 이룬 시대다. 상업의 발진에 따라 경제권을 지닌 부유한 상인들의 세력이 강해졌고 문화의 수용층으로 등장했다. 이들이 향유하던 대표적인 음악이 샤미센과 고토 음악이다. 산쿄쿠는 소쿄쿠(箏曲)나 지우타(地歌)를 모체로 한다. 소쿄쿠는 고토로 연주하는 음악을 말하고, 지우타는 샤미센 반주의 노래 음악을 말한다. 17세기 이전까지 샤미센 음악인 지우타와 고토 음악인 소쿄쿠는 다른 종류의 음악으로 취급되어 서로 함께 연주되는 경우가 없었다. 그러나 소쿄쿠의 대표적인 유파인 이쿠타류 (生田流)를 창시한 이쿠타켄교(生田檢校)에 의해서 전혀 다른 종류의 음악 이었던 지우타와 소쿄쿠가 서로 교류하게 되었고, 하나의 혼합된 음악 문화가 만들어졌으며, 지우타와 소쿄쿠가 산쿄쿠 합주의 모체가 되었다. 산 쿄쿠는 농업과 상업의 발달과 함께 등장한 부유한 중인 계급의 음악 수용 층에 의해서 성장 발전된 음악이라는 점에서 한국의 정악(풍류방 음악)과 유사하다. 한국의 대표적인 풍류 음악인 영산회상과 가곡이 일본의 산쿄쿠 와 같이 17세기에 발생한 음악으로, 발생 시기도 비슷하다는 점에서 흥미 롭다.

한국의 정악이 선비들의 사랑방에서 연주하던 풍류 음악이라는 것과 같 은 배경으로 산쿄쿠도 집안에서 교양으로 연주하던 음악이다. 산쿄쿠는 자 시키(座敷)라 불리는 가정 내의 객실이나 응접실에서 행해지던 음악이었 다. 이러한 음악을 일컬어 '가정 음악'이라고 하는데, 산쿄쿠의 전신인 소쿄 쿠나 지우타가 가정 음악의 대표적인 예다. 한국의 정악과 일본의 산쿄쿠

산쿄쿠 음악회(왼쪽부터 고토米川文子, 사미센米川敏子, 샤쿠하치川瀬順輔)

는 청중에게 보여 주거나 들려주기 위한 무대 음악이 아니라, 집안에서 연주되었던 풍류방 음악이며, 가정 음악으로서 애호되었고, 단지 즐기기 위한 음악이라기보다는 자기 수양이나 교양으로 배워야 하는 덕목 중 하나였다는 점에서도 유사하다.

산쿄쿠는 노래가 있는 유형과 노래가 없는 기악합주의 두 가지 유형이 있다. 대부분의 음악은 노래가 따르지만 단모노(段物)라 불리는 곡들은 노래가 수반되지 않는다. 단모노란 노래가 없는 순수 기악곡으로 몇 개의 단이 조합되어 한 곡을 이룬다. '고단(五段)', '로쿠단(六段)', '시치단(七段)', '하치단(八段)', '규단(九段)', '미다레(みだれ)' 등의 악곡이 있다. 이 중 '로쿠단'은 단모노 중 가장 많이 알려진 곡이다. 단모노의 가장 큰 특징은 음악의 속도가 점차 빨라지는 데 있다. 느리게 시작하여 점차 빨라지고 마지막에는 다시 처음과 같이 느리게 끝나는 정형화된 형태를 가진다. 듣는 사람이 느낄 수 없을 정도로 조금씩 빨라져 맨 마지막 단에는 상당히 빠른 속도로 변한다.

오키나와엔 샤미센
–일본의 악기들

고토(箏, koto)는 한국의 가야금과 비슷한 모양의 현악기로 중국의 쟁(箏), 베트남의 단트란, 일본의 와곤(和琴) 등과 같은 구조의 악기다. 일본에서 고유하게 만들어졌다고 주장되는 와곤은 중국에서 기원한 것이 아닐 가능성도 있지만, 이러한 악기들은 거의 중국에 기원을 두고 있다. 고토는 나라시대(710~784) 때 중국에서 전래된 악기이며, 전통 고토는 13줄이지만 최근 들어 17, 20, 25, 30줄의 고토가 개발되어 전통악기의 새로운 가능성을 넓혀가고 있다.

고토는 기리나무(참오동나무)로 만든 길이 약 160~200cm, 두께가 약 20cm의 공명통에 가야금의 안족(기러리 발 모양)과 같이 위, 아래로 움직여 음을 조절하는 지(Zi)와 그 위에 비단으로 만든 13줄의 현이 올려진 악기다. 맨손으로 타는 가야금과 달리 쓰메(Tsume)라고 부르는 상아로 된 피크(깍지)를 오른손 엄지, 검지, 중지에 끼고 줄을 튕기거나 비비면서 가야금 연주법과 같이 왼손으로 줄을 누르거나 진동시켜 가며 연주한다.

현대의 '소코큐'(箏曲, 고토 음악, 즉 고토가 독주 악기로 사용될 경우)는 헤이안시대에 가가쿠에 기초한 전통으로부터 연속선상에서 발달하여 왔다. 현존하는 레퍼토리는 16세기 후반으로 올라갈 수 있다. 에도시대에 걸쳐 '소코큐'는 가장 보편적인 음악이었고, 서구화가 점진적으로 시작한 19세기까지 그 전통은 계속되었다. 고토 음악은 가야금 산조처럼 유파를 형성하였다. 츠쿠시고또(筑紫事) 야마다류(山田流), 이쿠다류(生田流), 오키나와 고토(箏) 음악 등이 그것이다.

배낭 속에 담아 온 음악

일본의 통소 샤쿠하치

음산한 음색의 관악기 샤쿠하치(尺八)는 7세기 중국 당나라에서 전래한 악기로, 한국의 통소나 단소와 같이 세로로 분다. 일본의 사극이나 영화를 보면 풍채 좋은 허무승(虛無僧)이 샤쿠하치를 칼 대신에 휘두르고 있는 장면을 가끔 볼 수 있다. 악기를 무술 도구로 사용한다는 것은 보통 상식으로서는 상상도 할 수 없는 일이지만, 샤쿠하치는 이렇게 음악 외적으로도 사용되었다. 에도시대에는 보화종(普化宗)에 소속된 승려들이 수행의 하나로서 샤쿠하치 음악을 배우고, 이 악기로 무술을 수련했었다고 한다. 그리고 샤쿠하치를 부는 것은 허무승에게만 주어지는 특권으로 일반인들의 연주는 금지되었다. 그러나 메이지유신을 계기로 보화종이 폐지되었고 이때부터 샤쿠하치는 모든 민중의 것이 되어 종교와 예술성의 양면이 합쳐져 지금까지 전해지고 있다.

샤쿠하치는 중국에서 수입된 악기이지만 구조는 일본식으로 크게 변했다. 일본 샤쿠하치 주법상의 매력은 취구(吹口)와 지공(指孔)이 커서 미묘한 조절이 자유자재로 가능하고, 사람의 목소리 억양과 같은 정도의 표현이 가능하다. 이를테면 음의 고저, 강약, 음색의 변화가 마치 사람의 목소리와 같이 표현될 수 있는 매력적인 악기다. 이 악기는 대나무로 만들며, 지공은 앞에 4공, 뒤에 1공이다. 샤쿠하치는 일본자(日本尺)로 1척(尺) 8촌(寸)이란 뜻이다. 대나무 밑둥으로 만들며, 내공의 지름은 대개 4~5cm다. 고토와 샤미센과의 합주에 따라 다양한 크기의 샤쿠하치를 사용한다.

독주용 샤쿠하치는 최저음이 d다. 앞의 4공과 뒤에 1공을 차례로 떼면 d·f·g·a·c·d의 순으로 소리가 난다. 지공을 막는 법과 취구에 입술을 대는 각도에 따라 12음을 모두 만들어 낼 수 있다. 취구(吹口)는 바깥 대각선으로 잘라서 만든다. 음을 끌어 올리거나 내리고 억양을 변화시키며,

취구의 끝을 불어서 소음(騷音)을 내는 등 다양한 기법으로 예술적 효과를 높인다. 좋은 음색을 얻기 위해서 관의 내부를 적(笛)이나 노간(能管)처럼 래커 칠을 하기도 한다.

샤쿠하치

1960년쯤부터 샤쿠하치의 가치를 새롭게 인식한 몇몇 음악가에 의해서 여러 형태로 연주하게 되었다. 현대적인 악기들과 협연을 시도하면서 열린 시각의 예술정신을 보여 주는 샤쿠하치의 예술 세계는 비장하리만큼 슬픈 일본 음악의 미학이 담겨 있다.

고양이 가죽의 악기, 샤미센

샤미센(三味線)은 기타와 같이 목이 긴 세 줄의 현악기로, 상아나 거북이 등으로 만든 채(撥: 바치)로 연주한다. 이것은 중국의 산시엔(三絃)을 일본식으로 개조한 것인데, 원래는 페르시아 지방의 쿠부즈나 세타르가 13세기 중국 원나라에 전래되어 산시엔이 되었다. 그 후 먼저 오키나와로 전파되었다가 1562년경에 일본 본토에 도입되었다. 중국과 오키나와의 샤미센은 뱀가죽으로 만든 것인데, 일본에서는 고양이나 개의 가죽을 사용한다.

샤미센은 화류나무나 뽕나무 또는 떡갈나무로 만든 4각형의 공명통에 홍목이나 자단으로 만든 탁을 끼워서 만든 것이다. 3줄을 매는데 그 굵기

샤미센

가 각각 다르며 줄은 '바치'로 치거나 뜯는다. 근세 초기에 중국에서 전래한 샤미센은 서민들 사이에서 크게 유행하였다. 노래나 이야기를 읊는 것을 좋아하는 일본인은 새롭게 들어온 악기 샤미센을 노래 반주에 사용하였다.

샤미센은 여러 장르의 음악에 사용되는데, 각 장르마다 샤미센의 크기와 목의 굵기가 다르고 채의 크기 또한 다르다. 샤미센 음악의 여러 장르는 노래보다는 대사를 중심으로 하는 '가타리모노(語物)'와 노래를 중심으로 하는 '우타이모노(歌物)'로 나뉜다. 가타리모노는 이야기의 대사에 중점을 두기 때문에 반주의 샤미센은 대사에 방해가 되지 않도록 연주하는 경우가 많다. 가타리모노의 종류에는 인형극의 음악을 담당하는 '기다유(義太夫)', 가부키에서의 무용음악을 담당하는 '도키와즈(常磐津)'와 '기요모토(淸元)' 등이 있다. 우타이모노는 샤미센 반주의 노래 음악이다. 그 종류에는 가부키의 하나인 '나가우타(長唄)' 그리고 고토와 합주하는 '지우타(地歌)', 민중늘 사이에서 가볍게 불리는 '하우타(端唄)', '고우타(小唄)' 및 '민요(民謠)' 등이 있다.

비와

비와(琵琶)는 기타처럼 생긴 배 모양의 4~5줄 현악기로 7세기 말에 중국에서 궁중음악에서 사용되는 다른 악기와 함께 일본으로 전해졌다. 이때부터 비와는 귀족부터 맹인 승려에 이르기까지 일본 사회의 다양한 사회계층에서 독주 혹은 합주 악기로 사용되었고, 불교 경문과 설화 공연에서도 비와 연주를 만날 수 있다. 제2차 세계 대전 이후 비와 전통은 다른 유형의 일본 음악과 마찬가지로 소멸 위기에 처했는데, 비와에 의해 반주된 대부분의 문서가 사무라이 정신과 관련이 있었기 때문에 20세기 초까지 거의 연주되지 못하였다. 일본의 대표적인 현대음악 작곡가 토루 타케미츠(武満徹 1930~1966, Toru Takemitsu)는 침체되어 있던 비와에 관심을 보였고, 현대적인 느낌의 비와 음악을 작곡하였다. 타케미츠의 음악은 오래된 전통을 되살렸을 뿐만 아니라 대중을 자극하여 일본 전통음악을 감상하도록 하는 데에도 큰 기여를 하였다. 일본의 비와는 지역과 시기, 쓰임에 따라서 종류가 다양하다.

일본의 비와는 지구센, 헤이케, 사츠마 등으로 다양하다. 지구센비와(地神琵琶)는 헤이안시대 초기부터 '쇼묘(聲明)'의 반주 악기로 사용되었다. 일명 맹승비파(盲僧琵琶, 모소비와)라고도 하는데 눈 먼 승려가 비파를 뜯으며 노래를 불렀기 때문에 붙여진 이름이다. 사설은 경전인 『지신경(地神經)』에서 따온 것이다.

헤이케비와(平家琵琶)는 가마쿠라시대(1992~1337), 헤이케(平家, 1160~1185)의 흥망성쇠를 이야기한 역사소설 『헤이케 모노가따리(平家物語)』를 노래로 엮고 헤이케의 반주에 사용되면서 붙은 이름이다. 아악에 사용되는 가쿠비와(樂琵琶)보다 크기는 작지만 같은 종류이며, 헤이케비와 반주에 역사소설을 노래로 부르는 등 이야기를 노래로 엮은 것의 시초가 되었다.

사츠마비와(薩摩琵琶)는 길이가 약간 짧고, 헤이케비와보다 음악이 리드미컬하며, 역시 병창으로 이야기를 엮어 나가는데, 노래와 노래 사이에 비와를 탄다. 사설은 주로 무사들의 도덕성이나 전쟁 역사물을 테마로 한다. 16세기의 봉건 영주였던 타다요시 시마주는 모소비와에 관심이 있어 그 방식대로 여러 음악을 작곡해 사무라이 정신인 무사의 도를 병사들에게 보급하였다. 이것은 대개 사츠마비와로 알려진 초기 전통음악 작품이다.

지쿠젠비와는 메이지시대(1868~1912)에 규슈 북방의 지쿠젠에서 시작되었다. 사츠마비와 음악보다 선율이 서정적이며 장식음도 많아 아름답고, 노래 반주와 독주로 사용된다. 메이지시대 이후로 '사츠마비와'와 '지쿠젠비와'는 도쿄로 그 중심지를 옮겼으며 현재는 일본 전역에 널리 퍼져 있다. 사츠마비와 지쿠젠비와는 수직으로 들고 연주한다. 안현법은 괘와 괘 사이의 줄을 짚고 연주한다. 지쿠젠비와는 사츠마비와에 비하여 약간 작은 채를 오른손에 들고 연주한다.

지쿠젠비와(地神琵琶), 사츠마비와(薩摩琵琶), 헤이케비와(平家琵琶) 등 여러 종류의 비와가 있다.

쇼소인(正倉院)에 보관된 비와

© 임명숙

몽골

유목생활에서 태어난
초원의 노래

Mongolia

몽골(The Republic of Mongolia)
수도: 울란바토르
언어: 몽골어
면적: 1,564,116km², 19위(한반도의 약 7.1배)
인구: 3,041,142명(2010), 세계 137위
GDP: 1만 1139달러(2013), 세계 197위
통화: 몽골 투그릭 1MNT=0.57원(2015.10.28)
기후: 대륙성 기후
종교: 라마교(불교) 50%, 그리스도교, 샤머니즘
종족: 몽골족 79%, 카자흐 족 6%, 중국계 2%
국가번호: 976

몽골 초원에 여름이 찾아오면, 파란 하늘과 맑은
햇살이 끝없이 펼쳐진 초원을 비춘다.
광활한 초원이 펼쳐지고,
가축의 젖이 풍성해지는 여름은 진정한
축복의 계절이다.

인상 깊은 사진 한 장을 컴퓨터 모니터 옆에 붙여 놓고 언젠가는 그곳에
가겠다는 꿈을 꾸곤 한다. 언제인지는 모르겠지만 오래전에 핸드폰 메모장
에 적어 놓았던 몽골 여름 풍경의 글이 나를 초원으로 이끌었다.

2015년 어느 봄날 울란바토르 행 비행기표를 편도로 구했다. 외국 여행
이 처음이 아닌데 비행기표를 결정하는 순간은 매번 흥분된다. 엔도르핀이
나오는 순간이 바로 비행기표 결제와 발권의 순간이다. 나는 몽골 여행 후
계속해서 바이칼 호수와 시베리아 횡단열차로 러시아를 여행하고 동유럽
으로 건너가 에스토니아, 라트비아, 리투아니아, 세르비아, 보스니아, 몬테
네그로, 마케도니아, 불가리아를 거쳐 그리스에서 한국으로 들어오는 일정
이라서 편도 항공권을 알아보고 있었는데, 왕복에 비해서 편도 항공권은
터무니없는 가격이 형성되어 있었다. 이럴 줄 알고 그동안 차곡차곡 항공
사 마일리지를 모아 놓았던 것은 아니지만, 이번 여행이 확실한 효자 노릇
을 한 것은 분명하다. 몽골과 그리스 구간을 항공사 마일리지로 예약하고
유류할증료와 공항세로 10만 원 남짓의 경비를 지불하고 나니, 공짜 여행

이라도 가는 양 콧노래가 절로 났다.

본격적으로 몽골 여행 준비를 시작해 보니, 몽골이 다른 여행지에 비교해서 여행자료가 턱없이 부족하다는 것을 알게 되었다. 가이드북도 간단한 『론리 플래닛』이 전부이고, 몽골에서의 국내 항공권이나 기차, 숙소 예약 등도 온라인으로 검색도 예약도 불가능했다. 몽골은 자유여행으로 아직은 많이 불편한 나라였다. 자료를 찾다가 벽에 부딪혀, 심지어는 코엑스몰에서 있었던 여행 박람회를 찾아 여행 자료를 수집하기도 했다. 하지만 배낭여행자에게 여행사 수수료는 넘사벽이었고, 여행 박람회의 몽골 전문 여행사는 그림의 떡이었다.

조사한 바에 의하면 아직도 흙먼지 날리는 비포장도로가 대부분이고, 지방에는 열악한 숙박시설과 비위생적인 환경이 널려 있다고 한다. 유엔 환경위원회에서 지구상의 6% 정도의 지역이 아직도 인간이 개발하지 않은 순수자연이 그대로 남아 있다고 발표하였는데, 그 안에 몽골이 포함되어 있다. 몽골의 속담에는 '용기 있는 자만이 몽골의 땅을 밟을 수 있다.'는 말이 있다. 그러니 배낭여행자라면 일단 용기를 내서 떠나고 볼 일이다.

아무튼 몽골로 여행을 떠나고자 한다면 먼저 비행기 값을 알아봐야 한다. 온라인투어에서 몽골의 수도 울란바토르로 가는 7월의 항공권을 조사해 보니 62만 원에서 110만 원으로 나왔다. 대한항공이 독점하고 있기 때문에 몽골 비행기표는 울며 겨자 먹기로 구입을 하거나 나처럼 항공사 마일리지를 사용하면 된다. 비행시간은 갈 때 3시간 30분이 소요된다. 난 저녁 7시 55분에 출발하여, 밤 11시 반에 칭기즈칸 공항에 도착하는 일정이었다. 입국 절차를 거쳐 짐을 찾아 밖으로 나오면 한밤중이고, 택시의 횡포도 심하다고 해서 배낭여행 처음으로 예약한 숙소에 픽업 서비스를 부탁했다. 버스터미널만 한 공항에 도착하니 몽골에 오신 것을 환영한다는 글이

몽골의 수도 울란바토르로 가는 7월의 항공권을 조사해 보니 62만 원에서 110만 원으로 나왔다.

버스터미널만 한 공항에 도착하니 몽골에 오신 것을 환영한다는 글이 반겨 주었다. © 현경채

택시의 횡포가 심하다고 해서 배낭여행 처음으로 예약한 숙소에 픽업 서비스를 부탁했다.   © 현경채

몽골−유목생활에서 태어난 초원의 노래

반겨주었다. 부킹닷컴을 통해 숙소를 예약하면서 픽업 요청을 했고, 혹시나 안 나오면 어쩌나 아주 걱정이 많았는데, 무사히 공항 픽업 서비스를 받을 수 있었다. 배낭여행 중의 작은 사치로 기억하고 있다.

몽골에 가기 위해서는 비자를 받아야 한다. 나는 여권과 사진 한 장을 챙겨서 용산에 있는 몽골비자센터로 직접 가서 신청했더니, 여행사 수수료 없이 진행이 가능했다. 비자요금은 1만 5천 원이고, 비자가 찍힌 여권은 집에서 우편으로 받았다.

몽골은 관광 인프라가 잘 갖추어진 나라가 아니기 때문에 숙소 예약도 쉽지 않다. 나는 배낭여행자들에게 인기가 좋은 부킹닷컴(www.booking.

나는 부킹닷컴 사이트를 통해 1박에 8불짜리 숙소를 예약했다.

탑 투어 게스트하우스는 위치가 아주 좋은 배낭여행자 숙소다.

com) 사이트를 통해 예약을 진행했다. 중간 수준의 숙소는 없는지 100불 이상이거나 5〜10불 정도의 배낭여행자 숙소로 양분되어 있었다. 교통체증이 심하다는 이야기를 여러 번 들었기 때문에 웬만한 관광지는 걸어서 돌아볼 수 있는 6인용 도미토리로 숙소 예약을 했다. 예약을 끝내고 얼마 지나지 않아 몽골 호스텔은 예약 확정 이메일과 함께 자체적으로 진행하는 투어 프로그램 안내장을 보내 준다. 가이드비와 차량 비용만을 기본적으로 책정하고, 그 외 숙박 및 식사, 그 외 다른 비용은 여행 인원에 따라 정해지는 것으로, 같은 숙소에 묵고 있는 여행자들을 모집해서 함께 떠나는 형식의 여행이다. 인원수를 채우기 위해 1〜2일간 기다리는 경우도 있다. 몽골은 숙박과 여행사를 함께 운영하는 경우가 대부분이기 때문에 바이칼 호수로 가기 위한 국제선 기차표도 숙소 주인에게 부탁을 했다.

길게 떠나는 여행에서 가이드북은 항상 무게 때문에 문제다. 몽골의 일정이 비교적 짧았던 나는 필요한 부분만을 복사하여 들고 갔는데 비행기 안에서 꺼내 보고는 앞 의자 등받이 포켓에 넣어 놓고 깜빡하는 바람에 몽골 여행은 뒤죽박죽 여행의 끝을 보았다.

아름다운 대자연의 나라, 파란 하늘과 흰 구름이 있고, 하얀 천막집 게르(Ger) 옆으로 끝없이 푸른 초원이 이어지는 나라, 광활한 고비사막과 만년설이 덮인 높은 산들, 담수호 홉스골(Хөвсгөл, Xövsgöl), 대자연이 살아 숨쉬는 그 속에서 옛스러운 유목생활을 하는 유목민이 있는 나라, 그곳은 바로 몽골(Mongol, Монгол Улс, ᠮᠣᠩᠭᠣᠯ ᠤᠯᠤᠰ 蒙古)이다.

한때 우리가 몽고(蒙古)라고 불렸지만, 이곳의 정식 명칭은 몽골(The Republic of Mongolia)이다. 몽고는 중국어로 '몽매하고 낙후된 종족'이라는 뜻이기 때문에 몽고라고 하는 것을 그들은 좋아하지 않는다. 몽고보다는 몽골로 부르는 것이 예의일 듯싶다. 13세기 초, 몽골 고원 일대에 흩어져

283
몽골-유목생활에서 태어난 초원의 노래

있던 몽골계 여러 부족을 통일하여 유목국가를 세운 칭기즈칸은 '용감함'이라는 뜻을 지닌 부족 이름인 몽골(Mongol)을 국가 이름으로 하였다. 몽골어로 몽골은 '세상의 중심'이라는 뜻이다. 다른 말로는 외몽골이라고도 한다. 본래 외몽골은 현재 중국에 속해 있는 내몽골자치구와 하나의 국가였다. 중국의 신해혁명 이후 외몽골은 독립을 선언하였고, 내몽골은 중국에 귀속되었다. 현재 몽골은 1911년 중국에서 독립하여, 자신들만의 국가로 급성장 중이다.

지형적으로 볼 때 몽골은 러시아와 중국 사이인 중앙아시아 고원지대에 위치한 내륙 국가다. 몽골은 흔히 외몽골이라 지칭하는 몽골과 중국령의 내몽골자치구(內蒙古自治區)로 구분된다. 몽골 고원은 건조한 스텝 지역으로 북쪽에는 호수와 강이 많고, 서쪽에는 알타이산맥과 같은 산악 지형이며, 동쪽에는 대평원이고, 남쪽에는 고비 사막이 있다. 몽골에는 4,000여 개에 달하는 호수와 강이 있다.

육지 속에 고립된 고원의 나라 몽골은 거대한 산들로 둘러싸인 지역으로, 아시아에서 여섯 번째로 넓은 땅을 가지고 있다. 몽골은 남북 1,259km, 동서 2,392km에 국토 면적이 157만km²로 세계에서 19번째로 넓은 나라이며, 한반도의 면적보다 7배나 크다. 몽골은 세계에서 가장 높은 지대에 위치한 나라로, 평균고도가 해발 1,580m에 이르며, 몽골 국토의 21%를 동남쪽의 고비사막이 차지하고 있다. 몽골 북쪽으로는 러시아, 남쪽으로는 중국과 국경이 인접하여 있다. 인구는 2010년 기준으로 약 300만으로, 한국의 20분의 1이며, 세계에서 137번째로 적은 인구의 나라다. 인구밀도가 1.7/km²으로 세계에서 가장 낮고, 그나마 70% 이상이 수도인 울란바토르에 집중되어 있다.

'파란 하늘의 나라'로 알려진 몽골은 연중 250일 동안 맑은 날을 즐길 수 있다. 여름은 매우 덥고 겨울은 극도로 추운 날씨를 보이며 사계절이 뚜렷한 편이지만, 겨울이 10월부터 다음 해 4월까지로 아주 길다. 봄, 여름, 가을을 모두 합해서 5개월 정도밖에 안 된다. 11월에서 3월까지는 매우 춥고, 여름은 매우 건조하고 따가운 태양으로 인해 무척 덥다. 몽골의 기후는 극단적인 대륙성 기후로 매우 건조하고 혹독하게 춥다. 겨울에는 영하 40도, 여름에는 40도까지 오르며 일교차도 20도가 넘는다. 연 평균 강수량은 254mm로 매우 적어 전형적인 대륙성 기후를 지니고 있다.

인종은 알타이계의 황색인종으로 우리와 같은 몽골로이드(몽골인종)에 속한다. 우리 아이들처럼 몽골의 아이들도 엉덩이에 푸르스름한 '칭기즈칸 도장'이라는 몽고반점이 있다. 국민의 92%가 몽골족이고, 그중 한국인과 비슷한 할흐 몽골족(Khalkh Mongols)이 90%로 가장 많다.

몽골인은 가축을 기르는 유목 생활을 생업으로 하고 있다. 급격한 도시화에도 불구하고, 전통적인 유목 민족의 삶의 방식을 유지하고 있는 인구가 아직도 많이 남아 있다. 몽골의 종교는 티베트의 라마불교다. 몽골인은 미신을 강하게 믿는 편이라, 문턱이나 부뚜막을 밟지 않아야 하며, 서북쪽에 앉는 것도 피한다. 공산품은 직접 생산하기보다는 대부분 한국에서 수입하여 사용한다. 이 때문에 울란바토르의 거리나 슈퍼마켓 등에서는 한국 물건이 가득하고, 사방에는 한글이 쓰인 공산품이 눈에 띄고, 60여 개나 되는 한국 음식점은 '서울특별시 울란바토르구'인 듯하다. 몽골어로 한국은 '솔롱고스', 즉 무지개 나라이고, 그들에게 한국은 형제의 나라다. 양고기가 주식이며, 야채는 잘 먹지 않는다. 몽골의 대표적인 음식 허르헉(Horghog)은 불로 달군 돌에 양 한 마리를 통째로 넣고 감자, 당근 등의 야채와 함께 쪄낸 몽골 전통 음식이다.

몽골 음악은 몽골인의 자연환경과 생활환경에 밀접한 연관이 있다. 몽

몽골의 초원, 가축의 젖이 풍성해지는 여름은 진정한 축복의 계절이다. © 임명숙

몽골어로 한국은 '솔롱고스', 즉 무지개 나라이자 그들에게 한국은 형제의 나라다. © 임명숙

배낭 속에 담아 온 음악

골인은 거친 환경에서 유목민으로 생활하면서 종교, 목축 등 의식생활 속에서 노래를 불렀다. 몽골에서는 길을 가다가 우연히 만나는 사람들끼리도 한 명이 노래를 시작하면 옆에 있는 사람도 함께 노래를 부른다고 한다. 몽골 유목민의 심성과 음악성의 바탕에는 자연적, 지리적 그리고 다섯 종의 가축(말, 소, 양, 염소, 낙타)을 기르는 유목인으로서의 생활과 연관되어 있다. 바느질하면서, 아이를 재우면서, 가축을 기르면서 생활 속에서 자연스럽게 음악이 만들어지고 전승되었다.

몽골 최대의 명절, 나담 축제

몽골의 나담 축제와 러시아의 바이칼 호수를 만나러 가는 길은 쉽지 않았다. 몽골의 울란바토르에서 26시간 동안 기차를 타기도 했고, 7시간이나 비포장도로를 달리기도 했다. 나담 축제는 2만여 명의 인파와 함께했고, 죽기 전에 바이칼 호수를 꼭 보고야 말겠다던 소원을 이번 여행을 통해 이루었다. 길에서 만난 사람은 내게 상상 밖의 행복한 순간을 만들어 주었다. 궁금증이 많고 호기심이 많은 사람이 여행을 좋아하는데, 내가 바로 그런 사람이다. 나는 길 위에 있을 때가 가장 행복하다.

나담(Naadam)이라는 단어는 '놀이'라는 뜻이다. 정식 명칭은 'eriing gurvan naadam(에링 고르방 나담)'이다. '세 가지의 중요한 경기'라는 뜻으로 씨름, 활쏘기, 말달리기 경기를 말한다. 매년 7월 11일부터 13일까지 진행되는데, 이미 세계적으로도 유명해서 축제 기간에 맞춰 전 세계의 관광

나담 축제 그림

객들이 몽골로 몰려들고, TV에서는 이를 전국에 생방송으로 중계한다. 나담은 전국적으로 기념하고 거의 모든 도시와 마을에서 자체적인 대회를 개최하지만, 공식적인 나담 축제의 개회식은 울란바토르에서 성대하게 개최한다. 나담 축제는 스포츠 경기가 중심이지만, 전야제와 개막식 등에서의 문화행사는 축제의 현장을 방불케 했다. 나담 축제를 직접 볼 수 있었던 것으로 나는 잊지 못할 몽골의 추억이 하나 늘었다. 인생이 뭐 별건가, 버킷리스트 속의 꿈을 하나씩 찾아가는 것이 바로 인생이다.

2015년 나담 축제의 전야제는 칭기즈칸 광장에서 진행되었다. 7월의 울란바토르의 태양은 엄청 크고 뜨거웠다. 하지만 민족 최대의 명절인 나담축제를 보고자 하는 몽골인의 열정을 이기지는 못했다. 나담은 단순한 민속 축제를 넘어서는 의미가 있다. 1921년 7월 11일은 수흐바타르 무리가 울란바토르를 점령하고 있던 러시아 반혁명 백군과 몽골 내 중국군을 러시아 혁명정부의 도움으로 몰아내고 독립을 선언한 날로, 바로 나담 축제의 날이다. 매년 나담 축제가 개막되는 7월 11일은 바로 이날을 기념한다는 의미가 있다. 전야제는 광장에서 하루 온종일 진행되었다. 가설 무대가 설치되었고, 다양한 프로그램이 진행되었다. 마침 마두금 오케스트라의 공연이 진행되고 있었지만, 나는 축제를 구경 나온 시민들이 입은 전통의상을 구경하는 것이 훨씬 재미있었다. 어린아이부터 어르신까지 자신이 갖고 있는 가장 좋은 옷을 입고, 공산정권 시절에 받은 온갖 훈장까지 자랑스럽게 가슴에 달고서 낭낭하게 축제에 참여한 몽골인늘을 보면서 진정 축제를 슬길 줄 아는 민족임을 실감했다. 전야제의 하이라이트는 2만 명이 광장에서 동시에 관람하는 음악극이었다. 전야제는 밤 12시까지 계속되었으며, 불꽃놀이로 화려하게 마무리되었다.

나담 축제의 개막식은 7월 11일 오전 11시에 시내에서 조금 떨어진 스

나담 축제-활쏘기 경기

자신이 가지고 있는 가장 좋은 옷을 입고,
공산정권 시절에 받은 온갖 훈장까지
자랑스럽게 가슴에 달고서 당당하게
광장에 나온 몽골인 © 현경채

가장 좋은 옷을 입고 나담 축제를 즐기는 몽골인. 남녀노소
모두 참여한다. © 현경채

배낭 속에 담아 온 음악

나담 축제 개막 전날 축하 공연을 관람하는 몽골인들 © 현경채

나담 축제 개막식
스타디움 © 현경채

몽골-유목생활에서 태어난 초원의 노래

타디움에서 진행되었다. 너무 기대를 해서 그런지 사람만 많고 생각보다 완성도와 예술성 등에서 조금은 아쉽다는 생각이 들었다. 칭기즈칸의 수행 원들처럼 차려입은 기수들이 말을 타고 스타디움에 입장하는 것으로 시작되어 1시간가량 진행되었다. 보통 외국인들은 암표를 구입해서 관람을 한다. 실제로 가서 보니 굳이 힘들게 현장에서 보는 것보다는 시내의 모처에서 편안하게 TV 생중계로 보는 것이 훨씬 자세히, 그리고 편안하게 볼 수 있겠다 싶었다. 개막식은 무술 시범과 전통음악 연주, 대형 무용 작품, 제천의식, 나담 축제 개막 선포식, 카퍼레이드 등으로 구성되었다. 개막식이 끝나면 전국에서 예선을 통과한 씨름 선수들이 몽골의 전통 씨름 대회를 연다. 몽골 나담 축제는 2010년 유네스코 인류구전문화유산으로 등재되었다. 유네스코가 가치를 인정한 축제이니 한 번 정도는 직접 가서 보는 것도 좋을 듯 하다. 하지만 나담 기간에는 항공권도 호텔도 나담 축제 입장권도 구하기 어려우니 여행사의 도움을 받아야 할 것이다.

몽골 음악의 8할은 노래곡

고대부터 몽골은 혹독한 기후와 환경에서 유목 생활을 해 왔다. 몽골인을 정착 생활로 이끈 오늘날에도 유목은 초원에서 생명력을 유지하고 있으며 목축은 여전히 몽골의 중요한 1차 산업이다. 본래 몽골 음악의 전통은 유목 생활에서 기인하고, 그로 인해 더욱 풍성해졌다. 오늘날에도 유목으로 그 생명력을 보존하고 있다.

울란바토르 시내에서 10분 정도 차를 타고 나가면 초원이 나오는데, 가축들이 자유롭게 풀을 뜯고, 몽골의 전통 가옥인 게르가 있다. 울란바토르 시내에는 아파트도 있지만 아직은 도시에도 게르가 쉽게 눈에 들어온다. 외국인들은 초원과 고비사막 그리고 홉스골(Khovsgol)이라는 호수를 여행하기 위해 몽골을 찾는다. 게르에 머물며 쏟아지는 하늘의 별을 보는 것은 이미 여행의 필수 코스다. 전문가의 이야기를 빌리자면 별은 어디에서나 똑같이 볼 수 있지만 도시에서는 조명 시설과 매연 때문에 별이 잘 안 보인다고 한다. 하지만 몽골의 사막이나 초원에서는 은하수까지 육안으로 볼 수 있다고 한다.

울란바토르에서 차를 타고 한 시간 정도 달리니 끝없는 초원의 테를지국립공원이 나왔다. 울란바토르에서 가장 가깝게 자연을 체험할 수 있는 곳이다. 몽골인에게 허락된 풍요로운 계절은 길지 않다. 척박한 자연환경 속에서 가축과 함께 생존하기 위해서일까? 곳곳에 서낭당이 있다. 수북이 쌓인 돌무더기 중앙에 신목이 있고 나무에 푸른 천을 주절주절이 매달아 둔, '어버'라고 하는 일종의 서낭당이다. 어버가 있는 곳은 대체로 언덕이거나 전망이 좋은 곳이니 당연히 사진 찍는 포인트가 된다. 이정표가 없는 초원에서 어버를 만나면 근처에 사람이 살고 있다는 것을 알 수 있다. 어버 주위를 시계 방향으로 세 바퀴를 돌면 소원이 이루어진다고 해서 왼쪽으로 돌며 속으로 하나, 둘, 셋을 헤아리면서 나는 고작 가족의 건강과 배낭여행이 무사히 끝나기를 빌었지만, 척박한 자연에서 살아남아야 하는 몽골인은 무엇을 비는지 궁금했다.

여담인데, 초원으로 가는 길에서 양을 팔고 있었다. 가축 시장이 열린 것이라 생각했으나, 실상은 우리처럼 초원으로 소풍을 나가는 사람들이 양 한 마리를 사서

몽골에는 곳곳에 어버(서낭당)가 있다. © 현경채

목적지에 도착하면 그 자리에서 도살해서 감자, 당근 등을 넣고 불에 달군 자갈로 익혀 먹는 음식인 허르헉(Horhog)을 조리하는 데 사용하거나, 양고기 구이를 해 먹는다고 한다. 조금은 끔찍하다는 생각이 들기도 했으나, 한편으로는 부산 광안리 해변 끝 쪽에 있는 수산시장에서 활어를 구입한 후 횟집으로 가서 시식하는 것과 별반 다르지 않다는 생각이 들었다.

몽골 음악은 서사가, 의식음악[불교 음악, 무악(巫樂)], 민요, 기악곡, 무용음악, 후미 등으로 구분할 수 있다. 몽골 음악은 다양한 성악곡이 존재한다. 7년간 몽골 음악을 현지 조사한 박소현 교수는 몽골 지형에 따른 음악 분포를 다음과 같이 정리한 바 있다. 다음 도표는 몽골 지역의 방위별로 특기할 만한 음악 장르를 도식화한 것이다.

배낭 속에 담아 온 음악

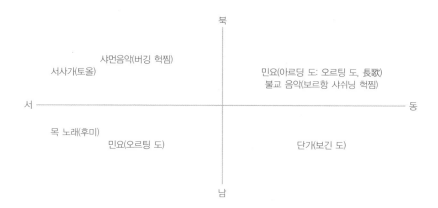

```
                          북

          샤먼음악(버깅 헉찜)
   서사가(토올)                      민요(아르딩 도: 오르팅 도, 長歌)
                                   불교 음악(보르항 샤쉬닝 헉찜)
   서 ─────────────────────────────── 동

          목 노래(후미)
            민요(오르팅 도)            단가(보긴 도)

                          남
```

몽골 음악을 지역별로 관찰하면, 홉스골 호수가 있는 북쪽에는 샤먼음악(버깅 헉찜)인 무악(巫樂)이 존재한다. 지금도 북몽골에는 샤먼이 다수 거

몽골 음악은 서사가, 의식음악, 민요, 기악곡, 무용음악, 후미 등으로 구분할 수 있다.
공연을 위해 대기 중인 몽골 무용수들 © 현경채

몽골의 무대 예술 중에는 종교적인 의식을 소재로 한
무용공연도 다수 있다. © 현경채

몽골의 축제의 자리에는 무용을 필수로 한다.
몽골의 무용은 의상과 춤사위 모두 화려함을 자랑한다.
© 현경채

배낭 속에 담아 온 음악

주하고 있다. 이들은 적당한 시기에 샤먼 축제를 벌이기도 한다. 알타이산맥이 있는 산악 지형의 서몽골은 목 노래인 후미(хөөмий, xöömii)와 서사가 중에 영웅 서사가인 토올(тууль, tuull)이 있다. 대평원의 완만한 지형인 동몽골에는 독특한 고성(高聲)으로 부르는 몽골 민요 오르팅 도(urtyn duu, long song, 長歌)가 있다. 중앙을 중심으로 라마교를 숭상하는 몽골인은 주기적으로 참(Цам, Cham)이라는 불교의식 음악과 춤을 연행하기도 한다. 몽골의 전통음악에서 남성과 여성의 역할은 엄격히 나뉘어 있어서 여성에게는 토올이나 오르팅 도, 후미 등 몇몇 장르와 창법은 금지되어 있다. 그러나 공산주의 혁명을 거쳐 사회주의 체제를 채택한 이후의 몽골은 양성평등, 신분 평등에 대한 인식이 생겨나서 음악에 있어서도 남녀 역할의 엄격함이 차츰 무너지는 추세다.

동물과의 대화에서 시작된 몽골 음악

몽골인의 생업은 목축 산업이다. 그들은 생업과 함께 생활 속에서 다양한 성악곡을 향유한다. 몽골 성악곡의 음악적 기법은 고대로부터 전하는 몽골인의 자연, 생활, 사회환경에 근거하여 묘사된 동물의 의성 소리에서 발전한 것이다. 몽골 음악은 자연을 숭배한 시기부터 형성되었다. 몽골의 역사민속학자이자 음악학자 제 바드라(Ж. Бадраа)는 몽골 음악의 형성 과정에 대하여 다음과 같이 주장하였다.

> 몽골 음악은 구석기시대(4만 년~8천 년)부터 초기 음악 형태가 나타난다. 그 시기에는 자연의 특이하고 아름다운 소리를 모방하려는 인간의 욕구로 나무, 돌, 대나무 등을 이용하여 악기를 만들어 사용하였고, 이러한 증거는 여러 유물에서 찾아볼 수 있다. 초기 음악 형태는 입술이나 치아를 이용하여 악기 효과를 내고자 만들어진 행위로 볼 수 있다. 또한 후미는 노래라기보다는 악기 연주에 기능을 수행하는 방법으로 간주된다는 주장도 있다. 의성어 발성 음악은 가장 간단한 구조의 의성(擬聲)부터 복잡한 구조의 의성까지 여러 가락이 포함된다. 이러한 종류의 음악적 기원은 몽골 유목민의 전통 풍습, 생활과 깊은 관련이 있고, 그로 말미암아 비롯한 것이다. 지금까지도 동물의 소리를 인간이 의성어로서 구연하는 음악이 존재하며, 이러한 행위는 원시적 음악 형태로 생활 속에서 형성된 것이다.

초기 몽골 음악의 형성기에는 인간의 입술이나 치아를 이용하여 악기 효과를 내고자 했으며, 후미는 노래라기보다는 악기 연주의 기능을 수행하

배낭 속에 담아 온 음악

는 방법이다. 휘파람 소리는 산골짜기에서 흐르는 물소리, 풀잎 소리, 나무 소리, 바위에 바람이 스치는 소리 등을 주의 깊게 관찰하여 모방한 소리다. 몽골인이 이런 소리를 표현하게 된 것은 주로 봄의 밤, 뜨거운 여름, 집에서 청소할 때, 양털 깎기, 말 먹이기, 가축 젖 짜기 등 유목민의 각종 일상에서 비롯된 것이다.

몽골의 의성 가락은 주로 유목민이 동물과 의사소통을 하기 위한 하나의 신호음이다. 의성 가락은 하나의 음(音)으로 단순하게 진행되는 선율 구조부터 고난도의 기술을 요하는 의성까지 여러 가락이 포함된다. 몽골 유목민의 고대 의성 가락은 사설을 가진 노래를 창작하는 기초이자 뿌리가 되어 오늘날 몽골의 독특한 전통음악적 색깔을 갖게 하였다. 고대 몽골에는 음악이 형성되기 이전에 이미 자연과 동물의 소리를 인간의 목소리로 구사하는 의성 가락이 존재하였다. 의성 가락은 이후 몽골 음악에 지대한 영향을 미쳤으며, 후미 역시 의성 가락과 관련된 창법으로 20세기 후반에 예술화되어 음악 장르로까지 승화되었다.

몽골 음악은 원시적인 음악 행위로서 자연의 소리, 동물의 울부짖음과 같은 의성 가락의 발성기법이 진화되어 오르팅 도와 서사가인 울게르 토올과 같은 민요에 영향을 미쳤으며, 이후 휘파람 소리와 토올의 저음 창법인 후미 하일라흐 창법이 결합한 예술성이 극대화된 후미 창법이 형성되었다. 후미 창법은 다시 토올에 영향을 미쳤고, 낭송조의 서사가에 수식 악구를 주기 위하여 간주와 같은 효과를 후미 창법이 맡는다.

몽골의 의성 가락은 주로 유목민이 동물과 의사소통을 하기 위한 하나의 신호음이다. © 임명숙

배낭 속에 담아 온 음악

신에게 호소하는 인간의 울부짖음 '후미'

몽골 서쪽 산악 지형에 가면, 독특한 메아리가 울려 퍼진다. 그것은 바로 '후미(хөөмий, xöömii: 목노래 喉歌)' 창법이다. 후미 가수는 목 안에서 지속적인 저음을 발성하는 동시에 구강 모양을 변화시키면서 하모닉스(harmonics)와 같은 효과의 고음을 낸다. 또한 후미 창법에는 저음부만을 발성하는 '하일라흐(xailax)' 창법이 있다. 이 창법은 서몽골 알타이 산 주변 민족만이 가지고 있는 독특한 발성법이다.

후미의 저음 창법인 후미 하일라흐 창법은 목의 근육을 긴장시켜 걸걸한 목소리로 발성하는 것으로, 우리나라 판소리 창법과 흡사하다. 서몽골 알타이 산 주변 민족들은 후미 하일라흐 창법을 이용하여 천신(天神)과 산신(山神), 자연신(自然神) 등을 찬양하는 노래를 부르거나, 영웅 서사가(英雄敍事歌)를 부르기도 한다. 이를 듣노라면 저음의 목소리로 신에게 호소하는 간절한 인간의 울부짖음이 느껴진다.

후미는 '인두(咽頭)'란 뜻으로, 후미 가수는 구강 모양을 변화시키면서 일련의 하모닉스와 같은 효과의 고음을 내는 한편 목 안에서는 지속적인 저음의 기본 톤을 발성한다. 후미 창법의 백미인 고음에서는 한 명의 후미 가수가 2음 이상을 동시에 발성한다. 몽골인이 기억하고 있는 전설 속의 후미 가수 중에는 7음 이상을 동시에 발성하는 사람도 있었다고 한다. 지금은 이러한 후미 가수는 찾아볼 수 없지만, 4음을 동시에 발성하는 후미 가수는 남아 있다.

후미는 음악적인 역할과 함께 이 산에서 저 산으로 보내는 신호음의 기능도 가진다. 이러한 이유로 후미는 서몽골 알타이산맥 주변 민족의 특별한 음악 문화로 인식된다. 서몽골은 알타이 산과 함께 호수가 삼면을 둘러

후미 가수는 목 안에서 지속적인 저음을 발성하는 동시에 구강 모양을 변화시키면서
하모닉스(harmonics)와 같은 효과의 고음을 낸다. 테무진(Temuujin Purevkhuu)은 마두금을
연주하며 후미로 노래하는 최고의 음악인이다. ⓒ 테무진 제공

싸고 있다. 몽골인에 따르면, 후미는 흐르는 산골짜기의 물소리와 알타이
산맥의 메아리 소리를 본떠 만든 것이라고 한다.

몽골의 대자연 속에서 후미 가수가 후미를 부를 때면 먼저 산골짜기의
물소리를 찾는다. 이를 듣고 저음의 목청을 조절한다. 한동안 저음의 발성
을 한 후 인체의 각 기관을 사용하여 소리를 낸다. 먼저 배 후미→가슴 후
미→목 후미→입 후미→코 후미 순으로 발성한다. 다섯 가지 인체 기관
을 사용하여 각각의 발성을 한 후 다섯 가지 신체 기관을 모두 사용하여 동
시에 발성한다. 이때 청자에게는 2음 이상의 음정이 들린다.

이를 좀 더 자세히 묘사하자면 복식호흡을 통하여 지속 저음(持續低音)을 발성하고, 가슴의 호흡을 이용하여 흉성(胸聲)을 공명시켜 비교적 고음을 내며, 성대를 눌러 발성하고, 구강과 코를 공명시켜 부르는데, 구강 크기를 바꾸기 위하여 혀를 이용한다. 혀 바닥을 입천장에 붙이기도 하고, 혀를 말아 올리기도 하며, 입 안에서 입 모양을 조절한다. 고난도 하모닉스의 기법으로 뺨 근육을 강하게 긴장시켜 변화시킨다. 입 모양의 변화는 음고와 음색에 미묘한 변화를 준다. 서양 학자들은 후미를 '배음 노래(overtone singing)'라고 하기도 한다. 후미는 바탕음인 저음의 발성과 동시에 발성되는 고음을 명확하게 전달하며, 후미 가수는 발성된 고음에 하모닉스를 강하게 보강한다는 점이 후미 창법의 가장 큰 특징이다.

초원의 노래 '오르팅 도'

몽골 동쪽의 대평원에 가면 울려 퍼지는 아름다운 노래가 있다. 마치 한국의 '정선 아라리'나 '수심가'를 듣는 듯한 느낌의 노래다. 이 성악곡은 가슴에 응어리진 무언가를 풀어 주는 듯한 감성적인 서정 가요 '오르팅 도 (urtyn duu, long song, 長歌)'다. '오르팅 도'는 전문 민요 가수가 아니면 부르기 어렵다. 발성법에서 고도의 기술을 요하기 때문이다. 목청에서 나오는 발성이 독특하기 때문에 듣자마자 몽골의 노래임을 알 수 있다. 인후성(咽喉聲)에서 가성으로 바뀌는 이 발성은 우리나라 황해도나 평안도에서 사용되는 비성(鼻聲)과 비교할 수 있다. 노래 가사에는 다섯 종류의 가축이 등장하는데, 특히 말이 자주 등장하며, 그밖에 아름다운 자연과 좋은 친구와 사랑하는 사람에 대한 내용도 있다.

몽골 민요는 음악적으로 크게 두 가지로 구분된다. '보긴 도(богино дуу, bogino duu, short song, 短歌)'와 '오르팅 도(ур́тын дуу, urtiin duu, long song, 長歌)'다. 보긴 도는 누구나 부를 수 있으나, 오르팅 도는 전문 민요 가수만이 부를 수 있다.

보긴 도는 오르팅 도에 비하여 박자가 정확하고, 장식음이 덜하며, 매우 활기차고 경쾌하다. 보긴 도는 부르기 쉽기 때문에 비전문가, 즉 일반인들에게 널리 불리고 있다. 원래는 풍자적·해학적인 내용이 주류였는데, 이후 점점 더 다양한 주제가 더해졌다.

반면 오르팅 도는 보긴 도와 달리 전문 민요 가수가 아니면 부르기 어렵다. 호흡은 민요 가수의 재량에 따라 다르긴 하지만 가능한 한 길게 유지시켜 장식음의 맥을 끊지 않도록 해야 한다. 장식음은 많은 부분이 즉흥적으로 이루어지지만, 각 선율의 악구에서 항상 동일한 지점에 나타난다. 음역

몽골의 오르팅 도는 긴 호흡으로 넓은 음역을 넘나들며 노래하는 전문가의 노래다.

대는 3옥타브 정도로 인후성과 가성을 적절히 병행하여 사용한다.

가사는 실질적인 후렴구가 없고 주로 4절 혹은 그보다 많은 절로 구성된다. 느린 템포와 긴 선율의 시구(詩句)들, 넓은 음역대 그리고 긴 호흡 등이 오르팅 도의 음악적 특징이다. 오르팅 도는 결혼식, 잔치, 국가 행사 등 특별한 행사에서 많이 불린다.

몽골 민요의 특징은, 첫째 음역이 넓다는 것이다. 오르팅 도 가수는 서양 기수의 목소리와 비교하면 남자 가수는 바리톤과 테니의 두 음역을 모두 가지며, 여자 가수는 알토 소프라노와 소프라노의 두 음역을 모두 갖고 있어야만 오르팅 도를 부를 수 있다. 몽골인들 사이에서 가장 유명한 오르팅 도 가수인 노롭반자드(Намжилын Норовбанзад)는 70세가 넘은 나이에도 3옥타브 이상을 명확하게 노래한다. 두 번째 특징은 고음의 음역에서 갑자기 저음으로, 저음에서 갑자기 고음으로 넓은 음간을 오르내리는 것이다. 헨티아이막 헨티솜 출신의 유명한 가수였던 삼잉 겸버(Самын гомбо)가 아이잠 오르팅 도 중에서 '어우겅 쇼보(할아버지 새)'를 부를 때 10음을 상행하여 넘나든다. 보통 몽골 전통 노래에는 도약 상행이 많은데 오르팅 도는 더욱 심하다. 세 번째 특징은 음악 용어로 말하자면 '자임랄 (займрал)'이 많다는 것이다. 자임랄이란 특별한 음색에서 다시 기본 음색으로 진행하는 식의 음색 변경을 말한다. 특히 오르팅 도에서 자임랄이 가장 많이 등장한다. 마지막 네 번째 특징은 5음 이상의 여러 음을 포함하는 음계를 가지고 있다는 것이다. 특히 반음성(미분음을 포함한)이 흔히 보인다. 그래서 몽골 민요를 5음계라고 할 수도 없다. 미끄러지듯이 (glissando) 옥타브를 넘어가는 오르팅 도도 있다.

몽골인의 서사가 '울게르 토올'

몽골의 서사가는 대부분 고대 및 중세에 성립되었으며, 민간에 전승되어 온 영웅에 관한 전설을 바탕으로 한다. 가사는 보통 2만 행이 넘는 긴 이야기이며, 노래와 노래 사이에 우리나라 판소리의 아니리와 같은 형태가 삽입되기도 한다. 서사가의 선율과 리듬은 사설의 내용에 따라 알맞게 엮어 가면서 불려지는데, 짧은 악구의 선율이 반복된다. 몽골의 서사가는 영웅 서사가, 설화 서사가, 전설 등 세 가지로 구분된다. 영웅 서사가는 몽골어로 '바타를락 토올(баатарлаг тууль, baatarlag tuul': heroic epics)'이라고 한다. 바타를락 토올은 불의에 대항하는 용감한 기사의 이야기다. 이러한 서사 작품들은 국가의 창조적 기풍을 담은 고대 문학으로 전해지고 있다. 3대 몽골 영웅 서사가로 '게세르(Гэсэр, Geser)', '장가르(Жангар, Žangar)', '한 하랑고이(Хан Харангуй, Xan Xarangui)' 등이 있다.

영웅 서사가는 톱쇼르(товшуур, tovšuur: 2현의 류트류 악기)를 동반하고, 때때로 자흐칭(Захчин, Zaxcin) 족의 경우처럼 이헬(ихил, ixil: 2현의 찰현 악기로 주로 서몽골 지역에서 흔히 연주된다)을 동반하기도 한다. 브리야트(Буриад, Buriad) 족과 내몽골인 역

토올은 보통 2만 행이 넘는 긴 이야기를 노래로 부르는 음악이다.

시 호르(xyyp, xuur)라 불리는 찰현 악기를 이용한다. 과거 브리야트 족 '장가르'의 음유 시인들은 악기 야탁(ятга, jatga: 지터류의 현악기)으로 부르기도 했다.

　설화 서사가는 몽골에서 울게르(үлгэр, üliger: musical tales)라 불리는데, 영웅 서사가에 비하여 훨씬 짧은 이야기다. 반주 악기 없이 낭송하기도 하고, 악기 반주와 함께 낭송되기도 한다. 내몽골 음유시인, 벤스니 울게르(бэнсний үлгэр, bensnii üliger)는 고대 중국 소설에서 영감을 받은 이야기를 두르벤치 호르(дүрбэнч xyyp, dürbenč xuur, 四胡: 4현의 찰현악기)를 동반하여 불렀는데, 홀보 슐렉(холбоо шүлэг, xolboo šüleg)이라는 시구(詩句, verse)를 즉흥적으로 연결하여 몽골예술음악으로 더욱 발전시켰다. 주요 내용 중에는 여러 역경을 헤쳐 나가며 주인의 품으로 돌아오는 갈색 말 이야기와 몽골의 사회상과 효의 중요성, 지배계층의 탐욕스러움에 맞서는 서민들의 이야기 등을 표현하고 있다.

　'전설'은 몽골어로 도목(домог, domog: legends)이라고 하며, 노래, 기악 독주, 춤으로 공연된다. 할하족의 막탈(Магтаал, Magtaal, 讚歌) 가수인 체렌도르즈(Ц. Цэрэндорж, Ts. Tserendorj)는 마두금의 기원을 담은 전설인 '허허 남질(Хөхө Намзил, Xöxö Namzil)'을 노래하고, 스스로 마두금을 연주했다. 서몽골 오리앙하이 족의 관악기 초르(цуур, cuur: 縱笛) 연주자 나랑촉트(Narantsogt)는 동물 전설을 노래하고 연주한 '울게르 토올'이 있으며, 바야드 족과 도르보드 족, 토르고드 족은 빌게(biy)와 같은 춤을 이용하여 전설적인 영웅들의 활동과 그들 고유의 구전 역사로부터 전해 내려온 사건들을 '울게르 토올'로 표현하였다.

　서몽골의 토올(영웅 서사가)은 서몽골에 거주하는 오리앙하이(Урианхай, Uriangxai) 족, 도르보드(Дорвод, Dorbod) 족, 바야드(Баяд, Bajad) 족, 자흐칭

(Захчин, Zaxcin) 족 등에 의해 연행되고 있다. 그중에서 서몽골의 알타이산맥 주변에 거주하고 있는 오리앙하이 족의 토올 연행은 신앙적 요소가 내재되어 있다. 오리앙하이 족 토올의 연행 절차는 연행자 토올치가 복식(服飾)을 갖추고, 악기 톱쇼르(товшуур, tovšuur: 2현의 류트류 악기)를 정성스럽게 조율한다. 토올치는 먼저 알타이 산의 산신을 위령하는 '알타이 막탈(Алтайн магтаал, Altain magtaal)'을 부른다. 이때 알타이 산의 산신인 알리아 헝거르(Алиа хонгор, Alia xongor)가 오면, 집주인은 집 안과 밖에 향을 피우고, 차찰(цацал, cacal: 집안의 액운을 떨치고 복을 기원하는 의식으로 우리나라의 '고수레'와 비슷함)을 한 후 그날의 목적을 기원하는 토올이 연행된다.

유목민의 악기 마두금(馬頭琴)

몽골 사람들에게 마두금(馬頭琴)은 고향을 상징하는 소리라고 한다. 작은 첼로처럼 생긴 마두금은 악기의 긴 목에 파란색 천을 걸어 집집마다 소중하게 모셔 놓는다. 내가 묵었던 호스텔의 거실에도 걸려 있었다. 테를지 초원에서 별을 보고 돌아오던 날 시내를 걷다가 오래되어 보이는 건축물이 있어 들어가 보았다. 초이진(Choijin) 라마불교 사원으로 지금은 박물관으로 사용하는 곳이었다. 마감시간이 거의 다 되었고, 사원이 너무 낡은 탓이었는지 서늘한 기운이 뒷목을 휘감았다. 초이진 사원의 양지 바른 곳에도 마두금이 세워져 있었다. 몽골어로는 '모린 호르(морин хуур, 마두금: 馬頭琴)'라는 이 악기는 몽골 음악의 상징이다.

가축을 길러 주업으로 삼는 유목생활 방식은 동물과 그것을 지키는 인간 사이에 영원한 연결 고리를 만들어 준다. 특히 다섯 가지 가축은 몽골인의 일상생활과 분리할 수 없다. 말, 낙타, 소, 염소, 양 중에서 몽골인이 가장 소중하게 여기는 동물은 말(馬)이다. 사냥을 사랑하는 유목민들은 몽골 대평원에서 자연과 싸우며 함께해 온 동반자인 말과 불가분의 관계다. 때문에 말의 형상을 조각한 찰현악기 '모링 호르'가 창조되었고 몽골의 대표적인 전통악기로 자리 잡게 되었다.

몽골의 대표적인 악기 모링 호르의 '모리(мори)'는 말(馬)이란 뜻이고 '호르(хуур)'는 우리나라 해금과 같이 활대로 연주하는 찰현악기를 뜻한다. 한자와 중국어를 구사하는 중국 내몽골자치구에 거주하는 내몽골인은 모링 호르를 '마두금(馬頭琴)'이라 표기한다. 모링 호르의 기원은 정확히 알 수 없지만, 13세기 몽골의 문헌 『몽골비사(蒙古秘史)』에 호르의 명연주가에 관한 기록이 보인다. 마르코 폴로(Marco Polo)의 기행문 『동방견문록』에도 몽골 귀족 집에서 목격한 이색적인 몽골 악기에 대한 글을 찾을 수 있다.

모링 호르는 몽골인에게 매우 특별한 악기다. 몽골인이 소중히 여기는 말의 흉상을 악기의 머리 부분에 조각한 것도 그렇지만 2003년도에 대통령이 각 가정에 모링 호르를 모셔 둘 것을 선포한 것으로 봐도 그 특별함을 알 수 있다. 물론 대통령의 선포 이전에도 모링 호르를 집안에 간직한 모습을 종종 발견할 수 있다. 몽골인에게 모링 호르는 악기 이상의 각별하고도 소중한 의미가 있다. 몽골인은 마두금만 있다면 언제, 어디서든지 음악을 즐길 수 있다. 단촐한 유목민의 봇짐에 마두금이면 충분하다. 대규모의 관

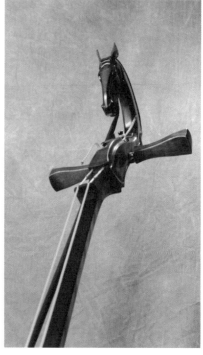

마르코 폴로의 기행문 「동방견문록」에도 몽골 귀족 집에서 목격한 이색적인 몽골 악기로 마두금이 등장한다. ⓒ 테무진 제공

초이진(Choijin) 라마불교 사원은 지금은 박물관으로 사용하는 곳이다.
사원의 양지 바른 곳에도 마두금이 세워져 있다. ⓒ 현경채

현 합주단이 없어도 충분히 화려하고 매혹적으로 그들의 음악을 표출할 수
있다. 이것이 바로 몽골 유목민의 음악 문화다.

마두금은 일반적으로 노래를 동반하여 연주되지만, 때로는 독주나 다른
악기들과 함께 합주로 사용하기도 한다. 다양한 마두금이 몽골 전역에 분
포해 있으며, 중국의 내몽골 자치 지역에서도 광범위하게 연주된다.

고려 여인이 가져간 가야금 '야탁'

아시아 각국에는 몽골 야탁과 비슷한 현악기가 있다. 중국의 정(zheng 箏), 일본의 고토(koto), 베트남의 단트란(dan tranh), 한국의 가야금 등으로 크기와 모양은 조금씩 다르지만 모두 같은 종류의 악기다. 현재 몽골에서 사용하고 있는 야탁은 장식이 없지만, 몽골 울란바토르 박물관에 소장된 것과 같이 화려하게 색을 칠하기도 하고, 몸체에 조각을 하기도 한다. 현의 수는 12줄을 원칙으로 하지만 13현, 14현의 야탁도 있으며, 명주실 줄을 사용한다. 야탁의 크기는 정해져 있지 않다. 짧은 것은 114.5cm, 긴 것은 153cm 혹은 160cm다. 공명통은 가야금과 같이 직사각형의 나무상자 형태이며, 위에 안족과 같은 것이 줄을 받치고 있다. 현재 몽골에는 악기 제작자가 없어 12현과 13현의 야탁은 북한에서 수입된 가야금으로, 25현의 야

몽골의 야탁 연주자 칭바트 바상후 © Ch Baasankhuu 제공

313

25현 야탁. 중국의 쟁을 수입해서 사용하고 있다.

탁은 중국의 쟁(箏)을 수입하여 사용하고 있고, 5음계로 조율한다.

몽골에 가면 한국의 가야금 같은 것을 몽골 음악가들이 연주하고 있는 모습을 만나게 된다. 그것은 '야탁(ятга, 箏)'으로 우리 가야금과 매우 비슷하다. 일설에 의하면, 고려시대에 몽골의 관리가 한국에 왔다가 한국 여인과 사랑에 빠져 몽골로 그 여인을 데리고 왔는데, 그 여인은 가야금 연주에 능해 가야금을 가지고 왔다는 이야기가 전한다. 그러나 실제로 한국의 가야금이 몽골로 전해진 것인지는 알 수 없다.

한편 1950년대 몽골은 사회주의 국가로 남한보다는 북한과의 교류가 빈번했고, 몽골의 야탁 연주를 위하여 북한의 가야금 연주자 김정암이 몽골에 와서 전수한 일이 있다고 한다. 1961년부터 몽골 정부 초청으로 온 북한의 김정암 선생은 7년 동안 음악 무용학교에 개설된 야탁반 학생들을 지도했고, 이것을 기점으로 몽골의 야탁은 현대식 교육 방식으로 체계화되기 시작했다. 전통 몽골 야탁의 현은 12현을 원칙으로 했으나, 북한의 가야금을 수입하면서 자연스럽게 13현의 야탁이 일반화되었고, 실제로는 북한의 가야금을 그대로 사용한 사례도 발견된다.

몽골학자 게 바드라흐(G. Badrah)에 의하면 몽골 야탁은 처음 북방 흉노 유목민에 의해 만들어져 진나라 왕족의 음악으로 쓰이다가 원나라 때 와서 새롭게 만들어졌다고 한다. 이것이 몽골 민족악기 야탁의 최초 기록이다. 몽골 민족악기의 하나인 야탁은 지금부터 약 2,100년의 역사를 가지고 있으며, 크기와 모양 그리고 현의 수가 자주 바뀌었다가 지금의 몽골 야탁이 되었다고 한다. 야탁을 처음 만든 사람들은 하탕 강의 북쪽이나 강의 서쪽에 살던 소수 유목민들이라고 한다. 이 주장은 베이징 음악연구소의 악기 및 역사책에 기록되어 있다. 야탁을 한국에 처음 소개한 학자는 몽골 음악학자 일 에르덴치멕(L. Erdenechimeg)이다. 그는 1996년 국립국악원 주최 제1회 동양음악학 국제학술회의에 참가하여 「몽골의 야트가(ятга)」라는 논문을 발표했다.

호치르

호치르(四胡, xochir)는 호금(胡琴)류의 현악기로 주로 몽골 민요의 반주에 사용하는데, 그 구조는 중국의 호금과 비슷하지만 호치르가 더 크다. 명칭을 사호(四胡)

호치르는 호금(胡琴)류의 현악기다. 그 구조는 중국의 호금과 비슷하지만 호치르가 조금 더 크다. 호치르 연주자 Amaraa Orso. ⓒ Amaraa Orso

나 호금이라 부르는 것도 호족(胡族 즉, 몽골족)과 관련이 있다. 현의 수는 4현이고 명주실 줄을 사용한다. 따라서 줄감개도 4개이며, 나란히 한쪽으로 이어져 있다. 현은 4현이지만 그것은 고음과 저음의 겹 2현으로 되어 있다. 겹 2현의 현과 현 사이에 활대가 삽입되어 있다. 고음(高音)과 저음(低音)으로 보통 5도 간격으로 조현하며, 그 음색은 윤택하고 부드럽다. 과거 악기의 연주자는 모두 남자였으나, 지금은 여자도 연주한다.

쇼뜨락

쇼뜨락(三絃, shudarga)은 몽골 류트류 현악기다. 몽골 민요의 반주 악기 중 하나다. 둥근 형태의 몸체 양면에 뱀가죽을 붙여 만든다. 3줄의 현은 5도 혹은 4도의 관계로 조율하고, 손톱으로 연주하거나 딱딱한 뼈를 손톱에 끼고 연주하는 경우도 있다. 날카로운 음색의 악기다.

요칭

요칭(揚琴, yoochin)은 우리나라 양금과 비교되는 악기로 서양의 덜시머(dulcimer)와 같은 계통의 악기다. 몽골 고유의 악기는 아니지만, 중국 악기 호치르(胡琴)가 사용되는 것처럼 요칭도 역시 중국에서 들여 온 악기로 반주에 사용되고 있다. 이 악기는 바닥이 낮은 사다리꼴의 공명통 위에 많은 철사줄을 올린 악기다. 현의 수는 최소 14줄이고, 저음역의 현은 동(銅)을 씌워 두껍게 했다. 큰 것들은 현의 수를 늘려서 음역이 세 옥타브에 이르는 것도 있다. 잘 휘어지는 대나무 채를 좌우 양손으로 들고 때려서 연주한다.

림베

림베(橫笛, limbe)는 몽골의 횡적으로 주로 몽골 민요의 반주에 사용되는 관악기다. 림베는 티베트에서 온 것이라 전해진다. 길이는 50cm이며, 관의 앞쪽 끝은 개방되어 있고, 입술을 대는 취구(吹口)와 청을 붙이는 청공이 있고, 지공은 6개다. 림베는 굵기에 따라 고음, 중음, 저음의 세 가지로 구분된다. 가는 림베는 새소리를 표현하고, 고음(高音) 림베라 한다. 중음 림베가 관현악에 편성된다. 림베는 원래 남자 악기라고 한다. 과거에는 대나무와 구리를 사용하다가 현재는 플라스틱(pvc관)으로 된 것을 사용한다. 대나무를 사용하지 않는 이유는 조율상의 난점 때문이다. 림베는 비투아미스가(순환호흡, bituu amisgaa) 방식을 사용하는데, 이 방식은 소리가 끊기지 않는 크로마틱 주법으로 연주한다.

초르

초르(uyyp, choor)는 한국의 단소처럼 세워서 부는 몽골의 관악기다. 고대 알타이산맥의 오랑하이 족 사냥꾼들이 후미창이나 초르를 불어 짐승을 모으거나 멈추게 하며 사냥을 즐겼다고 한다. 혀나 치아를 사용하여 다양한 소리를 낸다.

초르(uyyp, choor)는 한국의 단소처럼 세워서 부는 관악기다. 혀와 치아로 다양한 소리를 낸다.

전통의 소리를 찾아서

내몽골은 중국령이란 지리적 상황 속에 중국으로부터 정치적 억압을 받으며 문화적으로도 중국에 귀속되었다. 몽골은 1924년 이후 사회주의 체제하에 1930년대부터 1940년대까지 음악의 서양화(러시아적인), 정치적 이념화에 치중하였다. 몽골 전통음악은 사회주의 체제라는 정치 상황 속에서 스스로 전통음악을 단절시켰으나, 1950년대 외국과의 정치 외교, 문화 교류를 통해 전통음악의 필요성을 깨닫기 시작했다. 이러한 자각은 각종 전통음악 단체를 설립하는 촉매제가 되었으며 더불어 학교교육에 전통음악의 교육체제가 마련되었다. 1990년대 민주화 이후 전통음악을 수습하고 복원하는 데 전력하고 있으며, 현재 중국령의 내몽골과 협력하여 전통음악

몽골은 최근 무대 중심의 공연 작품의 개발에 많은 노력을 보여 주고 있다. © 박소현 제공

배낭 속에 담아 온 음악

몽골 음악 연주회 © 박소현 제공

계승에 집중하고 있다. 이는 전통문화, 전통음악이 민족적 정체성 회복에
가장 중요한 분야임을 인식하였기 때문이다. 2003년 10월에는 마두금이,
2005년 10월에는 몽골 전통민요 '오르팅 도'가 유네스코 인류구전유산으로
등재되었다.

몽골─유목생활에서 태어난 초원의 노래

인도

항상 새롭게 창조되고
완성되는 음악의 나라

Republic of India

인도(India)
수도: 뉴델리
언어: 힌두어, 영어
면적: 약 328만km² 한반도의 15배
인구: 약 123,634만 명, 세계 2위
GDP: 약 2조 3,080억 달러, 세계 7위
통화: 인도 루피 1INR=17.22원(2015.11.04)
기후: 열대몬순 기후, 온대성, 한대성 등 다양함
종교: 힌두교(80%), 회교, 기독교, 시크교, 불교
종족: 아리안족 70%, 드라비다족 25%
국가번호: 91

명상과 철학의 나라 인도. 인도하면 '느림', '여유', '빈곤' 등이 떠오르지만 오늘날 정신적 풍요를 갈구하는 많은 사람에게 느림과 단조로움은 오히려 신선한 충격이 되고 있다. 인도는 아시아 문명의 원천으로 불교의 발상지이며, 예로부터 천축이란 이름으로 알려진 곳이다. 이곳으로 여행을 다녀온 사람은 인도의 매력에 빠져 헤어나질 못하는 부류와 인도에 다시는 안가겠다며 얼굴을 돌려 버리는 두 부류로 나뉜다. 사람들에게는 '물질을 초월한 정신세계의 정수'를 느낄 수 있는 인도를 향한 막연한 환상이 있다. 실제로 여행지에서 만난 인도 사람들은 우리와 똑같은 인간이었다. 때로는 기묘한 상술로 무장된 약삭빠른 상인을 만나면 자못 서운하기도 하다. 하

명상과 철학의 나라 인도는 '느림', '여유', '빈곤' 등을 떠오르게 하지만 오늘날 정신적 풍요를 갈구하는 많은 사람에게 느림과 단조로움은 오히려 신선한 충격이 되고 있다. ⓒ 서영희

아시아 문명의 원천으로 불교 발상지이며, 천축이란 이름으로 예부터
알려진 곳. 그곳은 바로 인도다. © 서영희

지만 인도 여행을 동경하여 계획의 꿈을 키워, 이미 여행을 다녀온 사람들
은 끊임없이 입을 모아 인도를 예찬한다.

　한 번은 수업시간에 아시아 문화에 관련된 영화 세 편을 보고 감상문을
제출하는 과제를 냈었다. 학생들의 무려 60% 이상이 인도 영화를 선택했
다. 신기한 일이다. 인도 영화에 담겨 있는 묘한 낙천성이 아주 매력적인
모양이다. 비틀스의 멤버 조지 해리슨(George Harrison)도 인도 음악의 매
력에 푹 빠진 음악가다. 그가 그의 음반 〈노르웨이의 숲〉에서 시타르를 연
주한 것을 계기로 1960년대에는 인도 음악이 자유주의자들의 이상이 되었

다고 한다. 아무튼 인도 음악은 상상 그 이상인가 보다.

인도의 정식 명칭은 인도 공화국(Republic of India)이며, 힌디어로는 바라트(Bharat)라고 한다. 국명은 산스크리트어로 된 인더스 강의 이름에서 유래했다. 수도는 뉴델리(New Delhi)다. 서쪽으로 파키스탄, 북동쪽으로 중국 · 네팔 · 부탄, 동쪽으로 방글라데시 · 미얀마와 국경을 접한다. 1914년 맥마흔(McMahon) 선언에 따라 영국령인 인도와 중국의 국경이 히말라야 산맥 분수령에 설정된 이후, 중국과 국경 분쟁이 이어졌고, 1962년 전쟁까지 치렀다. 파키스탄과는 독립 당시부터 카슈미르 지역을 둘러싼 영토 분쟁을 벌여 왔다. 행정 구역은 28개주와 7개 연합주로 되어 있다.

면적은 3,287,263km²로 세계 7위이고, 인구 수는 약 12억 6천만 명으로 세계 2위에 달하는 큰 국가다. 인구의 대부분은 북방의 아리안 족(70%)과 남방의 드라비다 족(25%)으로 구성되어 있다. 언어는 힌두어(연방공용어, 32%)와 14개의 언어가 있으며, 영어를 공용어로 사용하고 있다. 국민의 약 80%가 힌두교를, 나머지는 회교(11.4%) · 기독교 · 시크교(2%) · 불교 등을 믿는다. 기후는 전체적으로 열대몬순기후를 나타내며, 3월에서 5월에는 건조하고 기온이 낮다. 6월에서 10월 상순에는 습도와 기온이 높고, 10월에서 2월에는 건조하고 선선한 세 가지 계절을 갖고 있다. GDP는 2조 3,080억 달러이고, GDP 순위 세계 7위 국가로 빠른 경제 성장과 문화 발전으로 세계에 많은 영향을 미치고 있다.

인도는 세계에서 문명이 가장 일찍이 발달한 나라 중 하나로, 기원전 2,500년 무렵에 이미 인더스 강 유역에 청동기 도시문명이 형성되었다. 인도 대륙에 최초로 등장한 고대 인더스 문명은 기원전 1,900년까지 이어진 청동기 시대의 하라파 시기와 그 이후 철기시대인 베다 시기로 구분된다. 기원전 7세기 무렵에는 불교와 자이나교가 인도의 특색 있는 문화와 사회를 형성하였으며, 그 뒤 마우리아(Maurya) 제국이 인도의 통일 제국을 이룩하였다.

지리적으로 본다면 인도는 스리랑카와 방글라데시 그리고 파키스탄과 아프카니스탄을 포함하는 남아시아에 속해 있으며, 페르시아와 아랍권인 서아시아, 중앙아시아 그리고 동남아시아 및 한국을 포함하는 동아시아와 접해 있다. 경제적인 측면에서 볼 때 인도는 세계에서 가장 일찍 농업이 발달한 지역으로, 지금도 70%에 가까운 인구가 농업에 종사하고 있으며, 자급자족의 소농경영이 많다. 영국의 식민지 경영으로 토지소유제가 변용되었고, 화폐경제의 침투, 가내공업의 쇠퇴, 황마·목화 등 상품작물의 경작 등으로 점차 변모하고 있으나, 아직도 아시아적 영세 농업 수준에서 벗어나지 못하고 있다.

영국은 식민지를 통치하는 과정에서 인도 현지에 황마와 면 등의 방직업을 비롯한 각종 경공업을 일으켰다. 또 제1·2차 세계 대전을 거치며 병기산업·차량공업 등 중화학공업에도 인도 민족자본의 참여를 허용하였다. 인도의 독립에 즈음해서 민족자본은 영국계 기업을 인계받아 급성장한 사례도 발견된다. 인도는 최근 구매력 면에서 세계 다섯 번째 경제대국으로 평가받고 있으며, 세계에서 두 번째로 많은 소프트웨어를 수출하는 국가다.

인도는 남과 북으로 나뉘어 음식 문화가 크게 다르다. 북쪽은 건조한 사막이 드넓게 펼쳐져 있고 보리가 주로 재배되고 빵을 주식으로 하는데, 남쪽은 고온다습하기 때문에 쌀 생산에 적합해서 밥을 주식으로 한다. 다양한 기후 변화로 인해 음식 문화에도 차이가 있다. 대표적인 전통음식으로는 커리, 라씨, 탄두리치킨 등이 있다.

인도의 전통복장으로 '사리(Sari)'가 있다. 사리는 인도·파키스탄 등에서

사리는 인도·파키스탄 등에서 힌두교도 성인 여성이 허리와 어깨를 감고 남은 부분으로 머리를 싸는 옷이다. © 임명숙

힌두교도 성인 여성이 허리와 어깨를 감고 남은 부분으로 머리를 싸는 옷이다. '쿠르타(Kurta)'는 주로 파키스탄에서 인도 북서부 일대에 걸쳐 착용하는 튜닉형의 상의로, '츄리다르스'라는 헐렁한 바지와 함께 입는데, 인도와 함께 중동, 서남아시아 일대에 걸쳐 인도풍의 분위기를 잘 나타내는 민족의상으로 알려져 있는 옷이다. '도티(Dhoti)'는 인도의 힌두교도 남성이 착용하는 하의인 '로인클로스'의 일종이다. 시대와 지역에 따라서 걸치는 방법에 차이가 있는데, 긴 장방형 흰색 목면을 허벅지 사이를 통해 허리에 감는 것이 특징이다. 때로는 여성도 착용하며, 이때는 색이 있는 천을 사용한다.

인도-항상 새롭게 창조되고 완성되는 음악의 나라

인도 음악, 힌두스탄과 라마야나

인도의 전통음악은 길고 지루하다. 라가(raga) 연주는 최소 40분이 넘고, 느린 선율로 진행되는 서주(序奏, 알랍 alap)도 대부분 20분을 넘긴다. 하지만 반대로 인도 음악은 그만큼 세계에서 가장 신비로운 음악이다. 지금도 전 세계의 많은 음악인들이 인도 음악을 배우려고 모여든다.

인도 음악이 문화적으로 혹은 예술적으로 알려지기 시작한 것은 서양에서 자본주의에 대한 물질문명의 회의를 느끼기 시작하여 정신적인 추구를 갈망하던 1960년대로 거슬러 올라간다. 인도에서 박사학위를 받은 음악학자 윤혜진은 그의 책에서 "음악 자체의 예술적인 가치나 결과라기보다는 서구 문명이 가지고 있는 한계성에서 비롯된 새로운 문화의 동경으로 비롯되었을 것"이라고 언급하고 있다. 인도의 문화가 가지고 있는 철학적이고 종교적인 이미지에 대한 이끌림으로 해석된다. 인도 음악은 다른 많은 유적과 유물처럼 박물관에서나 만날 수 있는 과거의 유산이 아니라, 발리우드 음악 등과 함께 현재까지 원형을 유지하고 있는 현재 진행형의 예술이다.

인도인의 전통적인 음악관은 음악을 즐기는 것이 아니라 개인적인 정신 수양 도구로 인식한다. 따라서 보여 주고 들려주기 위해 연주를 시작한 역사가 그리 길지 않다. 인도의 전통음악은 대부분 독주나 소규모 연주 중심이다. 하지만 주의 깊게 살펴보면 즉흥적인 음악 요소로 인해 늘 새롭게 창조되고 완성된다는 식의 음악관이 내부에 깊숙이 자리 잡고 있다.

인도를 비롯하여 인도네시아 · 라오스 · 캄보디아 등의 서남아시아의 전통음악은 두 가지 문화전통에 기초한다. 첫째는 힌두교적인 종교 문화로 인도 서쪽과 파키스탄 · 아프카니스탄의 세속적 문화가 합쳐진 힌두스탄 문화이고, 둘째는 민속신앙의 일종인 라마 영웅을 숭배하는 라마야나 문화다. 라마야나 문화의 전통은 인도네시아까지 전파되어 인도네시아 음악의 주축을 이루었다.

대표적인 인도 음악 중 오랜 역사적 전통을 지닌 '라가'는 힌두교 최고 경전인 『베다』를 바탕으로 한다. 일반적으로 인도 음악은 『베다』 경전의 낭송으로부터 비롯된 것으로 여기고 있다. 리그베다, 야주르베다, 사마베다, 아타르바베다 등 고유의 낭송 양식이 있다. 이중에서 인도 음악의 시원으로 평가되는 사마베다는 리그베다에 담긴 신께 드리는 찬가들을 일정한 선율에 맞춰서 부를 수 있도록 한 것으로 3음 혹은 4음계로 긴 찬미시를 노래한다. 그러나 인도 음악의 의미를 구성하는 것은 단지 사마베다만이 아니라 네 가지 베다의 합일에 기하고 있다. 즉, 인도에서 음악이라는 의미는 '쌍기트(Saṅgāta)'라는 예술 개념으로 설명될 수 있으며, 노래(gāta), 기악(vādya), 춤(nritta)이 합일된 종합예술이다.

특히 춤은 '나띠야(nātya)'라는 드라마(劇)적인 요소를 포함하고 있고, 이것은 인도 음악 문화의 근본적인 시작을 뜻한다. 나띠야는 낭송, 몸짓, 노래 그리고 라사(Rasa, 미학적으로 정제된 감정)로 구성되며, 인도인의 철학과 종교적 사상의 뿌리를 이루는 4가지 베다의 가르침이 쌍기트의 나띠야를 통해서 이루어지진다. 이것이 인도 음악 문화를 종교적인 사고로 파악해야 하는 이유다.

이러한 맥락에서 인도의 전통 춤은 인도의 음악 문화를 이해할 수 있는 핵심 예술 징르다. 춤의 극 내용은 주로 라마야나(Rāmāyana)와 마하바라타(Mahābhārata)인데, 이는 BC 200년에서 AD 200년 사이에 완성된 인도의 대서사시로, 베다의 가르침을 담아낸 신과 인간의 이야기다. 인도의 고대 사원에 조각되어 있는 무희들의 몸짓과 동작은 중요한 춤본이 된다. 『나띠야 샤스뜨라(Nātyashāstra)』(AD 200년경)라는 고대 연극 문헌에 기록된 춤,

음악, 라가에 대한 폭넓은 자료는 가장 오래된 인도 예술의 정통성을 담고 있다.

인도 음악의 가장 큰 매력은 다양성과 독창성에 있다. 다양한 민족과 넓은 국토, 30여 종의 언어가 동시에 존재하는 복잡한 나라인만큼 음악도 매우 다양하다. 인도 음악은 크게 북인도의 아리안 족을 중심으로한 힌두스탄(Hindustan) 음악과 남인도의 드라비다 족을 중심으로 한 카르나틱(Carnatic) 음악으로 나뉘며 여기에 종교 음악과 각 지방 음악이 고루 산재해 있다.

인도 음악의 특징은 드론(Drone, 지속음)의 사용이다. 드론이야말로 인도 음악을 신비롭게 하는 중요한 음악적 요소다. 이 지속음은 인도의 모든 음악에서 즐겨 사용된다. 독주, 합주, 노래 음악은 물론, 무용 음악에까지 사용되고 있다. 이 지속음은 탐푸라(Tampura)나 하모니움(Harmonium)으로

인도 여인 © 임명숙

만들어 낸다.

인도 음악은 주변국가의 음악 문화를 받아들여 자국의 악기로 만드는 데 탁월한 재주가 있다. 서역 지방에서 쇄납(태평소)이 들어와 인도의 셰나이가 되었고, 달시머가 들어와서 산투르가 되었다. 노래 음악이 다른 장르보다 발달해 있어서 음악회의 절반 이상이 노래 음악으로 구성된다. 기악곡도 성악의 변주곡 형식을 빌려 작곡되어 성악곡을 이해하지 않고는 이해할 수 없다.

인도의 고전음악은 대부분 힌두 사원의 예배 음악에서 기원한다. 힌두 사원에서는 지금도 음악을 연주하는 것을 흔히 볼 수 있을 뿐만 아니라, 많은 라가의 제목도 '두르가', '시바' 등과 같이 힌두신의 이름으로 불리고 있다.

인도의 음 개념을 '스루띠(suruti)'라고 한다. 인도 고대 음악의 이론서에서는 한 옥타브를 22개의 스루띠로 나누고 있으나, 지금은 옥타브를 12반음으로 나눈다. 인도 음악에 주로 사용하는 5음의 간격(음정)을 스루띠로 이야기한다면, 넓은 것은 4스루띠, 중간 것은 3스루띠, 좁은 것은 2스루띠다.

무굴제국과 인도 음악

현재 북인도에서 행하고 있는 고전음악에 가장 큰 영향을 끼친 것은 바로 이슬람과 페르시아의 문화였다. 북인도는 지리적 위치 때문에 페르시아에서 온 술탄(이슬람교의 종교적 최고 권위자인 칼리프가 수여한 정치적 지배자 호칭)의 침략과 지배를 오랫동안 받아 왔고, 음악도 페르시아 음악의 영향을 받아 변해 왔다. 엄밀하게 이야기하자면 현재 널리 연주되는 북인도의 고전음악은 영국이 인도를 식민지화하기 이전에 인도 전역을 다스리던 이슬람제국인 무굴제국(1526~1857)의 궁중에서 연주하였던 궁중음악의 유산

유연성과 개방성이 힌두문화의 특징이다. 터번을 쓴 인도 노인 © 임명숙

이라 할 수 있다. 무굴제국의 술탄들은 인도 대륙 정복에 힘을 쏟는 한편, 페르시아의 예술가들을 궁중으로 불러들여 많은 예술작품을 남겼다. 이슬람 종파의 하나인 수피주의 신학자들은 신에게 더 다가가기 위해 음악과 미술을 적극적으로 이용했다.

인도 대륙 곳곳에서는 이처럼 거대하고 부유한 제국의 지원을 받은 여러 훌륭한 예술작품이 탄생하였다. 타지마할로 대표되는 건축을 비롯하여, 미술작품과 함께 이러한 문화적 유산은 음악에도 고스란히 남아 있다. 지금 북인도에서 연주되는 고전음악도 무굴 궁중의 유산이다.

페르시아의 음악가들과 함께 힌두교인 음악가들은 궁중에 초대받아 연주를 했다. 종교와 문화의 용광로 안에 이슬람 음악과 힌두교 음악이 섞여서 새로운 음악이 만들어졌다. 지금까지 널리 연주되는 '드루빠드'와 '카얄' 같은 고전 성악 장르가 이때 만들어졌고, 새로운 라가가 다양하게 만들어졌다. 페르시아에서 새로운 악기들이 들어왔고, 새로운 음악에 맞게 개량

되었다. 페르시아의 이슬람 문화와 고대 인도의 힌두교 문화가 만나고, 새로운 음악과 악기들이 들어와 지금의 인도 고전음악의 토대를 이루었다. 많은 유명 연주자들을 배출해 내는 음악 가문 중에 무슬림 가문이 많은 것도 이 때문이다.

궁중음악은 세속화되었고, 인도 곳곳의 힌두 사원에서는 새로운 음악을 받아들이되 여전히 그 내용은 자신이 모시는 신을 찬양하는 음악이 계속 연주되었다. 이러한 유연성과 개방성이 힌두 문화의 특징이기도 하다.

종교의 도시 델리, 그리고 라가 음악

인도는 신의 나라다. 인도에서 가장 규모가 큰 이슬람 사원인 '자미 마스지드'를 비롯하여, 온통 흰색 대리석으로 장식된 '시크교 사원', 극우파 힌두 청년에게 암살당한 간디의 최후의 순간을 담고 있는 '간디 슴리티' 그리고 마하트마 간디의 화장터 '라지 가트' 등이 델리에 있다. 간디는 인도의 철학자이자 정치적 지도자로, 인도인에게는 거의 신에 가까운 사랑을 받고 있는 인물이다. 인도의 시성 타고르는 간디에게 '위대한 영혼'이라는 의미의 '마하트마'라는 호칭을 부여했다.

> 참된 사랑이 인도문 어귀에 모습을 드러내자 문이 활짝 열렸다.
> 모든 망설임은 사라졌다.
> 진리는 진리를 불러일으켰다.
> 진리의 힘을 눈에 보이게 한 마하트마를 찬양하라!

'간디 슴리티'는 간디가 죽기 직전 144일간 머물렀던 그의 후원자 비를라의 저택이다. '간디 슴리티(Gandhi Smrit)'라는 이름으로 공개되고 있는 그의 저택 뜰에는 그가 죽기 전에 걸었던 마지막 발자국이 모형으로 남아 있다. 인도 각지에 남아 있는 간디의 흔적은 그가 인도인에게 얼마나 많은 사랑을 받고 있는지 보여 준다.

델리에서 멀지 않은 곳에 인류가 남긴 걸작 '타지마할'이 있다. 인도를 방문하는 누구나 타지마할을 보기 위한 설렘을 가질 것이다. 무굴제국의 샤자한은 너무나 사랑했던 아내 뭄타즈 마할의 죽음을 몹시 슬퍼했고, 그녀를 위해 아름다운 묘지를 만들었는데, 그 기간이 22년이나 걸렸다고 한다. 그것이 바로 타지마할이다. 이보다 더 아름다울 수 없는 자태로 많은 사람을 설레게 하는 타지마할은 2만 명의 노동자와 장인의 노동력이 투여되어 완성되었다. 하얀 대리석에 사랑과 영혼의 꿈을 묘사한 타지마할은 무굴제국의 가장 위대한 건축물이 되었다.

라가

라가(Raga)는 인도 음악의 대명사로 사용될 만큼 인도 음악에서 중요한 장르다. 라가는 인류의 음악 중에서 정신적으로 가장 고양된 음악이며, 최고의 명상음악이다. 인도의 라가는 서양음악과 비교하자면 음계와 멜로디 사이에 있는 개념이다. 인도 라가 음악이란 라가 선법을 사용한 음악을 통칭하는 용어다. '라가'라는 말은 인도의 고대어인 산스크리트어의 란즈(Ranj)라는 말에서 유래하는 것으로 '기쁜 것'이란 뜻이다. 또 다른 해석으로는 '정열, 색깔 그리고 애착'이다. 즉, 인간의 마음을 채색하는 어떤 것'이라는 의미

타지마할

로 여러 감정과 색채가 복합되어 있는 것을 말한다.

라가는 음악의 선율과 분위기, 심지어 연주 시간까지 결정하는 명칭으로 현재 수백 가지의 라가가 전해오며, 즉흥성이 강한 인도 음악에서 라가의 선택은 레퍼토리의 선택과 같은 것으로 간주되기도 한다. 라가는 장르이며 또한 레퍼토리의 이름이다. 특정한 라가로 연주되는 음악은 직접적으로 신에 대한 찬양과 경배를 표현하기도 한다. 인도 음악에서 신화와 음악과의 구체적인 접점은 라가를 살펴봄으로써 그 실제를 파악할 수 있다.

라가는 인도의 독특한 음악 개념으로 선법을 포함한 음악의 다양한 요소를 포괄하는 개념이다. 라가의 선법은 서구 음악의 모드(Mode)나 한국 전통음악의 조(調) 개념과 유사하다. 라가는 여기에 몇 가지 개념이 더 추가된다. 즉, 라가를 구성하는 요소로는 음계, 주요 음, 프레이즈, 꾸밈음, 연주 시간, 분위기 등이 있다. 라가의 음계를 구성하는 주요 음을 '바디(Vadi)', 부(副)주요 음은 '삼바디(Samvadi)'라고 한다.

각각의 라가를 특징 짓는 특정한 짧은 프레이즈나 독특한 꾸밈음을 '빠까드(Pakad)'라고 한다. 라가는 다른 음악 문화권에서는 선법에는 찾기 힘든 독특한 시간 개념이 존재한다. 각각의 라가는 그에 맞는 시간이 정해져 있으며, 그 시간에 맞게 연주해야 한다. '바이라브(Bhairav)'는 해 뜰 무렵에 연주하는 라가이고, '빔빨라시(Bhimpalasi)'는 늦은 오후에 연주하며, '야만(Yaman)'은 저녁에, '바게슈리(Bageshri)'는 늦은 밤에 연주하는 라가다. 그 외에도 '말하르(Malhar)' 계열의 라가는 인도의 우기인 몬순 기간에 연주하는 라가다. 대체로 인도의 음악회에서는 이 시간 개념을 어느 정도 준수하여 레퍼토리가 정해지지만 현대에 와서는 크게 개의치 않는 경향이 점점 강해지고 있다.

현재 전해지는 수백 개의 라가 중에는 이름만 남아 있고 잘 연주되지 않는

라가(Raga)는 인도 음악의 대명사로 사용될 만큼 인도 음악에서 중요한 장르다. © 현경채

것도 있다. 반면에 현대의 연주자에 의해 새로 만들어지기도 한다. 라가는 과거로부터 전해져오는 것이지만 강인한 생명력을 가지고 계속 변화하는 현재 진행형인 음악이다.

뭄바이, 발리우드 영화와 음악

뭄바이는 맛살라, 즉 혼돈의 도시다. MBC-TV프로그램 〈무한도전〉에서 유재석과 광희가 '도비 가트(Dhobi Ghat)'에서 빨래를 하던 모습이 전국에 방송되었다. 그때 화면을 가득 메운 총천연색의 빨랫감 같은 도시가 바로 뭄바이다. 사진작가나 여행자들을 유혹하는 풍경이 도시 곳곳에 있기도 하고, 비현실적일 만큼 거창한 기차역이라든지, 바다 위에 떠 있는 성문, 사람들이 빼곡한 시장 등이 바로 뭄바이의 민낯이다. '도비 가트'는 매머드급 야외 빨래터다. 콘크리트로 만들어진 커다란 빨래통에 어마어마한 세탁물을 빨아 만국기처럼 줄에 걸어 놓는다. 여행객들은 이것을 혼돈의 도시 뭄바이의 상징으로 기억한다.

뭄바이의 또 다른 상징은 기차역이다. '빅토리아 터미너스'로 불리는 이곳은 1887년 인도 반도 철도회사의 본부로 사용하기 위해 건설되었다. 웅장한 고딕 양식의 건물에는 온갖 상상과 현실의 동물들이 조각되어 있다.

뭄바이에는 인도 영화의 현주소를 살펴볼 수 있는 대규모 영화 스튜디오인 '필름 시티(Film City)'가 있다. 뭄바이 북쪽 산제이 간디국립공원에 인접해 있는 이곳에서 영화의 제작 현장을 둘러보고 맛살라 스타일의 디스코 파티를 즐길 수 있다.

영웅과 미녀의 로맨스, 춤과 노래의 향연, 권선징악의 쾌락이 공존하고 향연이 펼쳐지는 곳이 바로 인도 영화 발리우드(Bollywood)이고 그 발리우드의 중심이 바로 뭄바이다. 모든 시대가 한 공간에 살아 숨 쉬는 인도, 그리고 그 신비한 매력을 인도 영화는 담아내고 있다. 인도 영화는 제작 편수에서도 할리우드와 대적하지만 인도 특유의 독창적인 스타일과 인도인의 영화에 대한 사랑과 관심은 가히 세계 최고라 할 수 있다.

〈세 얼간이(Three Idiot)〉라는 대표작을 비롯해서 최근 인도 영화가 한국 영화시장에 많이 진출했고, 대형 멀티플렉스 극장은 아니더라도 몇몇 독립극장이나 인터넷을 통해서 다양한 인도 영화를 접할 수 있게 되었다. 인도 영화의 가장 큰 특징 중 하나는 영화 중간중간에 뮤지컬적인 요소를 담고 있다는 것인데, 이러한 뮤지컬적인 요소를 담고

발리우드 영화 〈세 얼간이〉 포스터

있는 영화를 '맛살라 영화'라고 부른다. 영화 음악은 인도 음악의 과거와 현재를 담고 있고, 이를 바탕으로 인도의 음악 문화를 살펴볼 수 있어 흥미롭다.

인도 영화를 지칭하는 발리우드(Bollywood)

미국 영화가 LA의 할리우드(캘리포니아의 Hollywood)를 기반으로 발전하고, 한국이 충무로의 영화거리를 기반으로 발전했다면, 인도 영화는 일찍이 봄베이(Bombay, 현재의 뭄바이)를 중심으로 발전하기 시작했다. '발리우드'는 봄베이와 할리우드를 합쳐서 만든 합성어로 인도의 영화 제작 스타일을 가리킬 때 쓰는데, 이는 옥스퍼드 영어 사전에도 등재되어 있다. 발리우드는 1930년대 인도 유성 영화가 발달하기 시작하면서 맛살라 스타일과 함께 급속히 성장했으며, 현재는 영화 생산 편수와 티켓 판매량에서 세계 최고를 달릴 만큼 튼튼한 기반을 가지게 되었다.

1930년대부터 시작한 인도 영화는 현재 발리우드라고 불리는 뭄바이 중심의 거대 영화 시장을 낳았으며, 인도 전역뿐 아니라 세계의 영화 시장을

인도-항상 새롭게 창조되고 완성되는 음악의 나라

점령하고 있다. 극적인 내용이나 춤과 노래를 수반한 구성은 인도 대중에게 강한 반응을 일으켰으며, 특히 1980년대 초반 카세트테이프의 보급으로 인도 영화 음악은 하나의 문화를 형성하며 영화관 외의 대중적인 장소나 행사에 필수적인 대중음악 장르로 자리하게 되었다.

인도 영화는 문화제국주의의 침입에 대한 저항을 상징한다. 인도에는 엄청난 수의 영화관이 있으며, 높은 영화 상영 매출을 내고 있다. 신기한 것은 할리우드에서 성공을 보장받은 영화도 인도에서만큼은 성공을 보장할 수 없다는 것이다. 인도에서는 대부분 자국 영화를 상영한다. 인도 영화의 점유율이 유난히 높은 것은 오락 성격의 맛살라 영화의 매력 때문이기도 하겠지만, 오랜 역사 동안 깊게 자리 잡은 인도 특유의 정서와 인도 본연의 색을 유지해 나가는 생명력 때문이기도 하다. 때문에 할리우드의 엄청난 자본력과 블록버스터급 영화도 인도 내에서는 문화제국주의를 형성해 나가는 데 기여하지 못했다.

인도인의 영화 사랑은 상상을 초월한다. 인도에는 전국에 1만 2천여 개의 크고 작은 극장이 있다. 대형 영화관 라즈만디르부터 아주 작은 영화관까지 다양하다. 영화 관람 가격이 비싸지 않고, 곳곳에 영화관이 있으니 인도인들은 자주 영화를 관람한다. 매일 1천 5백 만 명의 인도인이 영화를 관람하며 연간 티켓 판매량도 40억 장에 달한다고 하니 인도인의 영화 사랑을 짐작할 수 있다. 인도에서는 매년 1천 2백 편의 영화가 제작되는 것으로 알려져 있고, 2007년 통계에 따르면 전 세계적으로 인도 영화를 관람하는 관람객 수는 연간 35억 9천 명이다. 이는 전 세계 인구의 1/2을 넘는 어마어마한 수다. 이와 같이 인도 영화는 현재 상당한 흥행가도를 달리고 있다.

맛살라 영화
— 두 명의 스타와 여섯 곡의 노래, 세 가지 춤

인도 영화관에는 대부분 인도 특유의 노래와 춤이 곁들여진 힌두 맛살라 영화를 상영한다. 좌석은 연일 매진이다. 보통은 내러티브에 춤과 노래가 곁들여지기 때문에 러닝타임이 길다. 그래서 뮤지컬을 관람할 때와 같이 중간에 인터벌(Interval)이라는 쉬는 시간이 주어진다. 절정의 장면을 앞두고 쉬는 시간이 주어지는 경우가 많고 인터벌 시간의 라즈만디르(영화관)는 매우 떠들썩하다. 음료를 한 잔 하며 다음 이야기를 예상해 보기도 하고 지난 장면을 이야기하며 수다를 떤다. 인도는 언어가 20종이 넘는다. 그래서 인도 영화는 말이 안 통해도 내용을 이해할 수 있도록 춤과 노래를 특화했다. 몸짓과 표정, 선율과 리듬으로 현재 벌어지고 있는 상황을 알기 쉽게 풀어 놓는다. 힌디어는 모르지만 인도 영화는 보는 것만으로도 눈과 귀가 즐거우니 관람해야 하는 이유다.

요즘 인도 영화는 소재도 다양하다. 하지만 다수의 영화는 주로 인도 문화의 과거와 미래 사이에서 인도인이 상상하고 바라는 대중적인 심리를 반영하고 있다. 즉, 전통과 새로움, 기존 사회 계급과 계급의 타파, 가난함과 부유함 등 기존의 인도 문화가 담고 있는 종교·사회적 전통에 대한 문제의식이 영화를 통해 나타난다. 현실세계에서 해결되지 못하는 여러 갈등요인을 영화 음악의 노래나 안무를 통하여 해결받고자 하는 것으로도 생각된다.

맛살라는 인도의 온갖 향신료를 집합해 놓았다는 뜻의 단어다. 인도에서는 맛살라라는 말을 영화 외에도 '맛살라 짜이', '맛살라 문화', '맛살라 치킨' 등 다양하게 사용한다. 맛살라 영화는 영화의 내러티브에 인도식 춤과 노래를 곁들인 양식을 일컫는다. 맛살라 영화는 '두 명 내지 세 명의 스타와 여섯 곡의 노래, 세 가지 춤'이라는 공식이 있을 만큼 음악과 춤이 핵심이다. 자신들의 전통연극 수법을 영화에 옮겨와 정착시킨 양식이다. 그래서 편당 음악과 춤 장면이 적어도 5~6회 정도 나온다. 이때 노래는 영화 속 장면 내용에 대해 코멘트해 주는 역할을 하는데 가사는 대부분 신화에서 따온 사랑 이야기다. 춤은 인도 고전무용을 기초로 한 것으로, 노래와 더불어 주인공의 감정을 표현하는 중요한 수단이다. 맛살라 영화는 영화 산업 초창기에 문맹률이 높았고, 그리고 통일된 언어가 없어 지방별로 다양한 언어를 사용했다는 점에서 착안되었다고 할 수 있다. 즉 언어를 넘어서는 오락적 요소가 필요하게 되었고, 이러한 배경에서 등장한 것이 맛살라 영화다. 이와 같은 맛살라 영화가 인도 영화 시장에서 대성공을 거두자 이후에 제작된 영화들도 대부분 맛살라 스타일을 고수하게 되었다.

영화 속에서는 줄거리의 흐름에 맞춰 다양한 춤과 노래가 등장한다. 때로는 주인공이 아닌 인물이 등장하여 노래와 춤을 보여 주기도 한다. 대부분 군무로 이루어지며, 마치 뮤지컬을 보는 듯하다. 맛살라 영화에 등장하는 음악은 영화 개봉 전후로 공개되어 큰 인기를 얻기도 한다. 인도에서는 영화 음악이 곧 대중음악이자 최신 유행 음악이 되는 일이 일상적이다.

시대별 맛살라 영화 속 춤과 노래

맛살라 영화와 음악은 바로 인도의 최신 유행을 창조한다. 영화 음악은 전체 인도 음악 산업 매출액의 70% 이상을 차지한다는 통계는 바로 인도 대중음악의 거의 대부분이 발리우드 뮤직이라는 것을 입증한다. 실제로 전국적으로 유행하는 음악은 당시 선풍적인 인기를 끄는 영화의 삽입곡이다.

2006년에 흥행한 영화 〈아카사르(Aksar)〉에 삽입된 음악 '자하라 딕하라야(Jhalak Dikhala Ja)'는 그해 인도 전국에서 울려 퍼졌고, 지금도 그 열기가 가시지 않았다. 영화 속에서 배우가 부르는 노래는 관객들에게 쉽게 각인되고, 이것이 바로 대중음악계의 흥행으로 이어진다. 이러한 대중음악의 유통 방법은 인도에서만 발견되는 구조로, 다른 나라와는 차별되는 생산, 유통, 소비 시스템 때문이다. 영화와 영화 음악, 이 둘은 서로 보완 관계에 있는데, 재미있는 것은 대부분 노래의 목소리가 실제 배우의 목소리가 아니라는 것이다. 인도 영화에서 실제로 노래 부르는 가수들은 '플레이백 싱어'다. 인도 영화에 나오는 곡들은 전문 가수들이 먼저 녹음하고 나중에 배우들이 립싱크만 한다. 이들이 영화에서 부른 노래는 곧바로 거리로 퍼져나가 인도에서 최신 대중가요로서 큰 인기를 보장받는다. 플레이백 싱어들이 부른 OST를 발매하여 영화의 마케팅 수단으로 사용하기도 한다.

지역을 기반으로 한 지역 음악, 종교에 따른 종교음악 그리고 인도의 철학적 사고를 배경으로 한 전통음악 외에 영화 음악은 인도 대륙 전체의 다양성과 대중성을 형성하는 데 한 몫을 하고 있다. 인도 대서사시의 내용을 무용극 형식으로 접해 온 인도인에게 춤, 노래 그리고 극을 종합한 전통적인 형식은 과거부터 현재까지 대중의 문화적 바탕이 되었으며, 이러한 바탕이 인도 영화만의 개성있는 특징을 갖게 만든 것이라고 생각된다.

맛살라 스타일이 적용된 영화에는 어떤 것들이 있을까? 그리고 어떤 장면에 춤과 노래가 등장하여 관객을 매혹시킬까? 시대별 맛살라 영화 속 춤과 노래를 살펴보았다.

세상의 아름다움(Alam Ara, 1931)

1930년대 인도 유성 영화의 시대가 열림과 동시에 등장한 맛살라 영화다. '모두 말하고, 모두 노래하고, 모두 춤춘다'라는 표어를 가지고 있는 영

343

화 〈세상의 아름다움〉은 맛살라 영화의 시초라고 할 수 있는 남인도 타미르의 영화다. 10곡의 노래가 삽입되어 있으며, 노래에 맞추어 무용이 함께 등장한다. 힌디어로 된 10곡의 노래에는 남인도 전통극의 영향을 받은 요소가 보인다. 음악과 현란한 안무를 곁들인 뮤지컬 형식의 이 영화는 개봉된 후 큰 성공을 거두었고, 이후 이 영화로 인해 맛살

영화 〈세상의 아름다움〉 포스터

라 영화 양식이 발달하게 되었다. 이 영화에는 음악과 춤이 다소 갑작스럽게 등장하는 경향이 있으나, 두 남녀 사이의 관계와 스토리가 어떻게 전개될 것인지 과장된 음악과 춤의 분위기로 추측할 수 있게 한다. 이 영화는 아르데시르 이라니(Ardeshir Irani) 감독의 작품이다.

무굴 에 아잠(Mughal-e-Azam, 1960)

1960년에 제작된 이 영화는 16세기에 인도를 지배했던 무굴제국의 악바르 황제 시대에 살림 왕자와 궁중 무용수였던 아나르칼리의 운명적 사랑을 그린 영화다. 당초 흑백으로 제작되었다가 2004년에 컬러 영화로 재개봉되었다. 인도 은막의 비너스라 불리는 마두발라와 딜리프 쿠마르가 이 영화를 통해 인도인들의 사랑을 한몸에 받았다. 금빛 물결의 궁 안에서 색색의 인도 전통의상을 갖춰 입은 여성들이 신성한 군무를 선보이는 가운데 남녀가 만나는 장면은 매우 인상적이다. 영화 속의 음악과 춤은 그 자체만으로도 예술

〈무굴 에 아잠〉 포스터

성이 상당히 높다. 인도 전통악기의 리듬과 선율에 서구적인 느낌을 가미한 것이 흥미롭다. 케이 아시프(K. Asif) 감독 작품이다.

자이 산토시 마(Jai Santoshi Maa, 1975)

영화 〈자이 산토시 마〉는 어머니 여신을 그린 영화로, 인도 '신화 영화'의 대표작이다. 이 영화는 힌두교 3대 신(神)인 비슈누, 브라마, 시바의 아내들이 산토시 여신을 숭배하는 한 여인을 시험하는 내용을 담고 있다. 그녀의 삶을 비참히게 만들이 산토시 여신에 대한 그녀의 믿음을 흔들지만 여인은 갖은 고난과 시련에도 여신에 대한 믿음을 저버리지 않고 결국 산토시 여신을 신전에 모시게 된다. 이러한 내용은 맛살라 영화 이야기의 구조적 특징인 '권선징악'과 '해피엔딩'을 잘 보여 준다. 또한 이 영화는 이름조차 알려져 있지 않았던 어머니 여신 '산토시 마'의 존재를 세상에 알리며 종교생활에 엄청난 영

〈자이 산토시 마〉 포스터

향을 주었는데, 당시 맛살라 영화가 사람들의 일상에 미치는 영향을 보여 주
기도 한다. 더불어 영화 속의 춤과 노래에서는 라가 음악을 접할 수 있다.

떼잡(Tezaab, 1988)

〈떼잡〉 포스터

영화 〈떼잡〉은 배우 마두리 딕시
(Madhuri Dixit)의 존재를 인도인에게
각인시켜 준 그녀의 첫 빅히트작이
다. 이 영화는 위기에 처한 여인과 그
녀를 구해 주는 남자와의 사랑 이야
기를 그린 인도의 로맨틱 코미디다.
1980년대에 가장 흥행했던 작품인데,
영화의 인기와 더불어 영화에 삽입된
노래 '에끄 도 띤(하나 둘 셋)'도 전국적

으로 인기를 끌었다. 영화의 백미는 초반부에 여주인공 마두리가 부르는 '에 끄 도 떤'이다. 이 노래는 중반부에 아닐이 등장하여 다시 한 번 불러 관객에 게 흥겨움을 준다. '에끄 도 떤'은 여자 버전과 남자 버전으로 음반이 출시되 어 인도의 대중음악으로 자리 잡았다. 흥겨운 리듬을 가진 이 노래는 인도 의 전통 타악기 반주에 기타 등의 서양 악기가 더해진 음악으로, 창법에서 는 인도 특유의 라가 느낌이 전달된다. 반복되는 가사와 리듬, 멜로디가 흥 겨움을 더하며 비교적 현대적이면서도 인도 전통적인 느낌이 살아 있다. 큰 춤 동작과 쉬운 군무 또한 인도의 대중음악으로 자리 잡게 한 요소다.

봄베이(Bombay, 1995)

영화 〈봄베이〉는 1992년 이슬람과 힌두 사이에 일어난 봄베이 전쟁을 다룬 영화로, 맛살라 영화의 진수를 보여 준다. 이 영화는 끔찍한 종교 갈 등의 소재를 흥겨움과 슬픔이 교차하는 뮤지컬로 담아냈다. 종교 간 갈등 이라는 다소 무거운 주제를 다루고 있음에도 영화의 시작부터 끝까지 군무 와 노래가 함께한다.

감독 마니 라트남(Mani Ratnam)은 매우 사실적으로 재현된 전쟁 장면에 노래를 끌어들이는 식의 대담함을 연출했다. 대난원에서 흘러 나오는 노래는 싸우기를 멈 추라고 웅변하며 죽어 가는 사람들에게 다가가 연민을 끌어낸다. 장면 중간중간에

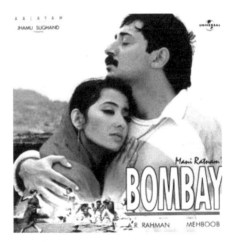

〈봄베이〉 포스터

는 스토리 외적인 인물이 등장해 노래와 춤으로 상징적인 장면을 표현하기도 한다. 영화 속 인물이 아닌 가수나 춤꾼이 등장하는 것은 맛살라 영화에서 일상적인 일이다.

영화 속에서 춤과 노래는 매우 다양한 상황을 연출한다. 심지어는 전쟁이라는 극한의 상황도 뮤지컬처럼 표현된다. 두 남녀가 서로에게 반하는 장면에서는 군무를 추는 여성들 속에서 남자의 눈에 띈 여성을 나타내기도 하고, 종교가 다른 집안의 반대로 헤어지는 장면에서는 서로를 그리워하는 애틋한 마음을 표현하기 위해 주인공 남녀가 구슬픈 느낌의 전통악기 선율에 맞추어 각각 혼자 노래를 부르기도 한다. 봄베이로 도망쳐 가정을 꾸린 두 남녀의 첫날밤 에로틱한 장면 사이에는 스토리 외적 인물의 춤과 노래가 삽입되어 상징적인 의미의 격정적인 댄스 음악을 사용했고, 전통 타악기가 사용된 토속적 느낌의 군무가 등장하기도 한다. 이 영화의 하이라이트인 '전쟁'이라는 극한의 상황을 뮤지컬로 표현한 장면은 압권이다. '내가 아는 신념은 이런 것이 아니니 유혈 사태를 멈추라'는 가사를 포함한 노래를 종교 지도자 등 등장인물들이 직접 부른다. 영화평론가 김영진은 이 영화를 다음과 같이 이야기했다.

대다수 힌두어 영화의 관습인 뮤지컬 영화의 형식을 빌려 매우 참혹한 현실의 갈등에 정면으로 부딪친다. 이런 진지함이 뮤지컬 영화의 흥에 실려 전달되는데도 별로 어색하지 않게 기쁨과 슬픔이 공존하는 형태로 창조된 것이 〈봄베이〉의 저력이다.

부산국제영화제 – 김영진

춤추는 무뚜(Muthu, 1995)

이 영화는 인도에서만 만들 수 있는 아찔하고 화려한 오락영화라는 리뷰를 한국 언론계의 평으로 받았다. 이 작품은 영화가 최대의 오락이자 위안거리인 인도 사람들에게 압도적인 지지를 받았고, 15주간이나 롱런 히트를 기록했다. 1999년 일본에서 개봉하여 70억 원 이상의 흥행 수익을 거두며 젊은층에게 인도 영화 열풍을 불러일으키기도 했던 작품이다.

〈춤추는 무뚜〉는 인도판 '왕자와 거지'에 극단의 꽃다운 여배우 랑가와의 러브 스토리가 더해진 웃음과 감동이 있는 영화로 완성되었다. 영화 속에서 시종일관 흐르는 신나는 노래와 테크노의 디지털비트가 어우러진 춤이 더해져 화려한 한 편의 뮤지컬 영화로 완성되었다. 손장단, 휘파람, 탭댄스, 웃음과 눈물 등 오감을 총동원한 장면은 이 영화의 백미다. 군무 장면에는 인도 문화의 모든 것이 들어 있다. 여기서 사용되는 음악은 인도의 댄스 음악 '맛살라 테크노 음악'이다. 테크노는 현대 가요 장르의 음악이지만, 그 뿌리는 남인도의 전통음악에 있다. 영화의 중심 소재인 '유랑 극단' 역시 인도 전통적인 유랑 극단의 모습을 하고 있다. 또한 여기에 등장하는 인물들은 대부분 인도 전통의 상을 입고 있다. 이 영화가 화려하게 느껴진다면 그 이유 중 하나는 바로 형형색색의 인도 전통의상 때문일 것이다. 또 하나 눈여겨봐야 할 것은 청바지를 입은 이들과 전통의상을 입은 이들이 한데 어우러져 노래에

〈춤추는 무뚜〉 포스터

인도-항상 새롭게 창조되고 완성되는 음악의 나라

맞춰 춤추는 모습이 전혀 어색하지 않다는 것이다. 이것이 바로 인도 문화, 인도 영화가 가지고 있는 장점이다.

딜세(From the Heart, 1998)

1999년 베를린영화제 포럼 부문에 출품되어 넷팩상을 수상한 이 영화는 오래전부터 인도 내 계속되어 온 무장분리투쟁 중 아삼 지역의 분쟁을 멜로의 틀로 풀어 낸 영화다. 〈딜세〉는 각종 영화제에 자주 소개되는 마니 라트남(Mani Ratnam) 감독의 문제작이다. 우리나라에도 소개된 바 있는 이 영화는 영화 자체도 완성도가 높고 새로운 시도로 각광을 받았지만, 무엇보다 유명한 것은 기차 위의 춤 장면이다. 이 장면은 영화에서 빠지더라도 영화의 이야기 전개상 아무런 영향을 미치지 않는다. 하지만 이 장면을 통해 영화는 더 풍성한 매력을 가지게 된다. 기차 위에서 추는 춤은 전통무용과 무술을 바탕으로 창작된 것

〈딜세〉 포스터

이기에 인도 본연의 매력을 담고 있기도 하다.

조다 악바르(Jodhaa Akbar, 2008)

영화 〈조다 악바르〉는 인도 영화 음악의 거장 A. R. 라만(Rahman)이 음악감독을 맡은 영화로, 찬란했던 무굴제국의 역사를 담고 있다. 조다 공주와 악바르 대제의 결혼식 장면에서는 역사적 배경을 고려하여 축하 공연에

〈조다 악바르〉 포스터

수피(이슬람 신비주의) 음악이 사용되었다. 이 영화를 통해 맛살라 영화가 힌디 음악에만 국한되지 않는다는 것을 알 수 있다. 또한 궁중이 배경이므로 군무와 노래 제창의 규모도 상당히 거대해 흥미롭다.

세 얼간이(3 idiots, 2009)

영화 〈세 얼간이〉는 〈슬럼독 밀리어네어〉와 함께 우리나라에 가장 잘 알려진 인도 영화로서 우리에게 가장 익숙한 맛살라 영화다. '알 이즈 웰(All is well)'이라는 노래가 대표적이며 최신 영화임에도 전통 인도 리듬과 타악기가 많이 쓰였다.

〈3 idiots〉 포스터

로봇(Enthiran, 2010)

영화 〈로봇〉은 인도의 SF영화다. 장르 특성상 전자음악 등 미래 느낌을 주는 음악이 주로 사용되었음에도 인도의 전통악기와 함께 라가의 선율을 찾아볼 수 있고, 엄청난 규모의 군무도 재미를 더한다.

맛살라 영화는 시대가 변화함에 따라 현대적인 악기와 리듬을 많이 수용하였지만 여전히 전통악기와 인도 특유의 음악적 스타일이 영화 속에 묻어난다.

〈로봇〉 포스터

〈슬럼독 밀리어네어〉와 음악 감독 'A. R. 라만'

〈슬럼독 밀리어네어(Slumdog Millionaire)〉는 2009년 2월 제81회 아카데미 시상식에서 작품상, 감독상, 각색상 등 총 8개 부문을 석권하며 최다 수상의 영예를 안았다. 음악상과 주제가상을 동시에 석권하며 음악을 맡은 A. R. 라만은 이 영화로 일약 세계 최고의 영화 음악 감독 반열에 올라섰다.

〈슬럼독 밀리어네어〉는 영국인 대니 보일(Danny Boyle) 감독의 작품으로 인도 외교관인 비카스 스와루프의 데뷔 소설로서 전 세계 36개 언어로 번역되어 출간되었던 『질문과 대답(Q and A)』이 원작이다.

이 영화에는 시종일관 주옥같은 음악이 흘러나온다. 그중에서도 압권은 단연 라스트신이다. 주인공 자말과 라티카를 위시해 수많은 백댄서가 등장해서 주제곡 '자이 호(Jai Ho)'에 맞춰 신나게 군무를 추며 색다른 즐거움을 선사한다. 주제곡 '자이 호'에는 라가가 곁들여져 인도 느낌이 물씬 풍긴다.

〈슬럼독 밀리어네어〉의 음악 감독 A.R. 라만은 발리우드 영화 음악계에서 거장으로 손꼽힌다. 그는 인도 전역을 아울러 영향력 있는 음악가로 영화 음악 앨범만 100만 장이 넘는 판매고를 올린 바 있다. 대니 보일 감독은 "제발 첼로 따위의 악기는 사용하지 말아 주세요. 전 감정선을 따라가는 음악은 질색입니다."라는 특별한 요구를 했고, 라만은 인도 악기와 발리우드 음악을 제대로 사용하여 영화 음악을 완성했다. 영화 속에서 라만은 영상에 완벽히 녹아드는 멋진 사운드트랙을 탄생시켰다. OST 3번 트랙 'Mausam & Escape'는 빈민가에서 벌어지는 질주와 도주 뒤로 흐르는 음악이다. 빠르고 웅장하며, 복잡하다. 인도의 전통악기 시타르는 엄청난 박진감으로 이 음악을 완성하는 데 한몫을 했다. 'O…… Saya'와 'Paper Planes'는 낯선 언어(혹은 낯선 영어)가 출몰하는 보컬에 상당히 현대적이고

발리우드의 위상을 높인 영화 음악가 'A . R . 라만'

복잡한, 그러나 인도적인 맛을 짙게 풍기는 편곡으로 완성되었으며, 스리
랑카계 영국인 일렉트로닉 뮤지션 M.I.A가 참여했다. 엔딩 곡이자 아카데
미 주제가상에 빛나는 '자이 호(Jai Ho, 승리하리라)'는 미국 정상의 여성 그
룹 푸시캣 돌스(Pussycat Dolls)가 새롭게 불러 화제를 모았다.

　1966년 남인도에서 태어난 라만은 1992년 〈로자〉를 시작으로 〈딜세〉,
〈라간〉, 〈춤추는 무뚜〉 등 지금까지 130여 편의 영화 음악을 작곡해 온 인
도 최고의 음악 감독이다. 발리우드의 상징적인 판타지 리듬을 선보였던
라만의 첫 작품 〈로자〉는 2005년『타임』이 뽑은 '시대를 초월한 사운드트랙
10선'에 오른바 있다. 라만은 2009년『타임』이 선정한 '세계에서 가장 영향
력 있는 인물 100'에 꼽히기도 했으며, 음악 감독 라만의 성공은 인도 영화
음악의 해외 진출에 날개를 달아 주었다.

라비 상카, 그리고 비틀스

1960년대 서양에서는 자본주의 급성장에 대한 회의와 더불어 정신문명을 추구하고 갈망하는 움직임이 일어났다. 서구인들은 인도의 정신세계와 음악을 선망하기 시작했다. 그 가운데 영국의 전설적인 팝 그룹 비틀스가 있다. 그들은 서방 세계에 인도 음악을 알리는 데 큰 역할을 했다. 1960년 중반, 인도의 명상과 음악에 매료된 비틀스의 멤버 조지 해리슨(George Harrison)은 인도 시타르의 명인인 라비 상카(Ravi Shankar, 1920~2012)의 영향을 받았고, 자신의 노래에 인도의 전통악기를 사용했다. 때문에 라비 상카는 비틀스 음악을 조금이라도 주목했다면 익숙한 이름이다. 조지 해리슨으로 시작된 인도 음악에 대한 관심은 비틀스의 모든 멤버에게로 이어졌다. 비틀스 멤버들은 인도 음악에 심취하기 시작했고, 심지어 인도로 철학 수업을 떠나기도 했다. 밥 딜런(Bob Dylan) 등 동료 팝 아티스트들도 라비 상카의 초월론적 신비주의와 그의 음악에 큰 영향을 받았다. 최전성기를 구가하던 비틀스가 그들 음악의 예술성을 추구하기 위하여 인도 음악에 눈을 돌렸다는 사실은 대중음악계에 상당히 의미 있는 족적으로 남는다.

비틀스는 1960년대를 풍미하며 인류 역사상 가장 많은 사랑을 받은 그룹이다. 7년 동안 총 20곡이 빌보드 차트 1위를 차지했고, 약 16억 장(2013년 11월 기준)의 음반이 유통되었으며, 총 113주(약 2년 2개월)라는 빌보드 최징 기간 1위 기록을 깃고 있다. 노래 'Yesterday'를 비롯하여 약 3천여 명의 아티스트가 비틀스의 음악을 리메이크 했다는 전설적인 그들의 기록은 아직까지 신화로 남아 있다. 20세기의 가장 위대한 뮤지션 비틀스가 인도 음악을 선택했고, 인도 음악에 매료되어 자신의 음악 곳곳에 인도 음악에 대한 사랑을 담아냈다는 것은 전 세계에 인도 음악을 알리는 기폭제가

비틀스의 〈Rubber Soul〉 앨범 커버

되었다.

1965년 앨범 〈Rubber Soul〉에서 조지 해리슨은 라가를 접목하여 시타르를 연주하였고, 여기서 더 나아가 앨범 〈Revolver〉(1966)에 수록된 음악 'Love You To'에는 시타르뿐만 아니라 타블라(Tabla)와 탐부라도 함께 연주했다. 팝 역사상 최고의 명반 〈Sgt. Pepper's Lonely Hearts Club Band〉(1967)의 'Within You Without You'와 'The Inner Light'(1968)에 이르기까지 비틀스는 시타르, 타블라, 탐부라, 산투르 등 여러 인도 악기와 인도 음계와 선법을 사용하여 인도 음악을 자신의 음악에 담아 발표했다. 조지 해리슨의 1968년 솔로 앨범 〈Wonderwall Music〉은 단지 인도의 음악과 악기를 도입한 것뿐만이 아니라, 그가 심취했던 힌두의 신비로운 사상까지 담아 실험적으로 표현한 작품이라고 할 수 있다.

1971년 뉴욕 매디슨 스퀘어 가든에서 방글라데시 난민을 위한 콘서트가 개최되었다. 이 콘서트는 라비 상카가 조지 해리슨에게 기아로 허덕이는 방글라데시 난민을 위해 뭔가 도울 일이 없겠느냐고 해서 탄생된 역사적인 자선 공연이다. 에릭 크랩튼(Eric Clapton), 링고 스타(Ringo Starr) 등의 팝 가수들이 대거 출연한 이 콘서트는 영화와 음반으로 제작되었는데, 음반 한 면이 모두 라비 상카의 곡들로 꾸며졌을 만큼 인도 음악의 비중이 컸던 공연이었다.

배낭 속에 담아 온 음악

라비 상카는 1902년 4월 7일 인도의 바라나시에서 태어났다. 그의 형인 우다이 상카(Uday Shankar)는 유명한 무용가이자 인도 민속음악계의 선두적인 인물이다. 상카는 형의 영향을 받았고, 어린 시절부터 동서양의 음악을 많이 접하면서 성장했다. 그가 즐겨 듣거나 만나 본 음악인들은 듀크 엘링턴(Duke Ellington)이나 루이 암스트롱(Loui, Amrstrong) 등 재즈 거장들부터 파블로 카살스(Pablo Casals) 등 현대 클래식의 대가에 이르기까지 다양하다. 그의 음악에 대한 스펙트럼은 폭이 넓다.

그는 1965년에 미국으로 건너가 대성황 속에 데뷔 공연을 가졌는데, 이는 인도의 전통음악을 세계에 알리는 계기가 되었다. 여러 편의 영화와 발레 작품의 음악을 맡아 작곡가로서도 이름을 떨쳤다. 아카데미상을 받은 영화 〈간디(Ghandi)〉의 음악을 맡기도 했고, 캘리포니아 대학교에서 음악 강의를 했으며, 런던 필하모니와 뉴욕 필하모니의 앙드레 프레빈(Andre Previn)을 비롯하여 세계적인 대가와 협연을 갖기도 했다.

시타르는 어떤 악기인가

시타르(Sitar)는 북인도의 대중적인 현악기(다현 류트)로 약 700년 전부터 사용되어 왔다. 음폭이 넓고 다양한 음색이 특징인 이 악기는 인도 힌두스탄 전통음악인 라가 연주에 중요하게 사용되며, 기타처럼 손으로 뜯어서 연주한다. 소리는 사랑기처럼 수많은 배음을 만들어 내는데, 고음역의 하모닉스(배음)는 청중에게 정신이 고조되는 느낌을 갖게 한다. 종교와 명상의 높은 차원의 경건한 정신세계를 담아 내는 음악에서 시타르의 역할은 꼭 필요하고, 인도 전통음악인 라가 양식의 고전적 음률에 적합한 악기다.

북인도에는 시타르 연주의 전통을 잇는 알라우딘 가라나(악파)와 에타와 가라나(악파)의 두 개의 악파가 있다. 알라우딘 가라나에 바리샹카르와 비킬 바네르지 같은 시타르 연주의 대가가 속한다. 에타와 가라나(악파)는 400년 전 무굴제국 아크바르대제의 궁중음악의 전통을 잇는 악파다.

사이키 델릭 음악에 시타르의 연주를 사용한 예가 많이 있었다. 그중에는 비틀스도 포함된다. 비틀스의 멤버 조지 해리슨은 1967년 일기 시작한 인도 열풍에 영향을 받아 크리쉬나파의 요기 마하리시 마헤시(Maharish Mahesh Yogi)를 만나 요가와 명상을 배우기 시작했고, 스승님(구루 판디트지, 종교나 철학 분야의 대스승. Garu는 신성한 교육자의 뜻이고, 판디트지는 학자라는 뜻의 단어 Pandit의 존칭이다)과는 아버지와 아들의 관계를 맺어 깊은 교제를 가졌고, 비틀스 멤버들에게 강하게 영향을 끼쳤다. 이러한 배경이 비틀스 후기 음악에 영향을 끼쳐 뉴에이지적 요소로 나타났다. 이때부터 조지 해리슨이 작곡한 곡들은 거의 뉴에이지 곡들이다. 그는 라비 샹카에게 시타르 연주법을 배워 사이키 델릭을 시도했다. 시타르는 사운드 자체가 상당히 오묘하며 취하게 하는 마력이 있다. 하룻밤을 꼬박 새워 시타르를

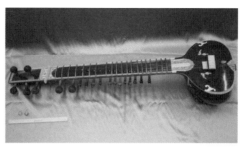

시타르는 북인도의 대중적인 현악기로
약 700년 전부터 사용되어 왔다.
© 현경채

시타르 © 國立台北藝術大學 제공

연주하는 경우도 흔한 일이라고 한다.

　시타르는 건조시킨 조롱박과 티크목으로 만드는데, 20개의 플렛(fret)이 있다. 현은 6~7개의 연주현과 아래쪽에 19개의 공명현으로 이루어져 있다. 손가락에 피크를 끼우고 현을 튕기며 연주한다. 시타르는 고대 비나로 거슬러 올라가서 13세기 초에 아미르 쿠스루(Amir Khusru)가 비나보다 다루기 쉬운 악기를 만들기 위해 현의 배열을 바꾸고 플렛을 움직일 수 있게 만든 것에서 유래했다.

　박통으로 된 울림통은 아래쪽에 하나를 두는 것과 양쪽에 두 개의 울림통을 사용하는 것도 있다. 줄은 금속성의 쇠줄로 되어 있는데, 괘 위로 7줄이 있고, 괘 아래로 13줄이 있다. 괘 위의 7줄 중에 음악을 연주하는 줄은 4현과 5현이고 나머지 줄은 지속음(Drone)을 내는 데 쓴다. 이는 우리나라 서문고의 경우, 유현(눌째 술), 내현(셋째 술)이 선율을 연주하고 나머지 줄은 특별한 효과를 위해서만 사용하는 것과 비슷하다. 조율할 때는 괘를 움직여서 라가에 필요한 음계를 만들고, 괘 아래쪽의 13줄은 라가의 음계를 순차적으로 만든다. 그리고 느린 알랍(서주 혹은 다스름)에서 가끔 새끼손가락의 손톱으로 훑어서 영롱한 소리를 낸다.

탈라와 리듬악기 타블라

인도에는 다양한 타악기가 있고, '탈라(Tala, 순환적 리듬체계)'라는 인도 음악의 리듬에 관한 기본 개념과 독립된 음악 형식이 있다. 서양음악은 한 마디(小節, 소절) 안의 박을 잘개 쪼개서 박자 개념을 만든다면, 탈라는 박을 쪼개는 것이 아니라 박을 더하고 조합하는 개념으로 박자를 만든다. 예를 들면, 다마르 탈라(Dhamar - tala)에서는 4마디(5+2+3+4)로 이루어진 '아바르타(avarta)'가 계속 반복된다. 다마르 탈라는 14박의 음악이고, 첫박(sam)은 'x'로, 제6박(2마디 첫박)은 '2'로, 제8박(3마디 첫박)은 '0'(khali)으로, 11박(4마디 첫박)은 '3'으로 표시된다.

남인도 타악에는 이론적으로 35개의 기본적인 탈라가 있다. 실제 연주에서 연주자는 이러한 기본 리듬 체계를 염두에 두고 연주에 임하지만 종

인도에는 다양한 타악기가 있고, '탈라(Tala, 순환적 리듬체계)'라는 인도 음악의 리듬에 관한 기본 개념과 독립된 음악 형식을 갖는다. © 서영희

인도 음악의 복잡한 리듬 개념은 디악기 디블라가 담당힌다. © 國立台北藝術大學 제공

타블라

종 리듬을 즉흥적으로 바꾸는 경우가 많다. 악보 없이 연주하기 때문에 각 탈라의 선율은 므리덩감이라는 드럼을 연주하면서 기익해 놓는다.

타블라

타블라는 두 개의 서로 다른 크기의 작은 북으로 구성된 악기다. 두 개는 상호 보완적인 기능을 하면서 복합적인 리듬의 하모니를 만들어 낸다.

단순한 박자의 구성을 넘어 그 자체로 멜로디를 구성할 수도 있다. 타블라 하나만으로도 멜로디와 하모니, 리듬을 모두 조화롭게 연주할 수 있어서 인도에서는 타블라 독주회가 자주 열린다. 타블라 연주를 듣고 있노라면 마치 영혼과 심장을 두드리는 것 같은 즐거운 환상에 빠지며 그 매력에 흠뻑 젖어들게 된다.

쌀가루를 태운 가루를 코코넛 기름과 섞어 가죽 위에 붙여서 단단한 소리를 내는 타블라는 북면을 누르면 음정이 올라가 높이가 있는 음을 연주할 수 있다. 연주 중이라도 음정 변화가 있으면 망치로 두드려 조율을 한다. 두드리는 소리가 음악과 조화되도록 하는데, 이는 조율 행위도 음악의 일부임을 뜻한다.

인도의 힌두스탄(Hindustani) 음악에서는 '타블라(Tabla, 2개 1조의 유율악기)'를 사용하고, 카르나틱 (Karnatik) 음악에서는 '므리딩감(Mridinggam, 원통형의 유율악기로 양면을 조율할 수 있다)'을 사용한다. 이것은 대단히 엄격해서 카르나틱 음악에 타블라를 사용한다거나 힌두스탄 음악에 므리딩감을 쓰는 경우는 절대 없다. 이 두 악기는 으뜸음(C)과 딸림음(G)으로 조율하는 공통점이 있다. 타블라는 큰 것(바야라 부름)은 으뜸음으로 작은 것은(다야라 부름)은 딸

한국인으로 오랫동안 인도에 체류하며 인도의 타블라를 배웠고, 한국 음악과 인도 음악의 접목을 시도하고 있는 타블라 연주가 구성모
© 구성모 제공

림음으로 조율하고, 브리딩감은 왼편은 으뜸음으로 오른편은 딸림음으로 조율한다.

다마루

다마루(Damaru)는 허리가 잘록하고 양면에 가죽을 메워 스틱이나 손으로 친다는 점에서 한국의 장구와 비슷하다. 같은 모양으로 길이가 좀 짧은 것은 다이루(Dairoo)라고 하는데, 이는 모두 민속춤을 출 때 아주 유용하게 쓰인다.

후둑

후둑(huduk)은 길이 20cm의 소형 장구다. 왼손으로 가운데 오목한 곳을 잡고 조였다 풀었다 하면서 오른손으로 가죽 부분을 두드린다. 양쪽 가죽의 긴장도가 조일 때와 풀었을 때가 서로 다르기 때문에 다양한 음을 낼 수 있다. 춤을 출 때나 노래를 부를 때 사용되는 악기다.

다양한 인종, 다양한 종교, 다양한 악기

인도 음악의 악기는 200종에 달한다. 이렇게 다양한 악기가 있는 것은 다양한 인종과 종교에 기인한다고 볼 수 있다. 인도 악기는 대부분 독주 악기로 발달되어 있고, 무용 반주나 성악의 반주에 5∼6개의 악기가 사용되기는 하지만 관현악과 같은 대규모 편성은 없다. 인도 사람들의 전통적인 사고방식은 음악이 즐거움을 얻기 위한 수단이기보다는 열반에 이르는 자기 수양의 방법으로 생각한다. 신을 찬양하거나 열반에 이르는 수단이 아니라 많은 청중에게 즐거움을 주기 위해서 음악을 연주하는 형태는 최근에 만들어진 문화라고 한다.

인도 음악에서 비교적 자주 쓰이는 악기를 든다면 현악기로 비나(Veena), 시타르(Sitar), 사랑기(Sarangi), 사롯(Sarod), 바이올린, 기타, 탐푸라(Tampura), 산투르(Santoor), 엑딸(Ektal) 등이, 관악기로는 셰나이(Shenai), 반수리(Bansuri) 등이 중요하게 사용되며, 타악기로는 타블라(Tabla), 므리딩감(mridingam), 다마르(Damar) 등이 있다.

독주 악기로는 힌두스탄 음악에서 시타르(Sitar), 사로드(Sarod), 반수리(Bansuri), 사랑기(Sarangi), 셰나이(Shenai) 등이 쓰이고, 카르나틱 음악에서는 비나(Veena), 바이올린, 반수리 등이 쓰인다. 가장 대표적인 악기를 꼽는다면 힌두스탄 음악에서는 시타르를, 카르나틱 음악에서는 비나를 들 수 있다. 합주나 반주할 때의 악기 편성은 힌두스탄에서는 시타르, 타블라, 반수리, 탐부라, 하모니움 등을 편성하고, 카르나틱 음악에서는 비나, 반수리, 하모니움, 므리딩감 등을 기본 편성으로 갖추고 있다.

비나

남인도 지방에서 주로 사용하는 악기인 비나(Veena)는 옛 그림에 학문의 여신인 '사라스와띠(Saraswati)'가 이 악기를 연주하는 모습이 있어 '사라스와띠 비나'라고도 부른다. 비나는 15세기에 시타르가 소개되기 이전에는 가장 사랑받는 악기로 군림했었다. 양끝에 박통이 공명통으로 붙어 있다. 24개의 플렛(Fret)과 굵기가 서로 다른 일곱 개의 줄로 되어 있는 악기다. 비나는 음역이 매우 넓고, 다양한 음색을 가진 악기다.

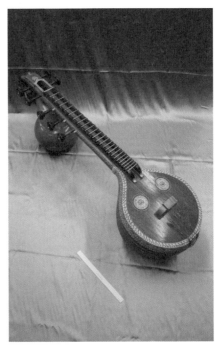

비나(Veena)는 옛 그림에 학문의 여신인 '사라스와띠'가 이 악기를 연주하는 모습이 있어 '사라스와띠비나'라고도 부른다.
© 國立台北藝術大學 제공

모든 음역에서 아주 높은 배음이 만들어지며, 두 개의 공명통을 통해 울리는 풍부한 저음과 음량은 여러 악기가 동시에 연주하는 듯한 효과를 낸다. 주선율을 제외하고는 연주자의 즉흥적인 변주를 많이 허용하는 편이다.

사로드

북인도의 악기 사로드(Sarod)는 25개의 철제 현을 가진 현악기다. 조개껍데기나 코코넛 껍데기로 만든 도구(플렉트럼)로 현을 뜯어서 연주한다. 4개의 기본 현으로는 멜로디를 연주하고, '자바리'라 불리는 다른 3개의 현

인도-항상 새롭게 창조되고 완성되는 음악의 나라

왼쪽이 사로드. 오른쪽이 시타르 © 현경채

으로는 라가 양식에 따른 화음을 구성한다. '시카라'라고 불리는 또 다른 세 줄은 리듬과 통주저음을 맡는다. 나머지 15현은 '타라프'라 하는데, 라가의 음계에 맞추어 조율한 공명현이다. 이 악기는 현악기인가 하는 의문이 들 정도로 현란하고 섬세한 음악과 리듬을 구사한다. 사로드는 아랍의 '라밥 (Rarab)'이라는 악기와 많이 닮아 라밥의 기원으로 추정하는 사람도 있다.

사로드는 고대 인도 왕국 참파사원의 조각물(1세기) 속에서 발견되었으며, 아잔타석굴의 벽화에서도 이 악기의 그림을 만날 수 있다. 사로드로 연주하는 주된 레퍼토리는 라가 음악이다. 사로드의 풍요로운 음악을 듣고 있으면 옛날 화려했던 무굴제국 왕궁에서의 장중하고 느린 음률에 맞추어 춤을 추는 무희들이 눈앞에서 어른거리는 환상에 빠져든다. 알리 악바르 칸(Ali Akbar Khan), 라디카 모한 마이트라(Radhika Mohan Maitra)를 대표적인 연주자로 들 수 있다.

탐부라

탐부라(Tampura)는 금속의 네
줄 악기다. 각 줄이 '파바리(Favari)'
라고 불리는 배음(Overtone)을 만
든다. 배음 효과를 내기 위해서는
브리지와 줄 사이에 비단이나 무명
으로 된 가느다란 실을 걸쳐 놓는
다. 악기 소리가 나도록 올려놓고

탐부라

실을 당기거나 밀어 보면 배음 효과가 잘 나는 곳을 찾을 수 있다. 전혀 배
음 소리가 나지 않다가 실을 당김에 따라 '드르룽' 하고 울리는 배음은 신비
롭다. 탐부라의 조율은 완전 5도와 옥타브로 되어 있는 단순한 것이지만,
대단히 어려워서 탐부라의 조율을 정확히 할 줄 아는 사람은 음악을 다 배
웠다고 말할 정도다.

사랑기

인도 악기 중에서 정신적으로 높은 음악을 구사하는 악기는 북인도의
악기 사랑기(Sarangi, 다현 찰현 악기)다. 독주보다는 노래의 반주 악기로 사
용한다. 사랑기라는 말 자체가 '사우(100)'와 '랑기(색깔)'로 100가지 음색을
지닌다는 의미를 가지고 있다. 사랑기의 음계는 다섯 옥타브에 달하며, 연
주 방식은 첼로와 같은데 연속적인 음성을 만들어 내는 특이한 효과를 얻
을 수 있다.

이 악기는 원래 회교권에서 시작되어 북인도에 널리 퍼져 있었으나 지
금은 전 인도에서 볼 수 있다. 무굴제국 이후 등장한 새로운 성악 형식인
'캬할(Khayal)' 형식과 '뚜무리(Thumri)' 형식이 나타나면서 사랑기의 활약이

인도―항상 새롭게 창조되고 완성되는 음악의 나라

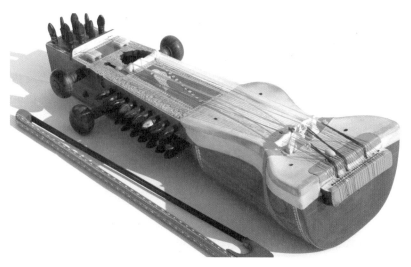

사랑기, 다현 잘현 악기

많아졌다. 그 이유는 사랑기의 음색이 사람의 목소리와 가장 흡사하기 때문이다. 통나무를 잘라 아래쪽을 파내어 공명통을 삼고 그 위에 가죽을 씌우고, 동물의 힘줄로 만든 세 줄의 현을 얹은 악기다. 세 개의 줄을 버틴 받침 아래로 35~40가닥의 가는 쇠줄이 있는데, 활로 연주하며 간간히 꽤 아랫줄을 손가락으로 긁으면 아주 영롱한 소리가 난다. 바이올린 지판과 같이 플랫이 없어서 연주하기가 까다롭고, 줄이 투박하고 굵어서 부드러운 소리를 내기 위해서는 상당한 연습이 필요하다.

하모니움

하모니움(Harmonium)은 간단한 손풍금 모양으로 오른손은 건반을, 왼손은 바람을 넣도록 되어 있는 구조의 악기다. 서양의 평균율로 조율된 악기로 18세기 이후 영국이 인도를 지배하면서 퍼진 악기다. 이 악기는 주로 노래 음악이나 춤 반주에 쓰이며, 독주로는 쓰지 않는다.

배낭 속에 담아 온 음악

반수리

반수리(Bansuri)는 인도의 대표적인 관악기다. 지극히 부드럽고 사람의 마음을 달래 주는 음색의 악기다. 종류가 아주 다양해서 짧은 것은 20cm, 긴 것은 1m가 넘는 것도 있다. 이 악기는 아주 오랜 역사를 가지고 있어서 크리슈나 신의 초상을 보면 반수리를 부는 모습으로 묘사되어 있다. 이 악기는 대금과 비교할 수 있는데, 대금보다는 취구가 작다. 음을 굴려 만들어야 하는 인도 음악에서는 상당한 연습량이 필요한 악기다.

산투르

산투르(Santoor)는 카슈미르 지방의 대표적인 악기로 우리나라 양금과 비슷한 악기다. 회교 사원에서 많이 쓰였고, 무굴제국 때 무슬림과 함께 인도로 건너와 북쪽에서 많이 사용되는 악기다. 가는 쇠줄 100개가 나무 상자에 걸려 있어 한국의 양금보다는 훨씬 음역이 넓고, 소리도 크다. 나무로 만든 투박한 채를 써서 소리가 야무지다.

인도네시아

탄생부터 죽음까지 전 생애를
함께하는 가믈란 음악

Republic of Indonesia

인도네시아(Indonesia)
수도: 자카르타
언어: 인도네시아어
면적: 1,919,440km² 한반도의 9.3배
인구: 약 25,599만 명, 세계 4위
GDP: 약 8,957억 달러, 세계 16위
통화: 루피아 100IDR=8.47원(2015.11.06)
기후: 열대성 기후
종교: 이슬람교 88%, 개신교 5%, 가톨릭 3%, 힌두교 2%
종족: 자바인 45%, 순다인 14%, 마두루인 7.5%, 말레이인 7.5%
국가번호: 62

하늘의 별만큼 많은 섬으로 이루어진 나라 인도네시아에는 천 가지 이야기와 함께 400개가 넘는 종족이 있다. 그곳에는 구석기 문화와 첨단기술이 공존하며, 과거와 현재를 잇는 거리 문화가 피어난다. 발리에서 만난 사람들은 순박하고 친절했다. 나를 보고 웃어 주었고, 카메라 앵글을 들이대면 받지도 못할 사진인데 도리어 찍어 줘서 고맙다고 인사를 했다.

문화인류학자들은 인도네시아 문화의 다양성과 고대 유산에 매료되곤 한다. 겉으로는 이슬람교가 지배하는 나라처럼 보이지만 생활 전반에 배어 있는 풍속은 이슬람교 이전의 종교와 더 가까웠다. 낙천성과 여유로움은 인도네시아 사람들의 장점으로 보였고, 전국에 퍼져 있는 화산처럼 어느 순간 폭발하는 성향이 있었다. 인도네시아에는 특별한 볼거리가 아주 많다. 섬마다 느껴지는 분위기가 다르고, 종족에 따라 전통의식과 의상, 가옥 양식, 음악이 달랐다. 지난날 인도네시아가 열강의 각축지가 되었던 것은 향료 때문이었다. 네덜란드는 인도네시아의 향료 산지를 차지하는 대가로 영국에게 맨해튼 섬을 내 주었다.

인도네시아는 ASEAN 주도국으로서, 우리나라는 물론 미국, 중국, 일본, EU 등 주요국의 외교 안보 및 경제 협력 대상국이다. 2010년 우리나라에서 개최된 G20정상회의에도 동남아시아 유일의 회원국으로 참가하기도 했다. 이는 인도네시아가 최근 수년간 지속적으로 보여 준 6% 이상의 높은 경제성장률과 향후 성장 잠재력, 그리고 민주주의를 추구하며 이룩한 국내 정치의 안정적인 발전 등을 높이 평가받았기 때문이다. 우리나라와는 경제

협력국으로서 중요한 위상을 갖는 나라지만, 인도네시아에 대한 우리의 이해는 후진국, 이슬람국가, 휴양지로 유명한 발리가 있는 나라라는 인식과 함께 테러, 쓰나미, 지진, 대홍수, 부정부패, 장기독재, 조류독감 등 부정적 이미지가 대부분이다.

인도네시아의 정식 명칭은 인도네시아공화국(Republic of Indonesia)이다. 나라 이름은 그리스어로 인도인을 뜻하는 'indos'와 섬들을 가리키는 'nesos'의 두 단어가 합쳐진 것이다. 동남아시아에 널리 퍼져 있는 크고 작은 섬들로 이루어진 세계 최대의 도서 국가로, 인공위성에서 확인한 섬만 해도 무려 1만 8천 108개이고, 이 가운데 약 1만 2천 개가 무인도다. 말레이제도에서 필리핀을 제외한 대부분의 섬이 인도네시아 영토라니 정말 대단하다. 자바(Java), 수마트라(Sumatra), 칼리만탄(Kalimantan), 술라웨시(Sulawesi), 파푸아(Papua) 등 다섯 개의 주요 섬으로 이루어져 있는 인도네시아는 동서 교통의 요지이기 때문에 역사적으로 문화적·민족적인 교류와 이동이 두드러졌다. 행정 구역은 30개 주(propinsi), 2개 준주(daerah istimewa), 1개 수도구(daerah khusus ibukota)로 되어 있다.

인도네시아는 완전한 열대성 기후로 동남아시아 계절풍대의 전형적인 특징을 보인다. 연중 기온이 높고, 전 지역이 평균기온 25∼27℃를 기록한다. 강수량은 몬순의 영향을 크게 받아 중심부에 해당되는 적도 부근을 제외하면 대체로 건기와 우기의 구별이 뚜렷하다.

인도네시아는 중국, 인도, 미국에 이어 세계에서 네 번째로 인구가 많은 나라다. 지금은 2억 5천만 명 정도이고, 전문 조사 기관은 2050년에 3억 명을 돌파할 것이라고 예측했다. 인도네시아는 단순히 사람만 많은 것이 아니라 '종족의 전시장'이라고 할 만큼 다양한 종족이 모여 산다. '다양성 속의 통일'은 인도네시아가 추구하는 모토다.

인도네시아 문화는 말레이 민족 문화에 인도·중국·이슬람·유럽 등 각종 외래 요소가 더해져 다양성을 띠고 있다. 특히 인도 문화는 원주민 문화와 깊이 융합하여 문화 발달에 큰 영향을 미쳤다. 대승불교의 유적, 힌두교 사원, 금속세공, 장식예술 등은 인도네시아의 문화유산으로 보호, 계승되고 있다. 독특한 색채를 담고 있는 와양(wayany)·가믈란 음악(gamelan)·무용을 비롯하여 고전문학도 모두 그 영향 아래 발전해 왔다. '라마야나(Ramayna)', '마하바라타(Mahabahrata)' 등의 이야기는 현재에도 널리 인도네시

힌두교 사원 앞의 수호신 ⓒ 현경채

인도네시아-탄생부터 죽음까지 전 생애를 함께하는 가믈란 음악

아 문화의 각층에 걸쳐 퍼져 있다. 신비주의는 인도네시아 문화의 두드러진 특색 중 하나로, 많은 전설 · 민간신앙 · 주술 등을 통하여 전승되고 있다. 아직도 일상생활에서는 주술사의 점 등에 의존하는 경향이 강하다.

인도네시아는 세계에서 무슬림이 가장 많은 국가다. 인도네시아 전체 인구의 88%가 이슬람교를 믿는 무슬림이다. 인도네시아 사람들에게 이슬람교는 모태신앙이며 생활의 종교다.

인도네시아는 화산이 살아 숨 쉬고 땅이 꿈틀거리는 역동적인 섬나라다. 인도네시아의 해역은 테티스 해 구조대와 환태평양 구조대가 이어지는 곳으로 지반의 변동이 심해 화산도 많고 지진도 잦은 편이다. 지구상에서 발생하는 화산 분화의 70~80%가 이곳에서 일어난다. 화산 수가 400개에 달하며, 활동 중인 화산만도 78개인데, 화산은 수마트라 섬과 자바 섬에 집중되어 있다. 화산은 재난을 일으키기도 하지만 화산 활동이 일어났던 곳은 땅이 비옥해 농사 짓기에 좋다. 자바 섬의 토양이 가장 비옥하며, 인구의 60%가량이 여기에 거주한다. 이곳의 농부들은 작은 마을을 이루고 쌀 · 고무 · 커피 · 차 · 코코넛 · 설탕 등을 생산한다. 화산지대의 온천과 간헐천은 관광객에게 인기 좋은 곳으로 훌륭한 관광 상품이고, 이른 아침, 연기를 뿜어 내며 브로모 화산(동부 자바)이 서서히 깨어나는 모습은 장관이다.

이 지역에는 1세기경부터 인도 문화가 전해졌으며, 불교와 힌두교를 배경으로 한 왕국이 세워졌다가 16세기 초 이슬람교도에게 멸망했다. 17세기부터 네덜란드의 식민지가 되었으며, 제2차 세계 대전 중 네덜란드를 대신한 일본 점령군에 대한 저항 운동을 거쳐 1945년 8월 17일 네덜란드로부터 독립하고 헌법을 제정하였다. 독립 당시에는 각 지역이 연방으로 독립을 선언하였으나 1950년 단일국가가 되었다. 자카르타 시내 중심부에 있는 독

배낭 속에 담아 온 음악

립 광장에는 인도네시아가 네덜란드로부터 독립을 쟁취하는 과정이 담긴 독립기념탑 모나스가 우뚝 솟아 있다.

인도네시아는 종교와 분리해서 생각할 수 없을 정도로 정치, 경제, 교육 문화 등 모든 분야가 종교와 밀접한 관계를 갖고 있다. 인도네시아는 이슬람 국가로 알려져 있지만 이슬람교를 국교로 정하지 않았으며, 헌법에 종교의 자유를 명시하고 기타 종교 활동도 보장하고 있다. 이는 특정 종교만을 위한 배타적 원칙이 아닌 다양한 신앙에 대한 존중을 의미하는 것이다. 그럼에도 종교 간의 충돌이 발생한다. 특히 지방에서 이슬람 극단주의와 기독교(개신교, 천주교) 간의 크고 작은 분쟁이 종종 언론에 보도되고 있다.

이슬람이 인도네시아에 소개된 것은 14세기경으로, 인도를 통해 전래된 것으로 알려져 있다. 인도네시아는 여타 이슬람 국가와 마찬가지로 돼지고기와 음주를 금기시하며, 하루 다섯 차례 기도와 금요 예배, 라마단 기간 한 달 동안 금식을 하는 등 종교생활을 지켜야 한다. 그러나 이슬람이 전파, 확산되는 과정에서 토착 종교나 관습 등과 혼합되어 중동의 이슬람 국가보다 개방적이고 세속화되어 있다. 무교는 허용하지 않으며 신분증에도 여섯 종교 중 하나를 의무적으로 기입해야 한다.

신들의 섬 발리는 매일매일이 축제

발리(Bali)는 축제의 섬이다. 내가 방문했던 2013년 여름에도 곳곳에서 축제의 행렬을 볼 수 있었다. 흰색 옷을 입은 사람들이 줄줄이 힌두 사원으로 들어가는 모습이 보여 '무슨 특별한 날인가 봐요?'라고 운전기사 와얀에게 묻자 '오늘은 힌두의 어떤 성인을 기념하는 날'이라는 대답이 돌아왔다. 그것을 시작으로 수북하게 쌓아 올린 제물을 머리에 이고 사원으로 향하는 여인들의 행렬을 볼 수 있었다. 작은 체구에 색색의 제물을 엄청나게 이고 있는 그녀들의 모습은 상당히 이색적인 볼거리였다. 그녀들은 크고 작은 종교의식을 준비하는 여인들이었고, 발리에서는 1년 내내 이러한 종교의식을 만날 수 있다. 발리 사람들은 하루에 세 번 식사하기 전에 신들에게 제물을 바친다. 나무 이파리로 작은 그릇을 만들어 그 속에 꽃과 음식, 소금 등을 넣는다. 이러한 작은 제물은 집 앞에도, 사원에서도 자주 발견된다.

신들의 섬 발리는 산스크리트 어로 '와리(Wali)', 즉 '제물'에서 유래된 이름이다. 발리 사람들은 발리를 '천 개의 사원이 있는 섬(풀라우 스리부 뿌라)'이라고 부른다. 발리에는 2만여 개의 힌두 사원이 있다고 하니 이 말은 과장이 아닌 듯하다. 지상의 낙원 발리 섬은 오래전부터 세계적인 휴양지로 환영받아 왔다. 지금도 신혼여행지로는 이만한 곳이 없다.

발리의 북쪽 마을 우붓 마을에는 숲도 있고 오솔길

그들은 삶이 곧 신앙이며 신앙이 곧 삶이다. 기원의 마음을 담아 신에게 작은 제물을 올린다. © 현경채

배낭 속에 담아 온 음악

도 있고, 창문을 앞뒤로 활짝 열어 통풍이 아주 잘 되던 미술관도 있다. 그곳에는 미술인들이 작품 활동을 하는 수많은 공방이 있는데, 그들의 회화 작품을 만날 수 있었던 갤러리 투어도 행복한 기억으로 남아 있다. 물론 절경을 보며 마사지나 식사도 가능하다.

꾸따 비치의 선 셋 바에서는 매일 저녁 환상적인 경치의 석양과 함께 DJ들의 디제잉을 즐길 수 있다. 짐바란의 석양과 해산물 음식이 유명하다고 가이드북에 써 있기는 했지만, 나는 스미냑의 리조트 호텔의 바닷가에서 파인 디너를 선택했다. 서핑의 메카 꾸따 비치와 2시간 동안 계곡을 떠내려 오는 아찔한 래프팅이 여행객을 유혹하는 곳, 그곳은 바로 인도네시아의 발리다.

께짝 댄스, 바롱 댄스, 가면극 토펭

미술관과 호텔에는 언제나 가믈란 음악을 연주하는 음악인들이 있다. © 현경채

발리 문화는 힌두 사원과 함께하며, 미술관 앞마당에도 호텔 로비에도 어디서든지 쉽게 가믈란 소리를 들을 수 있으며, 즉석 체험 또한 가능했다. 관광객들이 많이 다니는 발리 우붓 마을의 대표적인 사원에서는 종교적 제의를 대신해서 매일 밤마다 춤 공연과 음악 연주를 신에게 올렸다. 사원에서 공연을 하고자 하는 예술가들이 아주 많아 보였는데 화려한 사원은 그 자체가 멋진 무대이며 밤에만 진행되는 공연의 분위기는 춤에 몰입도를 상승시키는 효과를 주었다. 여성들의 춤인 레공(Legong) 댄스, 힌두 신화를 바탕으로 한 레공 마하바라타(Legong Mahabharata), 께짝(Kacak) 댄스, 사자춤으로 알려진 바롱(Barong) 댄스, 가면 춤인 토펭(Topeng) 등이 주된 종목들이었다.

께짝 댄스

께짝(Kecak) 댄스는 낙원의 섬 발리의 정서가 흘러넘치는 매력적인 춤으로 여행객들에게 가장 인기 있는 공연이다. 신에게 제물을 바친 후 시작되는 께짝 댄스는 몽키 댄스라고도 부른다.

내레이션 한마디도 없이 영상과 음악으로만 제작된 다큐멘터리 〈Baraka〉(1992, 감독: Ron Fricke, 음악: Michael Stearns)는 작품이 전하는 메시지가 아주 강하다. 5명의 촬영감독이 14개월 동안 24개국의 152개 장소에서 촬영했다는 이 다큐멘터리는, 숨 막히는 자연의 모습과 이국적인 문화 속에 짜임새 있는 스토리텔링과 편집 기술로 완성도 높은 세련된 예술 감각을 보여 준다. 아침 경관과 기도하는 사람들로부터 시작하는 이 다큐멘터리에는 수백 명의 사람이 원숭이 노래를 부르는 장면이 나온다. 이것이 바로 인도네시아 발리의 께짝 댄스다.

제임스 캐머런(James Cameron) 감독의 영화 〈아바타(Avatar)〉(2009, 음악: James Horner)에도 발리의 께짝 댄스 장면이 나온다. 앞으로의 삶을 장담하지 못하게 된 인류는 판도라의 토착민 '나비(Navi)'의 외형에 인간의 의식

다큐멘터리 〈Baraka〉 DVD

영화 〈아바타〉

다큐멘터리 〈Baraka〉(1992)의 께짝 댄스

을 주입하여, 원격 조종이 가능한 새로운 생명체 '아바타'를 탄생시키는 프로그램을 개발하였고, 판도라 행성의 나비 족 외형으로 다시 태어난다. 이 영화는 컴퓨터 그래픽과 이모션 캡처(Emotion Capture) 방식을 활용해 만든 IMAX 3D 작품이다. 이 영화에서 만나는 발리의 께짝 댄스는 신비롭다.

상반신을 벗은 원숭이 군단의 역할을 하는 100여 명의 남자가 등잔불 주위를 둥그렇게 둘러싸고 개구리 울음소리를 흉내 내서 '께짝 께짝'이라고 합창을 하면서 춤을 추는 모습은 주술적이고 한편으로는 소름끼칠 정도로 박력 있다. 께짝 댄스는 신들린 듯한 춤사위, 원숭이 군단의 군무, 아름다운 소녀의 춤에 라마야마의 이야기를 담아내 한 시간가량 공연된다. 발리에서 매일 저녁 시간 어슴푸레한 어둠 속에서 공연되며, 관광객들의 필수 관람 코스이기도 하다.

발리 섬을 대표하는 께짝 댄스의 탄생은 1930년대의 관광화와 밀접한 관련이 있다. 1931년, 독일의 빅터 폰 푸렛센 감독의 영화 〈악마의 섬〉은 발리의 이국적인 풍습과 예능을 소개하여 유럽에서 대성공을 거두었다. 이 영화에서 새롭게 고안한 께짝이 처음으로 소개되었다. 발리 섬에서 예부터 전해지는 악마를 쫓는 의식 '상향'에서 최면 상태를 촉진할 목적으로 사용하는 '차(남성 합창)'를 개편하여 창작한 께짝은 이 영화를 위해서 새롭게 창작된 무용이다. 그 후 〈악마의 섬〉을 본 유럽인 관광객이 발리에 와서 께짝 댄스를 관람하고 싶어 하자, 외국인 관광객을 대상으로 한 께짝 댄스 공연이 발리 각지에 급격히 퍼져 나갔다.

께짝 댄스는 〈라마야나〉에서 나오는 원숭이들로부터 유래된 춤이다. 흑백의 격자무늬 천을 허리에 두른 남자 수십 명이 모닥불을 에워싸고 소리를 내며 율동을 한다. 발리의 액막이 의식과 라마야나 이야기를 결합해 각색한 춤이 바로 께짝 댄스다. 최면 상태의 의례인 '상향'은 발리 섬에서 샤먼 역할을 하는 인물로 그들은 초자연적인 힘에 의해서 비로소 춤출 수 있는 것이라고 믿고 있다. 그들에게 께짝은 악령에 의한 전염병이나 재해를 예방하고 공동체가 악마나 악령에 의해 위험에 처했을 때 신들과 인간 사이의 보호 관계를 확립하는 수단으로서 주술로 더럽혀진 공동체의 부정을 없애고 선과 악의 조화를 회복시키기 위한 의식이다. 그러나 발리에서 만나게 되는 께짝 댄스는 의미나 공연 자체보다는 관광객용 퍼포먼스 중심으로 변용되었다. 전통을 사랑하는 사람의 입장에서는 뒤끝이 씁쓸했다. 그들의 순수한 삶과 춤에 깃든 숭고한 마음을 존중하고 싶은데 그러한 날이 쉽게 올 것 같지 않아서 슬프다.

바롱 댄스

바롱 댄스(Barong Dance)는 발리의 가장 대표적인 춤이다. 현재 바롱 댄스는 예술 마을 우붓의 궁전이나 덴파사르 북쪽의 '바투 불란'에서 공연되고 있었고, 관객들을 위한 상설공연도 매일 그리고 여러 차례 진행되고 있었다. 나도 관광객들 사이에서 바롱 댄스를 감상했다. 짙게 그린 눈화장은 가뜩이나 큰 인도네시아 여인의 눈을 더욱 크게 보이게 했으며, 몸을 S자로 비틀고 추는 발리의 바롱 댄스는 요염했다. 바롱 댄스는 선의 상징인 바롱과 악의 화신인 마녀 랑다와의 싸움을 테마로 하고 있다. 현재 공연되고 있는 바롱 댄스의 개요는 다음과 같다.

> 사하 데와(Saha Dewa) 왕자는 버타리 두르가(Betari Durga)라고 하는 죽음의 신의 제물로 바쳐질 운명에 처해지자, 왕자의 어머니(여왕)와 두 명의 하녀는 매우 슬퍼한다. 두 명의 하녀는 사하 데와의 수상에게 도움을 청한다. 수상과 여왕이 나타나자 마녀는 여왕의 마음이 변하는 것을 두려워해서 저주를 걸어 왕자를 처형하라고 명한다.
> 수상은 사하 데와 왕자를 경애하고 있어 여왕의 명령에 반항한다. 마녀는 이것을 알아차려 수상에게도 저주를 걸고 왕자를 죽음의 신의 집 앞에 붙들어 맨다. 시바신은 이를 애처롭게 생각하여 왕자를 불사신으로 만든다. 바롱의 원군이 나타나 랑다와 싸우지만 랑다의 마법에 걸려서 자신들 가슴에 단검을 찌른다. 바롱은 랑다의 마법을 풀지만 랑다와 바롱의 끝없는 싸움이 계속된다.

바롱 댄스에서는 랑다가 패배하지 않은 채 극이 끝난다. 양극으로 대립하는 선과 악이라는 두 개념이 영원히 싸우면서 조화되는 세계를 나타내는 것이다. 바롱 댄스는 일본의 사자춤과 아주 비슷하다. 바롱은 인도네시아 사람들의 상상력이 총동원된 모습의 괴이한 동물의 형상을 하고 있었다. 일본 기카구(伎樂)에서 사자는 악령을 쫓아내는 영적인 동물로 여겨지고 있다는 점에서 발리의 바롱과 성격이 같다.

현재 발리에서 관광용으로 상연되고 있는 바롱 댄스는 힌두교 서사시

「마하바라타」의 내용을 중심으로 한다. 1930년대에 만들어진 바롱 댄스는 외부나 내부의 필요에 따라서 끊임없이 재창조되고 재연출되었다. 원래 바롱 댄스는 바롱의 난폭한 춤이 계속되고 바롱과 랑다가 싸우다가 최후에 검을 든 남자들이 몰려들어 와서 최면 상태에서 자기 가슴을 찌르는 내용의 무용극이다. 1948년 발리 호텔(덴파사르 시내에 있는 발리 최초의 호텔)로부터 외국인 관광객에게 보여 주기 위한 바롱 극을 요청받고 싱아파두 마을과 바투불란 마을 사람들이 만든 것이라고 한다.

발리 사람들은 예부터 생명의 탄생이나 죽음은 인간에게 강한 영향을 주는 '초자연적인 힘'에 의해 결정된다고 생각했다. 때문에 초자연적인 힘을 갖고 있는 자연현상이나 신에 대한 공포와 경외심이 있으며, 인간의 탄생과 죽음 또한 경의의 대상으로 생각했다. 발리 사람들이 초자연적인 존재인 신(산, 오른쪽, 선)과 악령(바다, 왼쪽, 악)의 상반되는 힘을 양극에 부여하고, 균형을 유지하기 위해서 의례를 행하여 제물이나 기도를 바치고 예능을 봉헌하는 것은 세계의 조화를 유지하기 위해서라고 생각했다. 바롱 댄스의 바탕이 된 〈챠롱나랑극〉은 이러한 배경에서 만들어진 일종의 주술극이고, 발리의 중요한 종교의례의 하나로 강력한 악령을 쫓는 의식이었다. 와양쿨릿에 등장하는 챠롱나랑 이야기는 1890년경에는 종교적인 것에서 독립하여 바투 불란 마을에서 연극화되었다. 그 이후에 오달란(Odalan, 사원 기념일을 위한 제사) 날에 모든 재앙이나 화를 막기 위한 목적에서 〈챠롱나랑극〉이 점차 유행하였다. 〈챠롱나랑극〉으로 사용되는 바롱과 랑다의 가면은 평소에는 사원의 사당 안에 봉인되어 있다.

인도네시아 발리(Bali) 지역의 제사에서 가장 규모가 크고 장시간에 걸쳐 진행되는 오달란 제사에서 바롱의 진가는 더욱 발휘된다. 엄청난 위력과 풍채의 동물로 바롱이 신의 성격을 대변하는 역할을 하기 때문이다. 바

바롱은 인도네시아 사람들의 상상력이 총동원된 괴이한 동물의 형상을 하고 있었다. © 남광옥

경북 안동시에 위치한 〈하회동 탈박물관〉을 방문하면 인도네시아의 바롱을 직접 볼 수 있다. © 남광옥

롱은 행렬이나 일행의 선두를 지키며 더러운 것을 정화하고 제례 장소에 안전하게 도달하게 하여 성스러운 종교와 신앙행위를 위한 준비 작업을 도와준다.

가면극 토펭

발리에 가면 가면연희극 토펭(Topeng)을 만날 수 있다. 토펭을 생생하게 만난 것은 2006년 6월 짧은 일정으로 발리를 방문했을 때다. 5박 7일의 패키지여행 일정 중 2일의 자유시간이 허락된 시간을 이용해서 잠시 토펭을 만나러 나갔었다. 토펭을 알게 된 것은 1997년으로 거슬러 올라가 〈용의 제사〉라는 아시아 5개국 연합대형탈춤극 프로젝트에서였다. 영상 속에서만 보던 토펭을 직접 만난 날의 벅찬 감동은 지금도 생생해서, 지금이라도 다시 발리로 달려가고 싶은 마음이 불끈 일어난다. 발리의 북쪽 마을 우붓(Ubud) 지역에는 옛 왕궁과 여러 사원에서도 토펭이 거의 매일 공연되기 때문에 인도네시아인들에게 가면극 토펭은 매우 친근하고 일상적인 춤이다. 운이 좋은 날이면 일부러 찾지 않더라도 발리의 전통 음악과 춤을 만날 수 있다. 발리에서는 오달란 축제에 가믈란과 함께 바롱 댄스와 토펭 등을 신께 바친다. 오달란 축제는 사원의 건립 기념일로 인도네시아 달력을 기준으로 행해진다. 발리에는 수없이 많은 사원들이 있고, 사원이 건립된 날을 기준으로 오달란 축제를 하기 때문에 1년 내내 발리의 곳곳에서 오달란 제사가 진행된다. 일반인도 관람이 가능하다고 하는데, 여성 전통의상인 크바야(Kebaya)를 착용해야 입장할 수 있다. 발리는 여행객이 대중교통수단을 이용하기가 쉽지 않으니, 가능하다면 사원이 집중되어 있는 우붓 지역에 숙소를 잡고, 여행 일정도 비교적 규모가 있는 사원의 오달란 축제날을 메모해 놓았다가 그때 발리로 여행을 떠나는 것이 좋다.

가면극 토펭(Topeng)은 한국의 강령탈춤과 비슷한 장르의 연희다. 인도네시아에서는 가면극이나 가면을 '토펭'이라고 한다. 토펭은 등장하는 모든 출연자가 가면을 사용하는, 인도네시아에서 가장 오래된 무용극이다. 가면극은 발리 외에도 자바의 족자카르타, 자바 북쪽 해안의 치레본 등에서도 보인다. 토펭의 최초 기록은 14세기 마자파힛왕조기의 연대기 『나가라컬타가마(Negarakertagama)』에서 볼 수 있다. 하얌 우룩 왕이 여덟 명의 아들과 함께 토펭의 연기자로 춤을 추었다고 한다.

토펭을 추는 사람은 가면으로 얼굴을 가리고 있기 때문에 대사가 없고, 이야기를 전개하고 가믈란 음악을 리드하는 것은 모두 '다랑'이 맡는다. 스토리는 「라마야나」와 「마하바라타」를 내용으로 하고, 이후 이슬람교 「판지 이야기」가 포함되었다. 한 명이 몇 개의 가면을 바꾸면서 겔겔 왕국의 역사를 연기하는데, 대부분은 재앙을 방지하기 위한 것이다.

토펭의 극에 사용되는 줄거리는 전설적이고 역사적인 주제·전사 움직임 등을 의미하며 과장되고 괴이한 요소들을 체현해내고 있다. 발리의 토펭은 극히 신성한 의식에 가깝다. 신을 부르고 신을 위로하고 신을 기쁘게 하는 일종의 '제의예능'에 무게 중심이 있는 춤이다. 한국의 탈춤 〈하회별신굿〉(중요무형문화재 제69호)이 정초(음력)에 무병과 마을의 안녕을 비는 마을굿에서 연행되었다는 점에서 토펭의 연희 목적과도 비슷하다는 생각에 이르니 여러 나라의 공연예술을 찾는 여행으로 남은 인생을 보내면 좋겠다는 꿈이 버킷리스트에 하나 더 추가됐다. 인도네시아를 방문하지 않고, 실제로 토펭의 가면을 볼 수 있는 방법이 있다. 경북 안동시에 위치한 〈하회동 탈박물관〉을 방문하면 세계 각 지역의 다양한 탈을 볼 수도 있고, 그중 가장 크고 화려한 바롱의 모습도 직접 볼 수 있다.

'우월한 문화란 없다'는 신념을 갖고 미국에서 활동하는 거문고 연주자 김진희는 1997년 〈용의 제사〉라는 아시아 5개국 연합대형탈춤극을 만들어 문화의 평등함을 세상에 증명했다. 뉴욕에서 초연된 용의 제사는 한국의 강령탈춤과 일본의 노(能)극, 인도네시아의 토펭과 인도의 쿠디야탐 등 동양의 가면극을 융화시킨 다국적 작품이다. 김진희가 용의 제사를 완성하는 데는 꼬박 3년이 걸렸다. 그때 함께 작업하던 인도네시아 토펭 댄서의 아내가 딸을 낳았는데 그 아이의 이름을 같은 '진희'로 붙였다. 거문고 연주자의 김진희는 이것을 무용담처럼 이야기하곤 한다.

드뷔시가 사랑한 음악, '가믈란'

우리에게 '목신의 오후 전주곡'으로 익숙한 20세기 프랑스의 인상파 작곡가 드뷔시(Claude Debussy, 1862~1918)는 1889년 파리에서 개최된 만국박람회에서 인도네시아의 자바 음악을 처음 접하고 크게 감명을 받았다고 한다. 그렇게 해서 탄생한 음악이 바로 피아노곡 '판화(Estampes)'다. 드뷔시가 들은 것은 자바 지역의 웅장하고 근엄한 가믈란(Gamelan) 음악인데, 특별히 가믈란의 선법을 차용했다고 명시하지는 않았지만 많은 음악학자는 드뷔시와 가믈란 음악의 상관관계를 지속적으로 거론했다. 그때부터 그가 독특한 음색의 5음 음계를 사용하기 시작한 것도 분명한 사실이다.

'판화(Estampes)'는 1903년 7월에 작곡된 음악으로 '탑', '그라나다의 황혼', '비 내리는 정원'의 3곡으로 구성된 드뷔시의 초기 작품이다. 제1곡 탑은 동양 음악의 감명을 그대로 옮긴 것으로 자바 음악의 색채가 담겨져 있다. 드

드뷔시는 인도네시아의 자바 음악에 감명을 받아 피아노곡 '판화(Estampes)'를 작곡했다.
사진 출처 〈다음뮤직〉

뷔시는 만국박람회장에서 들은 자바 음악의 묘한 매력에 끌려 자주 박람회장을 찾았고, 프랑스에 있는 생가에도 당시 풍경 그림이 전시되어 있다고 하니 인도네시아 음악에 대한 그의 관심은 특별했다고 할 수 있다. 가믈란 음악에는 두 개의 중요한 스케일인 '슬렌드로(5음계)'와 '페로그(7음

게)'가 있다. 이 작품은 슬렌드로 스케일을 중심으로 사용하였다. 첫마디에서 오른손 손가락으로 두 개의 음(G#과 F#)을 몇 번 울리고 잠시 있다가 또 울리며 후에도 계속하여 반복되는데, 인접하는 두 음을 밝고 아름답게 처리한 작곡기법은 당시로서는 상당히 충격적이었다고 한다. 사실 드뷔시에게 '자바 섬'이란 상상 속에 존재하는 곳이었고, 이 곡에서는 이국적인 극동의 경치와 건축, 전통적인 춤을 표현하려 한 것이 아닌가 생각된다.

가믈란 음악은 인도네시아의 전형적인 타악기 합주음악으로, 공, 실로폰, 심벌즈 같은 악기로 구성된다. 황금빛으로 번쩍번쩍 거리는 악기들로 가득 찬 가믈란 합주 무대는 보는 이들의 탄성을 자아낸다. 가믈란은 '가믈(Gamel)'이란 단어에서 기원한다. 가믈란이란 '두드리다'라는 의미로, 망치로 쳐서 소리 내는 타악기 음악을 모두 포함하며, 'gamelang', 'gamelin'이라고도 쓴다.

가믈란은 발리 섬을 중심으로 자바 섬, 수마트라 섬, 말레이시아, 필리핀의 남쪽지방 섬들까지 폭넓게 퍼져 있다. 이 지역뿐만 아니라 유럽이나 미국의 여러 대학이나 연주장에서 흔히 들을 수 있다. 가믈란 음악의 가장 큰 매력은 쉬우면서도 재미있다는 점이다. 음악에 대한 예비지식이 전혀 없더라도 10분 정도 설명을 듣고 가믈란 악단에 참여할 수 있다.

고대의 가믈란은 부드럽고 아늑한 느낌의 '실내 가믈란'과 소리가 크고 장엄한 '야외 가믈란'으로 분류된다. 실내 가믈란의 가장 중요한 용도는 와양쿨릿(Wayang Kulit)의 반주다. 와양쿨릿은 그림자 연극을 말하는데, 이것은 인도네시아에서 가장 특징적이고 중요한 공연 예술이다. 여기서 가믈란은 노래의 반주뿐 아니라 극의 진행에 따라 적합한 분위기가 연출되도록 배경음악을 담당한다. 자카르타 지방에는 오래된 '야외 가믈란'이 있는데, 이 가믈란은 실내에서 쓰는 어떤 악기도 사용하지 않고 노래도 없다.

17세기에 들어서면서 두 종류의 가믈란이 서로 혼합되어 현재의 가믈란 모습을 갖추게 된다. 현재의 가믈란은 크게 중부 자바 가믈란(Central Java Gamelan), 순다 가믈란(Sunda Gamelan), 발리 가믈란(Bali Gamelan)의 세 가지로 나뉜다. 그러나 이것은 지역적인 분류 방법일 뿐이고, 이 세 가지 가믈란은 같은 역사적 배경에서 발전된 것이며, 같은 음계를 쓰고 있고, 음 구조나 악기 편성에서도 비슷하다. 18세기 무렵에는 자바의 가믈란이 동남 아시아 대륙에도 영향을 미치는데, 태국, 미얀마, 라오스 등의 타악기 합주 에서 쓰이는 중요한 공과 차임들은 자바와 가믈란에서 유래한 것이다.

가믈란은 중부 자바의 소로와 조그자라는 두 왕실에서 육성되어 왕실의 의식 제전 및 연극·무용 등에 쓰여 왔다. 왕가에는 악사·배우·무용인 등의 양성기관이 있어 많은 젊은 예술인을 육성하였다. 가믈란은 기능에 따라 대편성·중편성·소편성으로 나뉜다. 대편성은 왕가의 의식이나 잔치에 쓰이는 것으로 25명 정도가 필요하다. 약식인 경우에는 중편성이, 민간 행사나 극장 등에서는 소편성이 쓰인다. 악사는 슬렌드로용(用)과 펠로그용(用)의 두 가지 악기를 놓고 연주한다.

가믈란은 다양한 종류의 공(gong)과 나무망치로 치는 조율 악기들로 구성된다. 공은 수직으로 매달기도 하고, 가운데가 튀어나온 냄비처럼 생긴 보낭(bonang)과 함께 평평하게 놓기도 한다. 가장 느린 박자를 두드리는 공은 무대 맨 뒤에 배치되는데, 음악의 골격을 이루기 때문에 중요하다. 중간 리듬으로 연주하면서 공이 만들어 주는 골격음 안에서 음악을 메워 나가는 악기로는 사롱(Saron), 슬렌틈(Slentem) 등이 있다. 가장 세부적인 선율은 보낭(bonang)이 맡아서 연주한다. 선율 타악기로는 보낭, 실로폰(gambang kayu), 각종 금속막대 울림악기(metallophone: 일련의 조율된 금속 막대들로 구성되며, 이 금속 막대들을 공명 주발이나 공명관 위에 걸쳐 놓는다)들이 있다. 지속 선율은 대나무 플루트(suling)나 활로 켜는 현악기(rebab)로 연주하거나 혹은 노래로 부르며, 이 가운데 레밥(rebab)은 연극이나 와양을 반주할 때 사용된다.

가믈란은 두 개의 전형적인 악기 군으로 구성되는데, 하나는 슬렌드로 음계(slendro: 옥타브를 대략 5개로 균등분할 5음계)에, 다른 하나는 펠로그 음계(Pelog: 7음 음계)에 맞춰 조율된다. 슬렌드로의 악기 편성은 청중 쪽으로 나란히 배열되고, 펠로그의 악기 편성은 청중과 수직 방향으로 배열된다.

가믈란에 사용되는 악기는 쓰임새에 따라서 크게 5갈래로 구분된다. 일정한 음고로 조율된 타악기들이 현악기나 관악기보다 종류나 수적으로 많은 점이 가믈란 음악 악기 편성의 특징이다.

1. 중요한 선율을 연주하는 타악기: 사롱과 겐더
2. 중요한 선율을 장식하는 둘째 갈래의 타악기: 보낭과 감방가유
3. 주로 리듬을 연주하는 타악기 그룹
   - 청동제 타악기: 케툭, 케농, 켐풀, 공, 아, 겡
   - 가죽: 켄당
4. 첼렘풍(celempung, 양금 종류), 레밥(rebab, 해금 종류)
5. 술링(suling, 퉁소)

인도네시아 사람들은 가믈란 악기에 초자연적인 힘이 있다고 생각하며 신성시한다. 가믈란 연주에는 향과 꽃을 바치는데, 이는 악기가 신에 의해 보호된다고 생각하기 때문이다. 가믈란은 왕족의 제례행사에서 사용되지만, 인도네시아 사람들이 즐기고 노는 곳에서도 빠지지 않는다. 명절이나 가정의 행사, 이를테면 결혼식이나 생일 잔치에서 가믈란을 연주하면서 춤

과 노래로 밤을 지새운다. 심지어는 장례에도 가믈란을 사용한다. 장례식 자체가 힌두교의 종교의식이고, 힌두교에서 죽음이란 다시 태어나기 위한 절차일 뿐이며, 이것은 윤회를 위해서 당연히 거쳐야 할 과정이다. 때문에 발리 섬의 장례식은 슬픈 분위기가 아니라 축제 같은 느낌으로 가믈란 음악이 함께한다.

가믈란은 전통과 현대를 아우르는 춤, 드라마, 연극이나 와양쿨릿 같은 무대극의 반주 음악으로도 즐겨 사용된다. 최근에는 가톨릭이나 개신교의 예배의식에도 사용하는데, 서양 악기와 가믈란을 함께 준비해 놓고 어떤 때는 서양악기를, 어떤 때는 가믈란을 연주한다. 신자들은 전통음악인 가믈란 음악에서 편안함을 느낀다고 하니 참으로 흥미롭다.

가믈란 음악의 최대 장점은 마을 사람들을 한 덩이로 묶어 공동체 의식을 함양할 수 있다는 점이다. 가믈란 음악은 혼자서 하는 연주는 별다른 의미도 없을 뿐 아니라 혼자서는 연주를 할 수도 없다. 가믈란 악단에서는 누가 특별히 솔로를 하는 것도 아니고, 특별히 전공 악기가 정해져 있는 것도

가믈란 악기 사진, 사진 출처 위키백과

인도네시아–탄생부터 죽음까지 전 생애를 함께하는 가믈란 음악

아니어서 한 사람의 연주자가 여러 악기를 연주할 수 있다. 그래서 간간이 악기를 서로 바꾸어 가며 연주를 한다. 이렇게 함께 연습하고 함께 연주하다 보니 자연스레 공동체 의식이 싹트고 조화와 화합을 배우게 된다.

사람들이 함께 가믈란을 연주하는 동안에 동네 유지들이 간단한 간식과 차를 낸다. 그들은 차를 마시며 세상 사는 이야기와 함께 마을의 문제를 상의한다. 이렇게 함께 음악을 연주하는 동안 마을 사람들과 함께 즐기고, 갈등이 생겼을 때는 대화로 해결한다. 마을의 지도자는 가믈란 악단에서도 지도자의 위치에 있다. 힌두 신에 대한 제사의식은 대체로 마을 단위로 이루어지고 마을의 힌두 사원은 마을의 공동 기금으로 관리된다. 그러므로 힌두교의 제사의식을 맡아 하는 일과, 가믈란 음악을 보존하고 지도하는 일은 마을에서 지도자급에 있는 어른이 담당한다. 그래서 음악적 지도자는 마을에서 최고 권위를 가지고 있으며, 언제나 존경의 대상이 된다. 심지어는 마을에 판단이 어려운 미묘한 문제가 발생했을 때는 심판자의 역할을 하기도 한다. 인도네시아 사람들은 가믈란 연주를 통해서 생활에서의 절제와 억제를 배우는데, 이처럼 감정을 잘 절제하여 다른 사람과 조화를 이루는 것을 인도네시아 말로 '이칼라스(Ikalas)'라고 한다.

Lawrence University's Balinese gamelan. 사진 출처 Lawrence University 홈페이지

발리 힐튼 호텔에서 만난 가믈란 음악 © 현경채

　가믈란은 우리나라의 농악과 비슷한 점이 많다. 농악은 타악기의 합주에 유일한 선율 악기인 태평소가, 가믈란은 선율이 있는 타악기와 선율 악기인 술링이 연주된다. 농악과 가믈란이 모두 마을의 수호신을 위한 종교적인 의미를 갖는다는 것, 이를 통해서 마을 사람들의 공동체 의식을 함양하는 것도 공통점이다. 전수 방법도 악보를 쓰지 않는 구전심수라는 점도 공통적이다. 다른 점이 있다면 우리나라 농악은 현재 여러 기능을 상실하고 무대 음악 형태로 발전하고 있는 데 비하여 인도네시아의 가믈란은 원래의 여러 의미와 기능 그리고 음악 내용이 고스란히 전해 오고 있다는 점이다.

족자카르타의 그림자 인형극, '와양쿨릿'

족자카르타(Yogyakarta)는 자바의 역사와 문화를 지켜가는 곳이다. '고요하고 평화롭고 아늑한'이라는 뜻을 가지고 있는 족자카르타는 아직도 이슬람왕조의 술탄(Sultan)체제를 운영하고 있다. 자카르타가 자바의 금융과 산업의 중심이라고 한다면, 족자카르타는 역사와 문화, 교육의 도시다. 족자카르타는 힌두교, 불교, 이슬람왕조의 중심지였고, 네덜란드 식민 시기에도 특별한 자치권을 부여받았다. 현재 술탄이 거주하고 있는 왕궁은 전형적인 자바 건축양식으로 1755~1756년에 건축되었고, 1920년대에 이르러 유럽풍으로 일부 가미되었다.

족자카르타에는 신비한 사원의 유적과 화산이 있어 여행객을 유혹한다. 동북쪽으로 40여km 지점에는 세계 7대 불가사의 중 하나인 보로부두르(Borobudur) 불교 사원이 있다. 왕국의 쇠락과 함께 권력이 동부 자바로 옮겨지면서 자연스럽게 이 사원은 버려졌고, 주변에 있는 므라피 활화산이 뿜어 낸 화산재에 파묻혀 수백 년 동안 세상에서 잊혔었다. 그러던 중 1815년에 비로소 사원의 존재가 세상에 공개되었다. 이 사원이 유명한 것은 200만 개의 대리석과 화강암이 사방 대칭으로 세워진 거대한 불탑 때문이다. 족자카르타에는 보로부두르 사원 외에도 힌두 문화를 대표하는 쁘람바난(Perambanan) 사원이나 말리오보로(Malioboro) 거리 등 역사적인 문화유적지가 아주 많다. 족자카르타는 인도네시아에서 두 번째로 명성을 지닌 가자마다 대학과 100여 개의 고등교육기관이 있어 교육 도시로서의 면모를 자랑한다. 여행자들이 족자카르타를 방문하는 이유는 사원의 유적지를 보고 화산을 구경하는 것 외에도 그림자 연극인 와양(wayang) 공연을 보기 위해서다.

배낭 속에 담아 온 음악

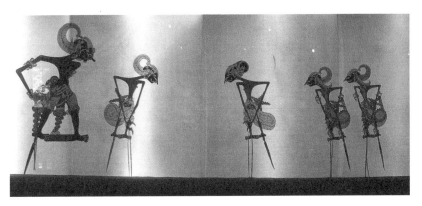

와양쿨릿. 사진 출처 위키백과

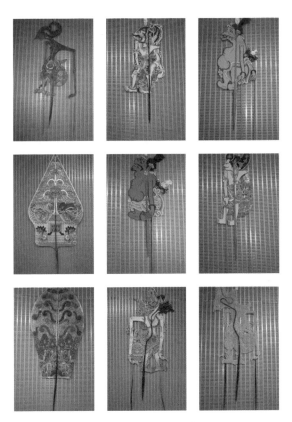

와양쿨릿 가죽 인형 © 國立台北藝術大學 제공

인도네시아−탄생부터 죽음까지 전 생애를 함께하는 가믈란 음악

와양쿨릿은 변사역의 '다랑(Dalang)'이 인형을 조종하며 스토리를 전개하는 전통적인 그림자극이다. 11세기부터 자바 섬과 발리 섬에서 널리 공연되는 인도네시아의 대표적인 공연예술이다. 현대 인도네시아어로 'Wayang'은 '인형'을, 'Kulit'은 '가죽'을 뜻한다. 즉, 가죽으로 만든 인형을 가지고 하는 인형극을 의미하는 와양쿨릿은 흰 스크린 뒤에 석유 램프를 켜고 막 뒤에서 인형을 조종하여 극을 진행한다. 스크린 뒤에는 한 명의 다랑이 스토리를 이야기하고 노래하면서 모양이 다른 몇 개의 인형을 스크린 곁에서 조종한다. 음악 반주에 맞추어 한 사람이 줄거리를 말하면서 동시에 인형들을 조종하는 시스템이다.

족자카르타 궁중에는 정교한 인형이 많이 소장되어 있다. 와양의 종류에는 와양쿨릿(그림자극), 와양골렉(나무인형극), 와양토펭(가면극), 와양오랑(무용극) 등이 있다. 보통 연극에서 사용되는 인형은 인간의 형상을 과장해서 만든 모양이다. 와양 공연은 일반적으로 저녁 9시에 시작하여 새벽 5시에 끝을 맺는다. 와양 공연에서 가장 보편적으로 다루어지는 내용은 인도 2대 서사시인 '라마야나(Ramayana)' 이야기와 '마하바라타(Mahabarata)' 이야기다. 발리인과 자바인은 인도에서 받아들인 신화 속에 이슬람적인 요소와 토속신앙을 합쳐 변형시켰다.

와양은 인간의 마음속에 있는 것이 그림자가 되어서 나타난다고 한다. 와양은 신이나 선조를 부를 수 있는 능력을 가지고 있다고 여긴다. 질병이 유행하거나 재앙이 계속되면 그 내용을 담아 그림자극으로 공연하는 것으로 문제를 예방하고 해결할 수 있다고 믿었다. 극장뿐 아니라 결혼식이나 성인식의 축하 마당에서도 와양이 공연된다. 와양쿨릿은 2003년 유네스코 인류구전무형유산으로 지정되었다.

가믈란을 완성하는 다양한 악기

선율 악기

가믈란에는 실로폰과 같은 악기들이 참 많다. 이 악기들은 각기 다른 주기로 딩동딩동거리며 연주하는 타악기들이지만 각자의 음높이가 있어서 여러 개의 타악기가 함께 어울릴 때 전체적인 멜로디가 만들어진다. 이러한 악기를 선율 악기로 구분하였다. 선율 악기들은 가믈란 연주 중에 큰악절을 구분하며, 가믈란 악기 가운데 수직적·수평적으로 매달려 있는 공과의 악기들을 말한다. 관객들의 눈과 귀를 사로잡는 가믈란음악에 사용되는 악기들을 살펴보았다.

공

공(Gong)은 한국의 징과 같이 생긴 악기로 음악의 큰 흐름을 구분하는데 중요하게 사용된다. 프레이즈가 바뀌거나 음악이 바뀔 때 사용하며, 크기도 가장 크고, 소리도 가장 낮다. 그 중 크기가 큰 악기는 '공 아겡(Gong Ageng)'으로 배음 효과가 나고 음량이 크기 때문에 서양음악 오케스트라의 풍부한 종지와 같은 효과를 내면서 핵심 주제나 악절의 끝을 표시한다.

공 © 國立台北藝術大學 제공

껨풀과 껨피앙

껨풀(Kempul)은 틀에 매다는 작은 공을 말하며, 공보다는 잔가락을 연주하며 작은 악절을 나누는 역할을 한다. 원래는 하나의 가믈란 세트에 껨풀이 하나씩 있었으나, 지금은 10개의 껨풀을 쓴다. 껨피앙(Kempyang)은 작은 께농을 여러 개 모아놓은 것으로 이 악기는 항상 연주하는 것이 아니라 특별한 부분에서만 사용되는데, 잔가락을 연주한다.

껨풀 © 國立台北藝術大學 제공

껨피앙 © 國立台北藝術大學 제공

께농

께농(Kenong)은 나무로 만들어진 네모 상자 위에 작은 공을 올려놓은 타악기다. 보낭(Bonang)보다 큰 지름의 놋쇠 공(Gong)을 수평으로 엎어 공명통의 줄 위에 배열하여 만든 타악기의 일종이다.

께농 © 國立台北藝術大學 제공

400

배낭 속에 담아 온 음악

약간 울림이 긴데, 중앙의 돌기부를 망치로 때려 소리를 낸다.

샤론

샤론(Saron)은 야외 가믈
란에 쓰이는 악기로서 청동
막대로 만든 실로폰이라 할
수 있다. 이 악기는 나무채
로 연주하며 동판에 따라
대 · 중 · 소 3종류로 나뉘
는데, 각각 8도의 음정 차
이가 난다. 가장 저음역의
샤론 데뭉(Saron Demung),
중음역의 샤론 바룽(Saron
Barung), 그리고 세 악기 가
운데 가장 작고 음역이 높
고 화려한 샤론 페킹(Saron
Peking)이 있다. 한 개의 샤
론 페킹만으로도 다른 악
기들과 하모니를 이룰 수
있다.

샤론 데뭉(Saron Demung) © 國立台北藝術大學 제공

샤론 바룽(Saron Barung) © 國立台北藝術大學 제공

보낭

보낭(Bonang)은 청
동으로 만든 작은 께
농 모양의 악기들을
2줄의 틀 위에 늘어
놓은 것이다. 주요 선
율의 장식음을 연주

보낭(Bonang) © 國立台北藝術大學 제공

하는 선율 타악기로, 꼭지가 달린 놋쇠 밥그릇 뚜껑처럼 생긴 십여 개의 놋
쇠 공을 엎어서 두 줄로 나란히 배열하여 나무 틀 위에 엎어서 만들었다.

껜당

껜당(Kendang)은 가믈란 합주의 리듬악기 중에서 유일하게 가죽으로 만
들었다. 우리나라 북처럼 양쪽 면을 가진 타악기로서 양손 바닥으로 북면
을 쳐서 소리를 낸다. 껜당은 세 종류로 나눌 수 있는데 그중 가장 큰 것을
껜당 겐딩(Kendang gending)이라고 하며, 실내 가믈란에 쓰인다. 중간 크기
의 북을 껜당 바탕간(Kendang
Batanggan)이라고 하는데, 복
잡한 리듬을 연주하는 다루
기 어려운 악기다. 가장 작은
북을 껜당 페눈퉁(Kendang
Penuntung)이라고 하는데, 껜
당 겐딩과 껜당 페눈퉁이 짝
을 이루어 야외 가믈란에서
아주 중요한 역할을 한다.

껜당(Kendang) © 國立台北藝術大學 제공

슬렌템, 겐더

실내 가믈란에서는
주요 선율을 담당하는
악기다. 겐더(Gender)는
슬렌템과 모양은 비슷
하지만 청동의 막대 수
가 많아 음역이 2옥타브
에 이른다.

슬렌템(Slentem), 겐더(Gender) © 國立台北藝術大學 제공

감방

감방(Gambang)은 가믈란 악기 중에서 청동으로 울림 막대를 만들지 않
은 유일한 악기다. 감방은 베르리안(Berlian)이라고 부르는 단단한 나무로
만든 건반이 있고 음역도 3옥타브에 이른다.

앙클룽

앙클룽(Angklung)은 인도네시아 자바에 사는 순다(Sundanese) 족이 고
대부터 연주한 고유 악기로
동남아시아에 널리 퍼져 있
다. 앙클룽은 대나무 관의
공명을 이용해 소리를 내는
전통악기로, 오래전 풍요의
신에게 소원을 비는 종교의
식에서 유래하였다. 5성 음
계에 맞추어 바닥이 있는

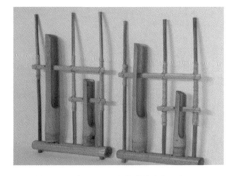

앙클룽(Angklung) © 國立台北藝術大學 제공

대통을 펜촉 모양으로 잘라 이것을 대로 된 틀에 3～4개에서 15개까지 매달아 한 사람이 1개 또는 2개를 흔들면서 소리를 낸다. 대개 1인 1음씩을 맡아 그룹으로 연주하나 혼자 여러 음을 내며 연주할 수도 있다. 3명 이상의 앙클룽 연주자가 앙상블을 이루어 마치 하나의 음계를 연주할 수 있게 해 완전한 멜로디를 만들어 낼 수 있다.

앙클룽은 1955년 반둥회의 때 오케스트라와 협연하면서 유명해졌다. 서양의 핸드벨이나 가믈란 같이 혼자서는 연주가 불가능하고, 여럿이 앙클룽을 연주해야 하기 때문에 악기로 사람들을 하나로 단결시키는 역할을 했다. 그러한 이유로 네덜란드가 인도네시아를 지배하던 식민지 시절에 이 악기의 연주를 금지시켰다는 슬픈 이야기가 있다. 그 이후 앙클룽은 맥이 끊어져 네덜란드 점령기 때는 어린이들만 연주할 수 있었다.

끄롱총

끄롱총(Keroncong)은 15세기 말부터 16세기 초 대항해시대(大航海時代)에 탄생한 것으로 여겨지고 있는 우쿨렐레 계통의 작은 기타 모양의 악기다. 포르투갈계 후손이 만들어 낸 작은 기타가 *끄롱총*의 기원으로 알려져 있다. *끄롱총*은 원래 두 가지 모양의 우쿨렐레로 구성되어 있다. 하나는 '착'이라 불리는 4현의 기타인데, 울림통 전면에 작은 구멍을 뚫었다. 다른 하나는 '축'이라 불리는 3현 기타로, 보통의 기타와 같은 울림통을 가지고 있다. '착'과 '축'은 서로 잘 어울려 *끄롱총* 음악 특유의 리드미컬한 소리를 내게 한다. 물론 현재는 서양식 기타, 바이올린, 첼로, 플루트 등과 함께 연주되고 있다.

서민이 사랑하는 음악, '당둣'

인도네시아 대중음악으로 당둣(dangdut)이 있다. 인도, 아랍, 말레이 음악에서 파생된 노래 음악 장르로, 음악의 가사는 대부분 남녀간의 사랑을 담고 있다. 우리나라의 트로트 음악에 비유할 만한 장르다.

1970년대 고향을 떠나 도시의 일상에 찌든 이슬람 청년 노동자들로부터 발전된 당둣은 이제는 인도네시아 서민에게 가장 사랑받는 노래로 자리매김하였다. 특히 1990년대의 당둣은 팝을 압도하는 인기를 얻었으며, 당시 선거 유세에서 당둣 가수들이 대중을 끌어모으는 데 상당한 역할을 했다고 한다. 인도네시아의 민주화와 지방자치제가 시작된 2000년에 들어서는 인도네시아의 모든 당둣 가수들이 현란한 춤을 선보이기 시작했다. 대표적인 당둣 여가수로는 이눌 다라티스타(Inul Daratista)와 당둣계의 아버지라 불리는 로마 이라마(Rhoma Irama)가 있다.

베트남

외래문화를 고유문화로
녹여 낸 저력의 음악

Socialist Republic of Viet Nam

베트남(Viet Nam)
수도: 하노이
언어: 베트남어
면적: 약 33만km²(한반도의 1.5배)
인구: 약 9,342만 명, 세계 14위
GDP: 약 2,044억 9,300만 달러, 세계 46위
통화: 베트남 동 100VND=5.10원(2015.10.22)
기후: 열대몬순성 기후
종교: 불교 70%, 로마가톨릭 10%
종족: 비엣 족 86%
국가번호: 84

풍경 ⓒ 현경채

끝없이 흘러가던 오토바이 물결은 역동적인 베트남의 이미지를 대변하는 듯했다. 내가 만난 베트남은 아주 이른 새벽부터 업무가 시작되었고, 또한 베트남은 진한 커피 향기로부터 하루가 시작되었다. 거리에 놓인 목욕탕 의자에 앉아서도 커피를 마시고, 콜로니얼 건물을 개조한 유럽풍의 카페에서도 향긋한 커피를 마신다. 아마도 그때부터 나는 중독성 강한 베트남 커피의 매력에 빠진 것 같다.

베트남전쟁, 쌀국수, 커피, 결혼 이민자 등으로 기억되는 나라 베트남의 정식 명칭은 베트남 사회주의 공화국(Socialist Republic of Vietnam)이나. 한반도 1.5배의 영토를 가졌지만 도시 간 이동 경로가 대부분 10시간이 넘고 볼거리가 많아서 중요한 도시만을 여행한다고 해도 최소 한 달 이상의 기간이 필요하다. 태국의 카오산 로드처럼 배낭 여행자들이 모이는 곳이 베트남에도 있다. 그곳에는 저렴한 숙소와 환전을 비롯하여 여행자들을 위한 교통편을 제공하는 여행사들이 성업 중이다. 호치민 시내의 여행자 거리 이름은 데탐거리(De Tham Street)다. 몇 번을 가도 늘 여행자들로 가득한 자유롭고 재미있는 거리가 바로 데탐거리다.

끝없이 흘러가던 오토바이 물결은 역동적인 베트남의 이미지를 대변하는 듯했다. ⓒ 현경채

베트남전쟁, 쌀국수, 커피, 결혼 이민자 등으로 기억되는 나라 베트남의 정식 명칭은 베트남 사회주의 공화국(Socialist Republic of Vietnam)이다. ⓒ 현경채

배낭 속에 담아 온 음악

데탐거리의 밤은 낮보다 매력적이다. 그것은 아마도 전 세계 배낭여행자들의 열정 때문이기도 하고, 시원한 맥주 때문이기도 하다. 나는 그곳의 신카페 여행사에서 '오픈 투어 버스' 티켓을 구입하여 달랏과 무이네 비치를 다녀왔다. 오픈투어 버스는 호치민과 하노이 사이를 운행하는데, 경유하는 큰 도시는 어느 곳에서나 승하차가 가능하다. 과도한 경쟁으로 가격이 내려가 서비스의 질이 떨어질까 봐 조금 걱정되기는 하지만 대부분의 배낭여행객이 여행자 버스를 이용한다. 베트남은 춤과 음악, 축제가 풍성한 나라다. 농경사회이며, 2천 년 전부터 자연과 조상을 기리는 의식은 물론이고, 농사와 관련된 다양한 축제가 개최된다. 축제에는 당연히 노래와 춤, 악기 연주가 함께하는데, 지금도 딘(Dinh, 亭)이라고 불리는 사당에서 농경 관습과 수호신 그리고 영웅을 위한 축제가 개최된다.

인도차이나 반도 동쪽 끝에 남북으로 길게 이어진 나라 베트남은 결코 녹록치 않은 나라다. 무덥고 습할 뿐 아니라 홍수와 태풍이 자주 찾아오며, 북쪽 사파 지역의 눈 내리는 겨울은 서민들을 힘들게 한다. 긴 해안선과 내

인도차이나 반도 동쪽 끝에 남북으로 길게 이어진 나라 베트남에서는 사막과 바다를 동시에 만날 수 있다.
© 현경채

류을 거미줄처럼 연결해 주는 수많은 강은 베트남을 풍요롭게 했다. 대륙과 해양을 잇는 지형의 특징은 베트남 역사와 문화와 사회를 결정짓는 중요한 요인이 되어 왔다. 지리학적 위치 때문에 역사적으로 오랜 외침을 겪었고, 1945년에 드디어 프랑스로부터 독립하였으며, 베트남전쟁이라고 불리는 내전을 거쳐 1976년 7월에 베트남 사회주의 공화국이 수립되었다. 이러한 역사적인 배경은 외래 문명을 자국의 목적에 맞게 변형해 발전시켜 베트남만의 독특한 문화를 만들었다. 사회주의공화제 국가로서 시장경제 체제가 가장 빠르게 성장할 수 있었던 것도 이런 변형의 결과다.

베트남의 수도 하노이에서 호치민까지의 거리는 1,750km이고, 최북단에서 남단까지는 약 2,000km다. 해안선은 S자 모양으로 약 3,200km에 이른다. 국토의 70%가 산지나 늪지다. 남부의 메콩 강과 북부의 홍 강이 주요 생활 중심지다. 수도 하노이와 제2의 도시 호치민에 인구 집중화가 두

무이네 비치의 어부들은 작은 배로 고기를 잡는다. © 현경채

베트남에서 사막을 만나다니, 기대하지 않은 풍경은 여행의 새로운 재미를 주었다. © 현경채

배낭 속에 담아 온 음악

드러진다. 서쪽으로는 라오스와 캄보디아와 접하고 있으며, 북쪽으로는 중국과 국경을 마주하고 있다. 동쪽과 남서쪽으로는 동해와 타일랜드만에 접해 있다. 북부는 아열대성이고, 남부는 열대성 기후로 남과 북의 차이가 심하고 평야 지대와 고원 지대의 기후도 매우 다르다.

인구는 약 9,342만 명(2014년 기준)으로 세계 14위이며, 인구밀도는 277명/km²이다. 인구의 86%가 비엣족이고, 흐몽족, 다오족 등 54개의 소수민족이 나머지를 차지한다. 베트남의 기원에 대해서는 중국 전국시대 월나라가 초나라에 망하자 비엣 족이 수 세기에 걸쳐 남하하여 베트남인의 후예가 되었다는 주장과, 3,000년 전 동선(Dong Son, 東山) 문화를 이루었던 락비엣 족이 오늘날 베트남인의 직접적 조상이라는 주장이 있다. 일반적으로 기원전 4세기경 중국 삼국시대에 남하한 월나라 사람들이 비엣 족의 시조라고 알려져 있다. 소수민족은 각 지역에 흩어져 있는데, 대부분 고산지대에 살고 있고, 참파족과 크메르족은 각각 중부와 남부의 바닷가에 산다. 많은 소수민족이 존재하는 만큼 100여 종류의 많은 악기가 존재한다. 이러한 악기들은 각 소수민족들의 독특한 생활과 결부되어 그들만의 전통과 풍습을 만들어 내고 있다.

베트남어는 중국어의 4성조보다 많은 6성조로 발음의 고저장단에 따라 의미가 다르다. 므엉(Muong), 타이(Thai), 허몽(Hmong), 만(Man), 바나르(bahnar)와 자라이(Jarai) 족 등 소수민족들도 고유의 언어를 가지고 있다. 언어는 주로 베트남어(소수 산악족은 고유언어 사용)가 사용되고, 영어, 불어, 러시아어 등이 일부 통용되며, 문자는 프랑스 선교사와 베트남인이 같이 만든 로마문자를 사용한다.

음악과 문화의 중심, '호치민'

베트남의 수도는 하노이지만, 문화와 경제의 중심은 사이공에 집중되어 있다. 베트남 사회주의 공화국에서 가장 큰 도시 호치민(Ho Chi Minh)의 옛 이름이 바로 사이공(西貢, Saigon)이다. 1862~1954년에 프랑스 보호령 코친차이나의 수도였고, 1954~1975년에는 남베트남의 수도였다. 코친차이나의 수도가 된 사이공은 항구도시로 변모하여 아름다운 대저택, 인상적인 공공건물, 가로수와 잘 닦인 대로를 갖춘 대도시로 성장했다.

> 2014년 2월 14일(여행 21일째) 호치민에서 다시 배낭여행을 시작했다.
> 베트남 화폐에 적응이 안 된다.
> 택시비 17만 동(한화 8천 원)
> 공항에서 여행자 거리까지는 택시를 타자.
> 베트남에선 비나선택시를 타야 안전하다.

나의 메모장에는 이런 기록들이 깨알같이 써 있다. 베트남에서의 첫날은 여행자 거리에 새로 문을 연 캡슐 호텔에 둥지를 튼 것으로 시작하였다. 싱글침대 크기의 캡슐 안에는 작지만 삼성 TV와 충전용 전기코드, USB 단자 꽂는 곳, 거기에 개인용 조명시설까지 완벽하게 갖추어져 있었다. 샴푸, 보디클렌저, 치약과 큰 타월을 목욕용 플라스틱 바구니에 담아서 주었고, 보안도 철저하고 심플하니 시설이 나쁘지 않았다. 이런 완벽한 숙소가 단돈 6천 원이라니 베트남은 매력 덩어리다. 랄랄라~ 나는야 숙소 예약의 귀재……. 당시의 사진을 꺼내 보니 50대 중반의 아줌마가 참 대단했다는 생각이 들었다. 여행 중에는 작은 일에도 사소한 것에도 모두 감사한 마음

호치민의 캡슐 호텔. 싱글침대 크기의 캡슐 안에는 작지만 삼성 TV와 충전용 전기코드, USB 단자 꽂는 곳과 개인용 조명시설까지 완벽하게 갖추어져 있었다. 심플하니 나쁘지 않은 시설의 숙소가 단돈 6천 원. © 현경채

이 생긴다. 작지만 깔끔한 숙소도 감사하고, 과일가게 아줌마가 한국 사람이라고 활짝 웃으며 덤을 집어 주어도, 똑똑하게 길을 찾아 주는 구글 지도에게도, 김치찌개 한 그릇, 컵라면 하나에도 코끝 찡한 감동이 밀려온다. 한국에서는 상상하지 못할 일이 계속되고 있다. 집시 같은 밑바닥 생활에 행복을 느끼다니 도대체 행복이라는 것의 정체가 무엇일까? 기내용 여행가방 하나면 70일 동안 배낭여행에서 필요한 것을 모두 담을 수 있는데 서울에 있는 집과 그릇, 옷장 속에 가득한 옷, 구두, 책, 베란다 가득한 잡동사니들이 삶의 군더더기라는 생각을 했다. 캡슐 호텔은 상상 이상으로 쾌적했다. 블라인드를 내리니 밤인지 낮인지 구분이 잘 안 되었고, 오랜만에 숙면을 취했다. 호스텔을 나서니 여행자 거리의 카페들이 방긋 웃었다. 햇볕

베트남–외래문화를 고유문화로 녹여 낸 저력의 음악

베트남에서의 첫 번째 아침식사로 오믈렛을 주문했다. 함께 나온 바게트 빵이 가히 예술이었다. © 현경채

잘 드는 카페에 자리를 잡고 오믈렛을 주문했다. 함께 나온 바게트 빵이 가히 예술이었다. 겉은 바삭하고 속은 보들보들했다. 거기에 베트남 커피까지, 풍성한 식사로 베트남의 아침을 시작했다. 오늘의 계획은 호치민의 관광 포인트를 중심으로 걷는 것이 목표이다. 전쟁박물관을 시작으로 통일궁, 우체국, 대성당, 오페라하우스, 벤탄 마켓이 베트남 둘째 날의 일정이다.

호치민의 박물관은 1912년에 세워져 서양 사람들의 사교 중심지가 되었던 케르클 스포르티프 건물을 개조한 것이고, 국립극장은 20년 동안 국회 건물로 사용되기도 했던 오페라 하우스였다. 프랑스 식민지 시대 고관이 즐겨 찾던 오페라 하우스는 우아한 프렌치 귀부인과도 같았다. 명품매장이 늘어선 가로수길이 펼쳐져 파리의 상젤리제가 오버랩 되었다.

호치민의 아름다운 대저택과 가로수길을 슬슬 걷다 보니, 베트남 음악의 거장 트란방 케에게 듣던 베트남 음악이 생각났다. 프랑스에서 공부해서 매너가 몸에 배어 있고, 시력이 안 좋아 두꺼운 렌즈의 안경을 착용한 트란방 케(Tran Van Khe, 1921~2015)와는 대만 유학시절 민족음악 학회에서 처음 만나 알게 된 사이다. 베트남 음악에 대한 음악 자료가 거의 없던 1980년대 중반에는 트란방 케와 그의 아들이자 단트란(베트남 가야금)

세계적인 베트남 음악학자 트란방 케(Tran Van Khe, 1921~2015) 사진출처 : wikipedia

연주자 트란콩 하이(Tran Quang Hai, 1944~)를 통해서 베트남 음악이 조금씩 해외에 알려지기 시작했다. 학자와 연주자로 활동하는 이 부자(父子)는 종종 흥얼거리며 베트남의 민요를 불렀다. 그렇게 해서 조금씩 알게 된 베트남 전통음악은 노래가 중심이 되는 음악이라는 인식이 강하다.

베트남의 전통음악은 노래가 중심이다

베트남은 사대 문명국이었던 중국이나 인도 등과의 교류에 힘입어 일찍부터 독창적이면서도 복합적인 자신만의 문화를 형성할 수 있었다. 천 년 이상 중국에 병합되어 있었기 때문에 예술을 포함한 여러 영역에 중국의 모습이 남아 있다. 오랜 시간 프랑스의 지배를 받았던 역사적인 배경은 베트남 예술의 다양성뿐 아니라 근현대 베트남 예술의 발전을 촉진시켰고,

그 결과 동서양의 혼재된 예술로 승화되었다.

베트남의 음악은 노래가 중심이고, 기악연주는 노래의 반주나 막간에 연주되는 정도로 적은 편이다. 베트남의 전통음악은 지역 또는 음악적 특징에 따라서 여러 갈래로 구분될 수 있다. 음악이론가들은 베트남의 전통음악 장르를 '궁중음악', 베트남 북부의 실내음악 '까쭈(Ca trù)', 과거 수도인 후에의 음악 전통을 이은 '까 후에(Ca Hue)', 비전문가의 음악인 '따이뚜(Tai tu)', 민속음악, 극음악, 춤음악 등으로 나누어 설명하고 있다.

냐냑(雅樂)이라는 이름으로 널리 알려져 있는 궁중음악은 15세기 명나라 음악 제도를 받아들여 만들어진 것이고, 민속음악 중에서는 자장가가 현대적으로 바뀌어 비교적 활발하게 연주되는 음악도 있다. 자장가는 엄마와 할아버지, 할머니 그리고 언니가 부를 때의 명칭이 각각 다르다. 현대의 자장가는 부드러운 음색을 가진 16현 현악기 단트란(Dan tranh)과 단보우, 가로로 부는 관악기 사오(Sao) 등이 연주하는 순수 기악곡 형태로 남아 있다. 자장가가 감상음악으로 연주되는 현상은 부드러운 것을 선호하는 베트남인의 음악 미감과 깊은 관련이 있다.

54개의 소수민족에 의해서 연주되고 있는 베트남의 민속음악은 매우 다양하다. 그러나 베트남의 모든 종족들은 하나같이 '핫 루(hat ru)'라는 자장가를 비롯하여 동요의 일종인 '핫 트레 엠(hat tre em)', 농요의 일종인 '호(ho)' 같은 성악곡을 즐기고 있다. 베트남의 북쪽 지방에서 남녀가 경쟁적으로 번갈아 부르는 노래가 있는데, 이런 노래를 '트롱 쿠안(trong quan)'이라고 한다. 남녀가 트롱 쿠안을 번갈아 부를 때에는 즉흥적으로 노래의 가사와 선율을 지어내야 하는데, 제대로 노래의 가사와 선율을 지어내지 못하는 쪽이 지게 되는 일종의 게임 같이 진행된다. 한편 예술음악에서는 선율을 연주하기 전에 전주곡을 연주자 나름대로 변주하여 연주하곤 했다.

요즘은 정교한 전주곡이 연주되지만, 이전처럼 즉흥적으로 연주되기도 하는데, 이러한 즉흥성이 베트남 음악의 특징이다.

역사적으로 볼 때 베트남 음악은 크게 네 시기로 나눌 수 있는다. 첫째는 14세기까지이고, 둘째가 15～18세기 민족음악 형성 시기, 셋째가 19～20세기 전반 전통음악의 발전과 함께 서양음악이 유입된 시기, 넷째가 1945년 프랑스로부터 독립을 한 이후다. 10세기 이전 음악에 관련된 문헌은 거의 남아 있지 않지만 그 시기는 중국의 영향을 받았다. 한편으로는 논농사를 기반으로 하였기 때문에 많은 노래와 춤이 농경사회의 전통과 관련이 있다. 2세기 무렵에는 불교가 베트남에 유입되었는데, 이는 불교 축제와 관련되는 음악이 만들어지는 배경이 되었다. 베트남 왕실음악의 대부분은 중국 음악과 관련된 것이다. 중국 악기들이 대거 유입되었고, 악보와 율명 등의 기보법을 중국에서 들여왔다. 베트남 악기에도 이러한 모습이 남아 있다. 악기 캄(Cam)은 중국의 고금(古琴)에서, 티바(Tyba, 琵琶)는 비

사진 출처 beautifulvietnamus.blogspot.kr

베트남-외래문화를 고유문화로 녹여 낸 저력의 음악

베트남 음악 음반. 사진 출처 allmusic.com

파(琵琶)에서 온 악기다. 베트남은 938년 중국으로부터 독립을 하였고, 그 후 인도 음악의 영향을 받기도 했으며, 13세기에는 몽골과 있었던 장기간의 항쟁 과정에서 몽골 음악의 영향도 받았다. 예를 들어, 베트남 타악기 '트롱 콤(Trong com)'은 인도의 영향을 받은 북 종류의 악기다.

베트남 음악의 음계는 반음이 없는 5음 음계로 이루어진다. 주요 선법은 도, 레, 파, 솔, 라를 기본으로 하는 북선법과 남선법이 있는데, 선법은 지역과 장르에 따라서 음높이의 섬세한 차이를 보이며 매우 다양하게 나타난다. 민속음악과 예술 음악은 대개 2박 계열이 많이 나타나는 반면 의식 음악과 극음악은 장단 패턴이 다양하여 변주가 따른다. 성악과 기악의 전주곡 등에서는 자유 리듬도 발견된다. 시김새와 농현도 매우 다양하게 나타난다. 기보법은 중국 기보법의 한자(宮, 商, 角 變徵, 徵, 羽, 變宮)를 차용하였다. 요즘은 ho, xu, xang, xe, cong, oan, liu, u와 같은 로마자로 기보한다.

배낭 속에 담아 온 음악

왕의 도시 후에에서 찾아보는 궁중음악

내가 좋아하는 곳은 중국풍의 건축물들이 남아 있는 구시가지다. 세련된 바와 레스토랑, 앙증맞은 가게들이 붉은 등을 달고 여행객을 기다리고 있었다. 현지인들은 물론이고 대부분의 여행자들의 마음을 훔치는 이유가 바로 이러한 세련된 분위기 때문이 아닐까? 정말 좋아도 너무 좋다. 인근의 아주 로맨틱한 카페의 비좁은 발코니에서 나는 연유에 얼음을 넣은 유리잔에 핸드 드립 베트남식 커피를 내려 '카페 쑤어다'를 만들어 마셨다. 한국 돈 천 원에 느끼는 무한 행복이다. 길거리 음식의 천국 베트남에서는 언제어디서든지 2만 5천 동(한국 돈 천 원)만 있으면 끼니 걱정은 안 해도 된다. 현지인들 틈에 끼어 목욕탕용 앉은뱅이 의자에 앉아서 먹는 쌀국수를 비롯하여, 과일을 듬뿍 넣은 생과일주스 신토 한 잔도 푸짐하여 식사 대용으로 가능하다. 겉은 바삭하고 속은 부드러운 바게트 빵에 고기와 치즈, 계란 프라이, 야채를 넣어 즉석에서 만들어 주는 샌드위치는 심지어 한국 돈으로 단돈 500원이다. 게다가 어떤 미식가도 만족할 만큼 기가 막히게 맛있다.

옛 왕조의 숨결이 남아 있는 도시로 발길을 옮겼다. 베트남의 후에(Hue)에는 응우옌 왕조의 왕궁이 있다. 베트남 전쟁의 상흔이 여전히 남아 있는 후에는 상당 부분 파괴되었지만, 왕궁의 풍경과 왕궁에 새겨진 섬세한 조각들을 통해 화려했던 왕실 문화를 엿볼 수 있었다. 한국의 경주에 해당하는 고풍스런 도시 후에는 왕조의 위엄을 담은 궁중음악인 '냐냑(雅樂, Nha nhac)'이 시작된 곳으로 유명하다. 어스름이 깔리는 저녁 무렵 오래된 목조 건물들 사이로 빛바랜 전통의상의 궁중악사들이 보인다.

'냐냑'이란 베트남 왕실의 음악을 말한다. 아악(雅樂)의 베트남 발음으로 중국에서는 '야위에', 일본에서는 '가가쿠'라고 한다. 베트남의 궁중음악은 천신과 지신을 위한 제사, 종묘, 사직제, 공자 제사, 국가 공신을 위한 제사, 연례악, 회례악 등에 사용되던 의식 음악이다. 그러나 악보는 전해지지 않고, 악곡 명과 가사만이 남아 있으며, 현재는 냐냐과 다이냐(大樂)만이 연주된다. 이것은 연례악과 회례악으로 사용된 음악으로 추측된다.

베트남의 궁중음악은 15세기 레 타이 통(Le Thai Tong) 왕에 의해 정비되었다. 그는 다이 비엣(Dai Veit, 1225~1400) 왕조의 궁중음악을 정비하기 위하여 명나라의 궁중음악을 연구하도록 지시했는데, 이 당시에 여덟 항목의 궁중음악이 정비되었다. 중국 명나라의 궁중음악을 본받아 베트남 왕실의 궁중의식 음악이 정비되었고, 19세기와 20세기 초까지의 궁중음악으로 사용되었다. 당시 일반 민중은 이 음악을 연주할 수 없었고, 오로지 궁중악사들만 연주가 가능했다. 프랑스의 침략으로 왕족과 귀족을 따라 사방으로 흩어진 궁중의 음악가들이 민간에서 이 음악을 가르치면서 궁중음악이 민간으로 흘러들어 널리 전파되는 계기가 되었다. 오늘날에는 궁중음악을 정식으로 연주하는 기회도 별로 없고, 음악가도 많지 않은 희귀한 음악이 되었다.

현재 베트남 궁중음악을 대표하는 것은 마지막 왕조의 수도인 후에의 음악이다. 후에 시(市)는 베트남 마지막 왕조인 응웬(Nguyen, 1802~1945) 왕조의 수도이고, 베트남 전체의 중심에 해당하며 바다와 인접해 있다. 후에 궁중에서는 독자적인 응웬 왕조의 시기뿐 아니라 1859년 프랑스령 식민지시대부터 황제 바오 다이(Bao Dai)가 1945년 퇴위할 때까지도 왕조의 위엄을 담은 궁중음악이 연주되었다. 그러나 프랑스와의 전쟁을 비롯하여 베트남전쟁을 거치면서 후에의 유적지는 상당 부분 파괴되었다. 그럼에도 불구하고 후에는 1993년 유네스코 지정 문화유산 도시로 등재되었다.

지금의 후에는 궁중음악을 연주했던 많은 연주자들이 고인이 되었고,

연주 전통도 흐려졌다. 1996년 도쿠마루 요시히코(德九吉彦) 교수와 야마 구치 오사무(山口修) 교수가 후에의 옛 연주자들의 음악을 녹음, 촬영했고, 1997년 토녹탄(To Ngoc Than) 교수가 후에와 주변의 옛 도시(Kwang Binh, Kwang Tri, Thwa Thien Hue, Kwang Nam, Binh Ding)의 연주자들을 조사했 다. 그 결과 후에의 궁중음악은 옛 연주자의 기억 속에 남아 있던 것을 토 대로 복원되었고, '냐냑'이라는 이름으로 2003년 유네스코 인류무형문화유 산에 등재되었다.

1945년 응엔 왕조가 망한 후, 베트남의 궁중음악인 냐냑은 명맥을 유지 하기 어렵게 되었다. 소멸해 가는 냐냑을 보존하기 위해 후에 음악대학에 서 냐냑 전공 학생을 뽑아 가르치고 있으나 학생 수가 점점 줄어들고 있고, 궁중음악을 아는 사람도 80세를 넘긴 할아버지 두 분이 살아 계실 뿐이다.

베트남 궁중음악은 악기 구성에 따라서 냐냑, 다이냑, 냑후엔(Nhac huyen, 樂懸)이 있고, 이 밖에 떼냑(Te nhac, 細樂)과 띠충(司鐘), 띠칸(司磬), 띠코(司鼓) 등이 있었다. 이 중에서 현재까지 연주되고 있는 것은 냐냑, 다 이냑이다. 현재 연주되는 냐냑의 악곡으로는 '무오이 바이 응위(Muoi bai ngu)', '응위 도이 추옹(Ngu doi thuong, 五對上)', '응위 도이 하(Ngu doi ha, 五對下)', '롱 당(Long dang, 龍燈)', '롱응암(Long ngam, 龍吟)'이 있다. 다이냑 에는 '땀루안쿠추엔(Tam luan cuu chuyen, 三輪九轉)', '당단돈(Dang dan don)', '당단켑(Dang dan kep, 登壇)', '봉(Bong)', '만(Man)', '마부(Ma vu, 馬舞)', '두수안(Du xuan)', '켄쿵남(Ken cung nam)' 등이 있다.

궁중무용 반주 음악으로는 '마부(Ma Vu, 馬舞)', '풍부(Phung vu, 鳳舞)', '롱 호(Long ho)', '투린(Tu linh, 四靈)', '피엔부(Phien vu, 扇舞)', '무아키엠(Mua Kiem)', '충부웅수아트짠(Trung vuong xuat tran, 蟲卷吹管)', '호아당(Hoa dang, 花燈)' 등이 있다. 베트남의 궁중무용으로는 우리나라의 일무(佾舞)와

한국의 경주에 해당하는 고풍스런 도시 후에는 왕조의 위엄을 담은 궁중음악인
'나냑(雅樂 Nhanhac)'이 남아 있다. © 그나성

후에의 '나냑. 사진 출처 discoveryindochina.com

후에에서 만나는 베트남의 궁중음악 '나냑'. 사진 출처 *tourindanang.com*

후에에서는 매주 금요일에 전통음악 상설 공연을 한다.

베트남—외래문화를 고유문화로 녹여 낸 저력의 음악

비슷한 '반 부(van vu, 文舞)'와 '보 부(vo vu, 武舞)'가 있어 흥미롭다.

베트남 궁중음악 연구는 문헌과 녹음 자료가 많지 않고, 악보가 있다 하더라도 한국 정간보와 달리 리듬 구조를 보여 주지 않아 쉽지 않다. 베트남 궁중음악은 19세기에 들어와 종류와 악기 편성, 악곡에 많은 변화를 거쳤다. 2005년 2월부터 2007년까지는 후에를 중심으로 '냐냑 베트남 궁중음악 보호(Safeguarding of Nha Nhac, Vietnamese court music)'를 위한 유네스코 프로젝트가 발표되었다. 제례악에 사용되던 편종과 편경도 복원할 계획에 있으나, 한국에서처럼 편종과 편경을 스스로 제작한 기록이 없어서 유물 편종과 편경의 형태와 재료를 토대로 악기를 만들고, 한국의 편종과 편경과 비슷한 재료가 베트남에 있는지도 조사하고 있는 실정이다. 2010년 국립국악원은 베트남 궁중 후에 박물관(Hue Royal Antiquities museum)에 남아 있는 유물 기초 자료를 토대로 악기 실측과 음향 측정, 재료 분석 등을 포함한 현지 조사를 실시했다. 한국의 국립국악원은 베트남 현지의 재료를 사용하여 편종, 편경을 악기 제작, 조율 등을 완성하여 기증하였고, 그 이듬해인 2011년에는 특종, 특경을 제작하여 기증하였다.

이날 기증식 후에는 문화유산 보존센터와 업무협약을 체결하고 기념연주회도 가졌다.
© 국립국악원

배낭 속에 담아 온 음악

2010년 12월 29일 국립국악원은 베트남 후에(Hue) 태묘에서 베트남 고대악기 편종, 편경 복원 제작을 완료해 기증식을 가졌다. © 국립국악원

2010년 12월 29일 국립국악원은 베트남 후에(Hue) 태묘에서 베트남 고대악기 편종, 편경 복원 제작을 완료해 기증식을 가졌다. © 국립국악원

베트남-외래문화를 고유문화로 녹여 낸 저력의 음악

말하는 노래, '까쭈'

까쭈(Ca trù)는 베트남의 민속음악으로 실내악의 한 종류다. 까쭈는 리
왕조(Ly Dynasty, 1009~1225) 때 만들어졌다고 알려져 있지만, 논쟁의 여지
는 남아 있다. 까쭈는 여성 독창자와 악기 연주자, 고수, 이렇게 세 사람으
로 구성된다. 여성 독창자는 '파츠'라는 나무 막대기로 박자를 맞추면서 노
래를 부른다. 악기 연주자는 '단데이(Dan day)'라는 목이 긴 현악기를, 고수
는 '트롱 차우(Trong chau)'라는 북을 연주한다. 까쭈에는 시(詩)가 아주 중
요한 위치를 차지한다. 그렇기 때문에 많은 음악 연구자가 까쭈를 '음악 시'
라고 말한다. 이러한 특징은 노랫말에서 분명하게 볼 수 있는데, 까쭈는 음
악이면서 독립된 시의 장르이기도 하다. 즉, 까쭈는 '말하는 노래'인 것이
다. 까쭈의 선율이 특정한 일부 노래에 머무르지 않고, 악곡 수도 수천 곡

까쭈(Ca trù). 베트남 민속음악으로 실내악의 한 종류다. 사진 출처 www.ngaynay.vn

배낭 속에 담아 온 음악

에 달하며 수 세기에 걸쳐 창작되어 왔다. 까쭈는 19세기에 인기 있는 장르가 되었으며, 마을의 수호신을 모셔 놓은 사당인 '딘(Din)'을 비롯하여, 연회, 학자들의 사저 등 다양한 곳에서 연주되었다. 학자가 개인 사저에 초대하여 까쭈를 연주할 때면 학자 자신이 직접 고수의 역할을 맡기도 했다고 한다. 그리고 즉석에서 시를 써서 독창자에게 건네주면 소리꾼은 그것을 즉석에서 노래했다고 한다. 이것은 베트남 음악의 특징 중 하나인 즉흥성의 대표적인 사례라 할 수 있다. 까쭈는 신시(新詩)운동에서 8행시를 만들어 내는 기반이 되는 등 베트남 문화에 중요한 역할을 한 음악이다.

하노이에서 만나는 수중 인형극

1930년대 프랑스 지방 도시의 분위기를 하고 있는 곳, 빵가게의 고소한 바게트 냄새가 퍼지고, 오페라 하우스가 '안녕'하고 인사를 하는 곳, 대로에는 가로수가 우거져 있고, 느릿한 동작으로 우아하게 태극권을 하는 노인들이 있는 도시, 그곳은 바로 베트남의 수도 하노이다. 하노이에서 수중 인형극 관람은 필수다. 하노이는 다른 도시에 비해 한가롭고 유쾌하며 매력이 넘치는 곳이다. 하지만 이미 자본주의에 물들어 돈에 오염되지 않은 순수함을 기대하고 온 여행객들이 적잖게 당황하거나 조금은 기분이 상하게 되는 도시이기도 하다.

베트남에서는 국가나 마을을 위해 좋은 일을 하다가 희생한 사람을 성인으로 모시고 제사나 의식을 베푼다. 성인의 신위에 돈이나 과일 등을 바치고 마을 사람들은 노래와 춤을 동반한 음악극으로 의식을 치른다. 베트남은 극음악이 매우 발달했다. 민속극 '핫 째오(Hat cheo)', 궁중음악극 '핫 뚜옹(Hat tuong)', 현대적인 음악극 '핫 카이루옹(Hat cai luong, 改良)'이 있다. 베트남 극음악의 고전으로 간주되는 '핫보이(Hat boi)'와 '핫 뚜옹'은 중국의 경극과 거의 유사하다. '핫보이'는 14세기 쩐 왕조(Tran Dynasty, 1225~1400) 시대에 나타났는데, 북부에서는 '뚜옹(Tuong)'이라고 불린다. 극중 내내 노래와 무용, 악기 연주가 이루어지며, 베트남의 전통 가무와 중국의 가극이 결합된 무대예술로 현재는 희극, 비극, 풍자극 등 약 600여 편이 전해진다. 극의 소재는 중국과 베트남의 역사다. 베트남의 극음악 중 관광객에게 인기가 높은 것은 수중 인형극이다. 강과 논과 함께 살아온 이들의 생활환경에서 만들어진 장르로 보인다.

핫 째오는 10세기에 민간 음악과 춤에서 시작되었다. 처음에 째오는 짤

배낭 속에 담아 온 음악

막한 고전대사에서 점차 긴 고전대사로 확대되었다. 째오의 발전에는 몽골 항전의 영향이 컸다. 13세기 몽골 항전 때 붙잡힌 몽골 병사가 중국의 경극을 베트남에 유입시켰다. 초창기의 째오는 말하고 민요를 읊는 부분만 있었지만 몽골 병사에 의해 경극이 접목되면서 지금처럼 노래하는 부분도 생겨났다. 벼 수확기에 베트남인은 비와 햇빛을 주어 풍년이 들게 한 신에게 감사하고 기뻐하는 의식을 가졌다. 이때 공연되는 무대예술 중 하나가 바로 째오였다. 째오 공연에서 사용되는 주요 악기는 베트남 고대문화 중 하나로 기우제 등에 사용되었던 북이었다. 째오의 내용은 농촌 서민들의 평범한 삶이지만, 관객들의 몰입을 위해 서정적인 부분이 강조된다.

'핫보이'와 '핫 뚜옹'은 궁중예술로 출발했다가 서서히 민간에 유입된 예술이다. 뚜옹이 언제 베트남으로 유입되었는지는 정확히 알 수 없으나, 전설에 의하면 1005년 전례 왕조(前黎王朝, Nhà Tiền Lê, 980~1010) 때 중국에서 유입되었다고 한다. 뚜옹의 극본은 베트남 문화 문체를 이용하고, 뚜옹의 극본 전달 방법으로 예악과 춤이 어우러진 당의 시부(詩賦)와 쌍팔육칠, 육팔체과 같은 다양한 문학체가 사용된다. 공연에서는 북, 나팔, 피리 등의 악기가 이용된다. 과장된 연출이 특징이고, 배우의 동작은 작지만 매우 빠르고 역동적이다. 언어는 크고 고음이며 분명하다. 화장을 매우 짙게 하며, 춤의 전진 및 후진 동작은 매우 격조가 있다. 배우가 오른쪽(生門)에서 출연하면 배역에 상관없이 마지막까지 살고, 반대로 왼쪽(死門)에서 출연하면 배역에 상관없이 죽는다.

수중 인형극 보러 가는 길

하노이에 왔으면 먼저 신고딕 양식의 대성당(St. Joseph's Cathedral)과 하노이의 심장 호안끼엠 호수를 돌아보는 것은 필수일 것이다. 이국적인 대

베트남-외래문화를 고유문화로 녹여 낸 저력의 음악

성당은 그 규모 면에서 위용이 대단했다. 1886년 프랑스의 식민 정부에 의해 지어졌다는 교회의 첫인상은 파리의 노트르담을 닮아 있었다. 건축물의 보존 상태가 그리 좋지 못한 듯 외관이 검게 변색되어 있었고, 개방하는 시간을 맞추지 못해 들어가 보지는 못했지만, 스테인드글라스로 햇빛이 들어오면 따뜻한 분위기를 풍긴다고 가이드북에 적혀 있었다. 대성당 앞, Nha Tho길이 시작되는 곳에는 녹색 외관의 카페 꽁(Cong Caphe)이 있다. 이 집의 인기 메뉴는 코코넛스무디다. 가격은 4만 5천 동(한화 2,300원)으로 현지 물가로는 결코 싸지 않지만, 흥흥흥⋯⋯ 그 맛의 여운은 오래 갔다. 근처에는 베트남은 물론 라오스에서도 유명한 조마 베이커리 카페도 있다. 대성당 앞 오래된 거리에는 카페와 레스토랑이 즐비하여 젊은이들이 모여들었다. 작은 카페의 앉은뱅이 의자에 앉아 대성당을 감상하니 이곳이 프랑스인지 베트남인지 구분이 안 갔다.

대성당 맞은편에는 내부를 프랑스풍으로 꾸민 레스토랑이 네댓 개 있었다. 현대적으로 재해석한 베트남 전통 요리를 맛보는 것은 배낭여행객에는 다소 부담스러운 가격이지만, 한두 번 정도의 호사는 열심히 살아온 내게 내리는 선물로 눈을 질끈 감으니, 1930년대의 모던보이, 모던걸이 되어 영화 〈화양연화〉 속으로 들어가는 듯했다. 양조위와 장만옥이 부럽지 않은 파인다이닝은 꿈이 아니라 현실 속에 있었다. 저녁시간이 되니 음식점들이 조명을 받아 주황색 불빛으로 물든 골목은 베트남의 시골 마을이 아닌 프랑스의 골목 일부를 옮겨다 놓은 것처럼 베트남인보다 서양인이 더 많았다.

이른 저녁 식사를 마치고 주변의 예쁜 찻집과 레스토랑을 구경하며 걷다 보니 호안끼엠 호수에 도달했다. 대도시 한가운데 위치한 호수는 천천히 걸어서 한 시간이면 호수 한 바퀴를 돌 수 있는 정도의 규모였다. 중국 항저우의 서호(西湖)와 함께 물의 도시로 유명한데, 하노이도 곳곳에 멋진 경치를 자랑하는 낭만적인 호수가 있었다. 물을 보니 마음의 빗장이 스르륵 열리는 듯했다. 당신도 나도 하노이를 찾은 많은 사람들도 호숫가에 서서 한동안 생각에 감기는 듯했다. 한동안 호숫가에서 적막한 여운을 즐겼다면 이번엔 낭만을 제대로 느끼기 위해 전망 좋은 카페를 찾는 것도 좋을 것이다. 호수 북쪽 큰길가 City View Cafe의 6층 테라스는 전망도, 바람도 아주 그만인 핫플레이스다. 베트남 사람들은 블랙커피를 주로 마시지만, 베트남에 왔다면 연유가 들어간 'Vietnamese Coffee with Condensed Milk'를 맛보기를 권한다. 커피 자체가 맛있기도 하지만 달달한 연유가 들어간 스타일은 훨씬 맛이 있었고 중독성 또한 강하다. 이 집은 맥주도 제법 유명하니 저녁나절이라면 시원하게 한잔해도 좋을 것이다.

수중 인형극을 보기 위해 카페에서 나와 왼편으로 150m 걸어가면 인형극 전용극장을 쉽게 찾을 수 있다. 극장의 정식 명칭은 'Thang Long Water Puppet Theatre'이지만, 그냥 줄여서 탕롱극장이라고 한다. 호안끼엠 호수 동쪽의 Dinh Tien Hoang 길 북쪽 끝에 있는 푸른색의 건물이다. 건물 외관에는 수중 인형극에 사용되는 인형이 장식되어 있었다. 스마트폰 구글 지도를 확대해서 살펴보니 길 위에 09 36 14라는 숫자가 쓰여 있다. 아마도 시내버스 번호이지 싶다. 진정한 배낭여행자라면 시내버스 탑승에 도전해 보자. 와이파이가 되는 곳에서 구글 지도를 한 번 클릭을 하면, 오프라인 상태에서도 지도와 현재 위치를 확인할 수 있다. 손안에 스마트폰이 있다면 종이 지도는 더 이상 필요하지 않은 세상이 되었다. 하노이 수중 인형극은 매일 5∼6회 공연된다. 극장 규모는 100여 석 정도이고, 관람료는 좌석의 위치에 따라 6만 동(한화 3천 원)에서 10만 동(5천 원)이다. 객석 앞쪽으로 물이 있고, 물에서 인형극이 공연된다. 무대 왼편에는 10인 정도의 반주단이 생음악으로 공연을 돕는다. 악사들은 악기 연주 외에도 목소리 연기도 맡아서 진행했는데 재주가 많은 음악인들이었다. 공연 내용은 주로 베트남 농민의 생활상을 담고 있다. 베트남 수중 인형극은 세계 인형극 대회에서 2등을 수상하면서 세계에 널리 알려지기 시작했다. 인형극은 베트남어로 진행되지만 알아듣지 못해도 공연을 즐기는 데는 무리가 없었다. 아쉬운 것은 인형이 정교하지 못하다는 점이다. 예쁘고 사랑스런 인형은 아니지만, 전 세계를 통틀어 수중 인형극은 베트남이 유일하다고 하니, 관람의 기회를 갖는 것도 베트남 문화의 체험으로 나쁘지 않을 것이다.

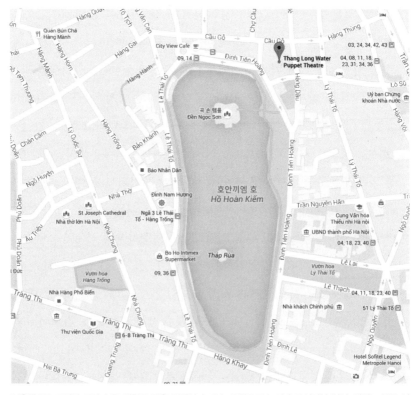

붉은색으로 표시된 곳이 수중 인형극 전용 극장이다. 호수 주변으로 녹지가 조성되어 있어, 경치는 물론 산책하기도 아주 좋았다. 고소한 바게트 냄새가 솔솔 풍기는 길을 걷다 보면 인형극 극장 앞에 다다를 수 있다.

배낭 속에 담아 온 음악

수중 인형극은 11세기부터 북베트남 평야 지역에서 시작되었다. 베트남은 강수량이 많기 때문에 연못이나 호수 등 물이 있는 곳이라면 어디든 무대를 설치하고 수중 인형극을 공연했다. 물에서 하는 인형극은 베트남이 유일하고, 베트남에서도 하노이의 수중 인형극은 최고다. 특별한 날이 되면 물 위에 무대를 설치한다. 무대는 베트남의 건축물 정(亭, Dinh)의 형태다. 천막으로 가려진 무대 뒤에는 대나무로 연결된 인형을 움직이는 사람들이 있다. 인형은 수면에 뜨도록 가벼운 나무로 만들고, 사람, 동물, 식물 등 다양한 형상을 띤다. 무대 옆에는 음악을 연주하는 악단이 있으며 공연 중에는 요란한 북소리와 폭죽이 함께한다. 인형극의 내용은 농부들의 일상생활이나 역사적 사건들로 구성된다.

호치민에서도 수중 인형극을 만날 수 있다. 2006년에 갔을 때는 박물관

하노이 수중 인형극 전용극장(The Golden Dragon Water Puppet Theater)의 공연
© 그나성

호치민 수중 인형극 무대 © 현경채

베트남의 수중 인형극 공연. 사진 출처 newsmaker.khan.co.kr

배낭 속에 담아 온 음악

안에서 소박하게 수중 인형극 공연을 했
었는데 2014년에 다시 찾으니 통일궁 뒤
편에 전용극장(The Golden Dragon Water
Puppet Theater, 주소: 55B Nguyen Thi Minh
Khai Street, Ben Thanh Ward, District 1, Ho
Chi Minh City)이 개관되어 하루에 3차례
(5:00, 6:30, 7:45) 공연을 하고 있었다. 여
행사나 숙소에서 미리 예매가 가능하지
만, 현장 구입도 가능하다. 요금은 12만
동(한화 6,000원, 2014년), 가급적이면 일찍

수중 인형극에 사용되는 인형
© 현경채

예약하는 편이 좋은 자리를 배정받을 수 있다. 극장은 여행자 거리에서 북
쪽으로 1km 위치에 있으며, 벤탄 시장에서 걸어갈 수 있는 거리다. 그러나
베트남은 덥고 택시비도 비싸지 않으니 택시를 이용해도 좋을 듯하다.

핫 카이루옹(Hat cai luong, 改良)은 20세기 초 남베트남 평야지대에서 나
타난 새로운 가극이다. 개량이라는 한자에서 보듯이 기존 전통음악극 뚜옹
에 서양음악이 혼합되어 만들어진 무대예술이다. 핫 카이루옹은 늦게 출발
했지만 짧은 기간에 가장 많은 인기를 얻은 가극이 되어 특히 청년층이 선
호하는 무대예술이 되었다.

1945년 8월 혁명 이후 베트남의 음악극은 존폐 기로에 놓이기도 했지만,
제2차 인도차이나 전쟁 이후에 째오, 뚜옹, 수중 인형극, 카이루옹 등의 전
용 공연장이 각각 세워졌다. 해방과 더불어 베트남 무대예술은 정부의 적
극적인 지원 아래 발전하였고, 1988년 통계 자료에 의하면 현재 전국적으
로 153개의 전업예술단과 4천여 명의 소속 배우들이 활동 중이다. 현재 하
노이와 호치민에 무대예술대학이 있다.

베트남–외래문화를 고유문화로 녹여 낸 저력의 음악

프랑스 식민지와 새로운 베트남 음악의 탄생

1884년, 베트남 능우엔(Nguyen) 봉건왕국의 대표와 프랑스 침입자들 사이에 조인된 조약에 따라 베트남은 프랑스의 식민지로 전락하게 되었다. 19세기 후반 식민 통치자들은 지방민들의 끊임없는 군사 봉기와 마주쳤고, 1920년대에 본격적으로 프랑스 식민지로서 베트남을 지배하였다. 그들은 전통 도시와 행정 중심지의 근간 위에 유럽 스타일의 새로운 행정을 시작함과 동시에 문화 도시들을 세워 나갔다. 그러면서 자연스럽게 자본가, 지식인 계급, 사회 주도 세력, 노동인 계급으로 구성된 새로운 시민계층들의 사회집단이 나타났다. 이들은 산업사회 속에서 엘리트 집단으로서의 역할뿐 아니라 프랑스의 문화와 역사를 통해 유럽 국가들의 문화도 적극적으로 수용하였다. 이들을 중심으로 서방 국가들의 문명화 수준을 따라잡으려는 열망과 함께 베트남 고유의 문화를 유럽화하려는 운동이 일어났다. 서양음악에 초보 수준이었던 일부 베트남 엘리트 집단은 서양음악 이론을 공부하기 시작하였다. 주로 고전파 음악에 대한 학습이 이루어졌고, 프랑스 노래와 연주곡을 통해 실습이 이루어졌다. 이 시기 도시에서는 주점에 댄스 바가 생기기 시작했고, 프랑스 식민 통치자들과 일부 베트남인의 일상 장소가 되었다.

그 당시 기독교는 조국의 자유와 독립을 향한 베트남인의 분투 의지를 진정시키는 방편으로 활용되었다. 교회와 수도회로부터 베트남인들은 여러 장르의 가톨릭 성가들을 배웠다. 일부 베트남인은 기독교인이 아닌데도 불구하고 미사곡을 무척 좋아했다. 하노이와 사이공(현 호치민 시)의 공원에서는 프랑스계 단체들이 브라스밴드를 연주하기도 하고, 오케스트라 음악 연주회도 종종 열렸다. 축음기가 보급되었고 유럽 음악의 보급과 대중화에 크게 기여하였다. 당시 널리 알려진 유명한 곡들로는 비제의 '아를르의 여인의 조곡(L'Arlesienne)', 슈베르트의 '미완성 교향곡', 슈만의 '환상(Reverie)', 모차르트의 교향곡 4번, 베토벤의 교향곡 1번, 요한 스트라우스의 '아름답고 푸른 도나우 강(The Beautiful Blue Danube, 독일어: An der schönen blauen Donau)' 등이 있다. 도시와 마을에 영화관이 생겼고, 상영되는 영화에서 나온 유럽의 음악이나 최신 음악이 유행하기도 했다. 1927년 9월 하노이에 프랑스 극동음악학교(Conservatoire Françasise d'Extrêne Orient)가 설립되었다. 이 음악학교는 1929년까지 유지되었고, 그 뒤를 이어 1933년 사이공에 음악예술학교(Conservatoire de la music)가 세워졌다.

20세기 초, 베트남에서는 서서히 유럽 고전음악에 이론적 바탕을 두고 작곡된 노래들이 만들어지며 새로운 음악적 사조가 형성되었다. 이러한 과정은 프랑스 식민지 상황으로 인한 유럽 음악 침투에 대한 베트남인들의 적응의 표현이고, 새롭게 형성된 상류 계층이 소비하던 고급 음악 문화의 수요를 맞추기 위한 것이기도 했다. 한 세기가 지나간 현재, 베트남의 이러한 음악 사조는 조금 더 베트남화되면서 베트남 전통음악의 요소를 포함하게 되었다.

이러한 흐름은 새로운 베트남 음악 사조로 형상화되고 발전되었다. 처음에는 유럽적인 노래와 연주곡은 주로 댄스 바나 파티 장소 혹은 연주회 등에서 단지 프랑스 지배자들의 필요에 의해 연주되었다. 프랑스 식민 통치자들만을 위한 특별한 생활양식의 표현으로 여겼던 서양음악의 문화가 시간이 지나면서, 특히 1920년대 이후는 정부 관리 혹은 중·고등학교 교사들, 대학 교수와 학생들 그리고 프랑스어를 구사하는 대부분의 베트남인의 생활양식으로 스며들게 되었다. 프랑스 노래를 할 수 있는 사람들은 '세련된' 혹은 '앞서가는 신식 사람'으로 간주되었고, 더불어 유럽의 악기를 연주할 수 있는 사람은 '엘리트층'이라는 인식이 생기기도 했다.

한편 프랑스 정부 차원에서 프랑스 샹송을 보급하기 위해 노랫말을 베트남어로 번역하기 시작했다. 그 결과 베트남어 가사로 프랑스 노래를 부르는 운동으로 일컬어진 '노래 운동'이 시작되었다. 프랑스어 원 가사를 그대로 번역하는 것 외에도 베트남 음악가들은 새로운 베트남어 가사를 만들었다. 이 운동은 보통 사람들에게 프랑스 노래를 널리 퍼트렸는데, 당시 유행했던 곡으로는 '사랑에 대해 이야기해 주세요(Parlez moi d'amour)', '내게는 두 사랑이 있어요(J'ai deux amours)', '아름다운 북 베트남 소녀(La petite Tonkinoise)' 등이 있다.

아마추어 음악가들도 서양음악을 배우기 시작했다. 그들은 프랑스에서 음악 교재를 구해 익혔으며, 교회나 수도회, 댄스 바, 오케스트라단을 비롯하여 하노이와 사이공의 음악원 등지에서 서양음악을 배우고 따라하였다. 이것은 베트남 전통음악의 '근대화' 열망으로 귀결되었고, 아마추어 음악가들은 유럽 고전음악의 이론적 원리들과 패턴을 따라 베트남 노래를 작곡하려고 시도하였다. 1930년대를 대표하는 곡들로는 '수줍은(Be bang, 1935)', '예술가들의 행진(Nghe si hanh khuc, 1937)', '슬픈 이별(Biet ly)' 등이 있다. 이러한 노래는 '신베트남 음악'으로 불리며 민주주의 혁명기와 1945년 8월 독립 때까지 계속해서 작곡되고 발전되었다.

베트남 음악의 주제와 양식은 독자적인 발전기를 거치면서 내용적으로 '낭만적', '애국적', '혁명적' 등 세 가지 경향으로 나뉘었다. 낭만적 경향의 작곡자들은 '프티부르주아' 계층의 지식인들이다. 이들은 식민화된 스스로의 운명에 대해 명확하게 느끼고 있었지만 무엇을 해야 할지 몰랐거나 대담하게 혁명 투쟁에 가담하려고 하지 않았다. 그들은 스스로의 감정을 도시 생활의 낭만적인 모습으로 담아냄으로써 '슬픈 현실'에서 도피하여 기쁨을 얻고자 했다. 이러한 노래는 '가을의 소리(Tieng Thu)', '놀라운 플루트의 소리 (Tieng truc tuyet vol)', '나비와 꽃(Buom Hoa)', '가을비(Giot mua thu)' 등이 있다.

애국적 경향은 주로 작가들 사이에서 찾아볼 수 있다. 역시 '프티부르주아' 계층이지만 그들은 자신의 애국심을 노래로 표현하고 싶었던 지식인이다. 이들이 쓴 노래의 주제는 과거 역사 속 베트남 국민의 승리를 연상시킨다. 예를 들면, 젊은이·여성·군인 등 베트남 사회계층의 국민을 위한 찬가다. 이것은 식민 통치자들로부터 조국의 자유를 얻기 위한 암시적인 노랫말을 사용하였다. 대표적인 노래로는 '젊은이를 부른다(Tieng truc tuyet vol)', '전장으로 가는 길에서(Len dang)' 등이 있다.

혁명적 경향은 공산당에 의해 혁명 운동의 범주에 속해 있던 사람들에 의해 주도되었다. 그들의 혁명 운동은 1930년대 이후 프랑스 식민화로부터 베트남을 자유롭게 한 1945년 8월의 혁명에 이르기까지 계속되었다. 작곡가들은 혁명가로서 조국의 자유를 위해 목숨까지도 내어놓아야 할 그들의 의무에 대한 생각을 음악으로 승화했고, 이것이 혁명 운동으로 이어진 것이다. '어깨동무를 하고-적색군(Cung nhau hong binh)', '베트남 빨치산을 위한 찬가(Du kich ca)', '군대행진(Tien quan ca)' 등이 이에 속하는 음악이다.

이러한 새로운 사조의 음악은 계속해서 역사적·사회적 배경과 맥락 속에서 각각 지속되고 발전하였다. 1946~1975년 사이 프랑스 식민 통치자들과 미국 침략자들에 대항하여 두 번의 전쟁을 치르면서 베트남 음악은 전쟁 중 삶의 어려움과 승리를 위해 어려움을 극복하는 군대와 국민의 노력에 대한 주제에 집중되었고, 1975년부터 현재까지는 평화로운 삶에 대한 사람들의 감정, 전쟁의 파괴 이후 나라를 재건하려는 사람들의 고된 노력, 조국을 위해 죽어간 사람들을 향한 사랑과 슬픔 등에 관한 것을 음악으로 표현하였다.

새로운 음악 사조가 빠른 속도로 발전하고 시민 사이에 광범위하게 퍼져 나갔음에도 그것이 시골이나 농부들의 삶에 미친 영향은 크지 않았다. 시골과 농촌의 농부들은 여전히 수세기 전과 같이 느린 속도로 흘러가고 있었다. 이렇게 느리고 전형적인 삶의 리듬은 쌀을 파종하고 거두고 축제를 여는 등의 활동으로 매해 반복되었다. 전통음악 역시 음악이 삶에서 분리될 수 없는 공동체 속에서 일상적 삶의 활동을 따라 반복되었다.

베트남에는 이처럼 당시에는 두 가지 음악적 흐름이 실재했다. 유럽 고전음악에 기초한 새로운 사조의 신 음악이 도시를 중심으로 새로운 사회계층들의 생활 속에서 함께했다면, 전통음악은 지난 수세기의 방식을 그대로 고수해 나갔다. 그러나 이 두 가지 서로 다른 음악적 흐름이 개별적으로 존재한 것은 아니다. 한편에서는 신베트남 음악을 이끄는 예술가들이 새로운 노래곡과 연주곡을 만들기 위한 재료로 종종 전통음악을 활용하곤 했다. 그 결과로 새로운 작품들은 베트남 전통음악의 미적 취향과 특징을 점점 더 많이 포함하게 되었다.

식민 통치자들은 피지배인들을 야만적이거나 거칠고 미개한 사람들로 간주하곤 한다. 그래서 식민 통치

베트남 정부는 작곡가들에게 혁명가로서 역할을 강요했다. 그런 배경에서 탄생된 노래 '어깨동무를 하고-적색군(Cung nhau hong binh)'의 악보

자들은 식민지를 진보적이고 발달된 문화로 문명화시켜야 하는 '하늘이 내린 소명'이나 '역사적 사명' 등을 부여받았다고 굳게 믿고 있다. 사실 이는 피지배 계층의 문화를 그들의 것으로 동화시키려고 하는 천박한 음모를 숨기고자 하는 교활한 표현일 뿐이다. 역사적인 사례들은 피지배 민족이 단순히 동화되지 않고 도리어 자기 고유의 문화가 가진 잠재적 수용성을 바탕으로 자신의 문화적 전통을 살찌울 수 있음을 보여 준 긍정적인 결과물을 남겼다. 베트남 상징문화의 정수를 선별하고 수용한 신베트남 음악 사조의 출현은 바로 그러한 좋은 사례가 될 수 있을 것이다.

기교적이고 즉흥적인 베트남의 현악기

베트남의 전통악기 대부분이 중국 악기에서 유래되었고, 일부분은 인도 악기에서 유래되었다. 고고학 자료 등을 살펴보면 고대 베트남에서는 돌실로폰, 청동 북 등과 같은 베트남 고유의 악기가 사용되었음을 알 수 있다. 현재 베트남에는 54개의 민족이 존재하는데, 대표적 민족인 비엣족을 비롯하여 소수민족이 사용하는 악기까지 포함하면 그 종류가 100종이 넘는다.

베트남 악기는 현악기가 주류를 이룬다. 현악기의 대부분이 중국에서 유입되었기 때문에 구조나 연주법 등이 중국과 비슷하지만, 베트남 악기만의 독창성 또한 지니고 있다. 단(dan)은 베트남어로 현악기를 말한다. 그래서 현악기의 명칭은 대부분 '단'으로 시작된다. 베트남에 기원을 두고 있는 현악기는 단데이(dan day, 루트), 단보우(dan bau, 1현악기), 쩡꾸언(trong quan)이 있고, 중국과 중앙아시아 문명에서 유래된 악기로 단트란(dan tranh), 단니(dan nhi), 단응 구엣(dan nguyet)등이 있다.

단트란

단트란(dan tranh)은 베트남의 대표적인 독주악기이며, 상당히 기교적인 악기다. 단트란은 독주 외에도 현악 합주, 민요 반주, 실내악 등에 사용된다. 최근에는 한국의 가야금 합주단처럼 단트란 연주자들이 모여 결성된 단트란 합주단의 활동도 나타나기 시작했다. 단트란은 일반 대중에서 왕실에 이르기까지 두루 쓰이는 베트남의 대표적인 현악기로, 한국의 가야금과 중국의 구쩽(古箏), 일본의 고토, 몽골의 야탁과 같은 구조의 악기다. 베트남은 천 년 동안 중국의 지배를 받은 역사가 있기는 하지만, 두 악기 사이의 역사적인 관련성은 아직 확인되지 않는다고 베트남 학자들은 주장한다.

단트란(dan tranh), 베트남의 대표적인 현악기로, 한국의 가야금과 중국의 구쩡(古箏), 일본의 고토, 몽골의 야탁과 같은 구조의 악기다. 사진 출처 digitalstamp.suppa.jp

단트란은 약 108cm 길이의 공명통 위에 16개의 철사줄을 얹은 구조의 악기다. 머리 안쪽에 줄감개(돌괘)로 줄을 고정시키고, 안족(雁足)으로 줄을 지탱하는 것은 한국 가야금의 구조와 거의 같다. 공명통은 동아시아 지터류 현악기의 재료로 주로 쓰이는 유연한 재질의 나무인 오동나무다. 뼈대는 단단한 재질의 나무인 '깜라이'로 만든다. 전통적으로 단트란의 뼈대는 윤이 나는 일곱 색깔의 진주조개 자개로 장식하여 박는다.

단트란은 오른쪽 끝부분의 줄을 손톱으로 뜯거나 손톱에 금속으로 된 '가 조각(가짜 손톱)'을 끼고 연주한다. 연주는 양손으로 이루어지는데, 대부분의 동아시아의 지터류 현악기 연주와 마찬가지로 오른손 손가락으로 줄을 뜯거나 튕기고, 왼손으로는 안쪽의 바깥 부분의 현을 흔들거나 누르는 등의 여러 종류의 압력을 사용하여 누르며 연주한다.

조율은 음계 체계로 한다. 기본적으로는 D-E-G-A-B의 5음 구조에 의한 세 옥타브 음역으로 조율된다. 베트남 전통음악은 '절대음'이 아니라 '상대음' 체계다. 때문에 대부분의 연주자는 가수의 음높이에 맞추거나 앙상블 연주시에는 다른 악기들의 음정에 맞추어 조율한다. 단트란은 5음 음계로 조율하지만 줄을 눌러 연주하기 때문에 다양한 선법을 표현할 수 있다.

단트란의 매력은 아름다운 장식음에 있다. 연주자는 왼손으로 줄을 누르거나 흔들어 연주하는데, 이러한 장식음은 필수적이고, 또 아주 복잡하다. 이것은 다른 현악기에도 나타나는 베트남 음악의 대표적인 미학 개념이다.

다른 베트남의 악기들과 마찬가지로 단트란도 연주 방식이 즉흥적인 열린 구조를 갖고 있다. 예인들은 같은 선율을 똑같이 연주하는 일은 거의 없다. 물론 대략의 선율은 사전에 정해진 것이지만 연주에 임해서는 스승의 도움을 받아 음을 더하거나, 장식음을 만들고, 나름대로 즉흥적인 선율을 더하기도 하며 연주자 자신의 곡으로 완성한다.

단띠바

단띠바(dan ty ba)는 전통합주에 주로 사용되는 4현 악기로 중국의 비파와 닮아 있다. 단띠바는 '비파(琵琶)'의 베트남 발음의 음성화적 번역이다.

세로로 긴 물방울 모양의 윤기 나는 부드러운 나무로 공명통을 만들며, 뒷부분은 조금 볼록한 표면을 가진 단단한 나무로 되어 있다. 긴 목이 공명통과 연결되어 있고 목 부분에는 조율을 위한 4개의 줄감개가 있다. 현의 재질은 원래 밀랍을 바른 명주실을 꼬아서 만들어 사용했지만, 지금은 나일론을 사용한다. 단띠바의 머리에는 아주 소박하고 정교하게 장수(長壽)를 의미하는 글자를 넣거나 제작한 날짜를 새긴다.

단띠바의 길이는 약 94~100cm

단띠바(dan ty ba)는 전통합주에 주로 사용되는 4현 악기로 중국의 비파와 닮아 있다.

배낭 속에 담아 온 음악

이고, 몸통에 달린 8개의 플랫은 대나무나 나무로 만들어졌으며 각기 높이가 다르다. 보통 거북의 등껍질이나 플라스틱 피크를 사용하여 연주한다. 글리산도, 스타카토, 아르페지오, 트레몰로 등을 다채롭게 변주하는 기법이 사용되는 밝고 명랑한 음색의 악기다. 베트남에서 단띠바는 일반적으로 냐낙(雅樂, 궁중음악)과 노래 음악, 불교 음악 그리고 전통합주 음악 등에 사용된다. 단띠바는 원래 외국에서 유입되었으나 장시간 베트남의 전통음악에 사용되면서 점차 베트남의 전통악기로 편입되었다. 악기의 구조나 연주법에서 일본의 비와(biwa)나 중국의 비파(琵琶)와 관련이 있을 것으로 생각된다. 그러나 단띠바는 베트남의 음악 미학을 담아 독창적인 악기로 자리잡으면서 베트남뿐 아니라 외국의 음악 애호가들에게도 많은 사랑을 받고 있다.

단땀

'단(dan)'은 현악기를, '땀(tam)'은 '셋'을 가리키는 말로, 단땀(dan tam)은 둥근 울림통을 가진 3현 악기로, 몸통은 뱀가죽으로 싸여 있다. 세 줄 악기는 베트남의 다양한 민족이 사용하고 있다. 비엣족은 '단땀(dan tam)'으로 부르고, 하니족은 '타인(Ta in)'이라고 부른다. '타인'의 공명통은 사각형이고 현은 명주실을 사용하며, 대나무 조각으로 만든 주걱을

단땀(dan tam) 둥근 울림통을 가진 3현 악기로, 몸통은 뱀가죽으로 싸여져 있다. 사진 출처 digitalstamp.suppa.jp

사용하여 연주한다. 타인의 음색은 청명하지 않고 둔탁하여 남성적이고, 노래나 춤 반주에 많이 사용된다.

단땀은 대 · 중 · 소 세 종류가 있다. 작은 것이 가장 대중적이다. 단땀은 북쪽 지방의 악기로, 뱀가죽을 댄 중국의 산시엔(三絃)과 비슷하다. 단땀의 공명통은 둥근 모양이며, 줄받침(브릿지)은 공명통에 고정되어 있다. 단단한 나무 재질의 긴 목은 플랫이 없고, 튜닝을 위한 세 개의 줄감개가 있다. 이 단땀은 전통적으로 명주실을 꼬아 만든 줄을 사용했으나 요즘은 나일론 현을 사용한다. 연주자들은 플라스틱의 작은 도구를 이용하며 연주한다. 단땀의 음색은 청명하고 맑으며, 소리는 멀리까지 퍼진다. 트레몰로, 트릴, 피킹, 스토핑 등의 주법이 있다. 특히 슬라이딩 기법을 구사하는 왼손 주법은 빠르게 긁는 오른손 기법과 조화를 이루며 연주된다. 단땀은 합주음악이나 음악극의 반주 음악에 사용된다. 일본의 샤미센, 중국의 산시엔, 페르시안의 시타르와 비교되며 같은 범주의 악기다.

단보우

베트남 전설에 의하면 단보우(dan bau)나 단독후엔(dan doc huyen)은 불사신으로부터 전수받은 것이라고 한다. 단보우는 쇠줄 하나로 부드럽게 깎아낸 대나무 암에 묶어 피크로 튕긴다. 이 악기의 길이는 80cm에서 1m이고, 넓이는 9cm에서 12cm의 나무 공명통에 철사줄을 매어 만든 1현 악기다. 공명통은 옹오동(ngo dong) 나무와 짝(trac) 나무로 양 옆판을 만들고, 목재나 휘어지는 대나무로 만들어진 유연한 줄기를 사용하여 얇은 기둥을 세워 목 부분으로 만든다. 공명판 한쪽 끝의 5cm 부위를 관통한 기둥에는 호리병 모양의 작은 공명통이 달려 있다.

연주를 할 때면 오른손으로는 약 15cm 길이의 날카로운 대나무대를 잡

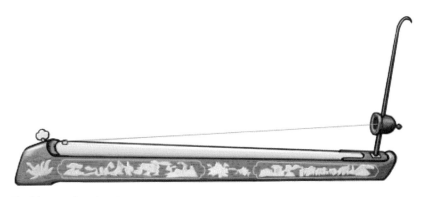

단보우(dan bau)는 쇠줄 하나로 부드럽게 깎아낸 대나무 앞에 묶어 피크로 튕겨서 소리내는 악기다.
사진 출처 digitalstamp.suppa.jp

고 뾰족한 끝부분의 기저부에 새끼손가락을 갖다 댄다. 1:1, 1:2, 1:3 또는
1:4 비율로 나뉜 지점에서 오른손 끝으로 현을 뜯으며 연주한다. 왼손으로
는 유연한 목에 힘을 주면서 현의 장력을 변화시켜 기본적인 음고를 만들
어 낸다. 두 옥타브 이상의 음역의 악기이다.

단응구엣

단응구엣(dan nguyet, 月琴)은 베트남의 대표적인 악기다. 11세기 베트남
의 고대 조각품에 달 모양을 한 이 악기가 등장한다. 낀(Kinh)족에 의해 연
주되기 시작하면서 베트남 전통음악에서 매우 중요한 악기로 자리 잡게 되
었고, 그 후 민속음악이나 궁중음악 그리고 예술음악 등에 사용되었다.

단응구엣은 일본 쇼소인(正倉院)에 보관되어 있는 완함(阮咸)과 모양이
비슷하다. 목의 길이가 긴 것과 짧은 것 두 종류가 있는데, 긴 것을 월금(月
琴)이라는 의미로 '단응구엣(dan nguyet)', 길이가 짧은 것은 태양에 견주어
일금(日琴)이라는 뜻으로 '단닛' 혹은 '돈바우'라고 부른다. 베트남에서는 일
본과 중국에서 월금이라고 부르는, 길이가 긴 단응구엣을 선호한다.

단웅구엣(dan nguyet, 月琴)은 둥근 공명통의 현악기로. 11세기 베트남의 고대 조각품에 이 악기가 등장한다. 사진 출처 digitalstamp.suppa.jp

단웅구엣의 악기 길이는 1m 정도이고, 중앙은 직경 36cm, 두께는 6cm 정도이며, 오동나무 공명통을 사용하여 기타와 같이 품에 안고 오른손 손가락이나 가 조각을 사용하며 연주한다. 보르네오섬과 인도네시아에서 볼 수 있는 2현 악기와 이집트 벽화에 보이는 2현 루트 등과도 관련되어 있으며, 태국의 크라찻피도 웅구엣과 같은 계열로 여겨진다.

줄은 예전에는 명주실을 사용하였으나 지금은 나일론 줄을 사용한다. 단웅구엣은 맑고 깨끗한 소리로 독특한 분위기를 연출할 수 있는 악기다. 예전에는 엄숙하고 장엄한 종교의식, 장례식 또는 품위 있는 실내음악 등에서 사용되었다. 지금은 단웅구엣의 쓰임이 아주 많다. 독주는 물론이고, 관현악 합주, 노래 반주에도 사용된다.

단니

단니(dan nhi)는 우리나라의 해금처럼 활로 문질러서 소리를 내는 악기다. 베트남에서 활대를 문질러 소리를 내는 단니류의 악기는 리 왕조(Ly Dynasty, 1010~1225) 펫틱(Phat Tich)탑 기둥에 새겨져 있다. 공명통의 크기와 목 길이에 따라 세 종류로 나뉜다.

첫째는 단니(dan nhi)라는 악기다. 중국의 얼후(二胡)와 같은 계통의 악기라는 뜻인데, '단코(dan co)'라고도 불린다. 중앙은 얇은 목재 흑단으로 되어 있다. 단니의 뒤쪽은 백합 모양으로 둥글게 되어 있으며, 앞쪽은 뱀, 비단뱀 또는 도마뱀 가죽으로 싸여 있다. 단니의 니(nhi)는 '둘'이라는 뜻으로, 우리나라 해금과 중국의 얼후와 같이 두 줄 현악기다. 중국의 얼후에서 '얼'은 두 줄을 의미한다. 따라서 단니는 중국의 얼후를 베트남 말로 번역한 것일 가능성이 높다. 단니와 단코의 줄은 명주실을 사용했으나 지금은 금속이나 나일론을 사용한다. 두 줄은 5도 차이로 조율한다.

단니(dan nhi)는 우리나라의 해금처럼 활로 문질러서 소리를 내는 악기다.

둘째는 단코야오(dan co yao, 통호금)다. 단코야오의 '야오'는 '통'이라는 의미이며 대나무 통으로 만든 약간 두꺼운 것을 가리킨다. 대나무로 만들었기 때문에 '단꼬쩨(dan co tre)'라고도 부른다. 세 번째 형태인 단가오(dan gao) 역시 두 줄로 이루어져 있다. 박이나 야자나무 껍질로 된 공명통의 악기로 남쪽에서는 돈호(don ho)라고도 부르는 악기다. 단가오는 빈 코코넛 껍질로 된 공명체를 가지고 있고 캄보디아의 트로우(trou)와 라오스의 소우(sou)와 비슷하다.

단니, 단코야오, 단가오는 캄보디아나 태국의 찰현악기와 관련된 것으로 추정하고 있으나 어느 시기에 전해졌는지는 알 수 없다. 오늘날 베트남에서 단니는 뚜옹(Tuong), 쩨오(Cheo), 카이루옹(Cai luong), 짜우반(Chau Van, 의식 찬트), 핫삼(Hat Xam, 민요), 돈까따이 뚜(Don Ca Tai Tu, 아마추어 음악) 등의 음악에 사용된다. 호치민에서는 단니를 연주할 때, 책상다리를

베트남-외래문화를 고유문화로 녹여 낸 저력의 음악

한국에서 유학 중인 단보우 연주자 Le Hoai Phuong © Le Hoai Phuong

하고 단니 중앙의 안쪽에 발바닥을 대었다 떼었다 하며 음량을 조절하며
연주한다.

관악기에 남아 있는 중국 음악의 흔적

옆으로 들고 부는 악기 사오(Sao)는 디히(dich)라고도 한다. 중국의 적(笛, ti)에서 유래된 악기로 우리나라의 대금처럼 가로로 잡고 부는 관악기로 여섯 개의 지공과 하나의 청공을 지니고 있다. 베트남 사람들은 휴식을 취할 때에 사오를 연주했다고 한다. 대나무 악기 사오는 오랫동안 베트남 대중의 생활과 가까이 있었다. 사오는 음역과 크기에 따라 여러 종류가 있다. 사오는 지름이 1.5~2cm이고, 길이는 45~55cm에 이른다. 독주 악기로 사용되거나 베트남의 대중극 쩨오(Cheo)나 가극, 궁중의 작은 합주음악에서 사용된다. 20세기 후반에 이르러 음역을 넓히기 위해 6개의 지공을 10개로 늘리기도 했다. 덕분에 연주자들은 '띠 앵 고이 무어 수안(Ticng goi mua xuan, 봄)', '띠인 꿔애(Tinh quc, 나라사랑)' 와 같은 고난이도의 음악을 자유롭게 연주할 수 있게 되었다.

켄(ken)은 중국의 소나(sona)에서 유래되었다. 우리나라의 태평소처럼 생겼으며 연주법도 상당히 비슷하다. 앞에 7개의 지공과 뒤에 한 개의 지공을 가진 목관악기 켄의 음역은 3옥타브이고, 날카롭고 시원한 소리를 낸다. 셴(senh)은 중국의 셍(笙, sheng)에서 유래된 악기다. 현재 베트남의 소수민족에 의해서 연주되고 있다. 태국의 켄(khene) 또는 캔(khaen)과 비슷한 모

사오(Sao)는 우리나라의 대금처럼 가로로 잡고 부는 관악기로 여섯 개의 지공과 하나의 청공을 지니고 있다.

켄(ken)은 우리나라의 태평소처럼 생겼고 연주법도 비슷하다.

양으로 6관, 12관, 14관의 다양한 크기의 작은 대나무관을 건조된 호리병박
의 공명통에 꽂아 만든 악기로, 베트남 소수민족이 주로 사용한다.

신성한 존재, 베트남의 타악기

아시아의 국가들은 대부분 다양한 타악기를 보유하고 있다. 쿠르트 작스(Curt Sachs)와 호른보스텔(E. M. von Hornbostel) 등 민족음악계의 거장들은 특별히 타악기가 많은 아시아의 악기를 분류할 때 북 종류의 악기(피명악기)와 몸체를 두드려 내는 악기(체명악기)를 나누어 설명한다.

민족음악 학자들이 피명악기로 따로 분류하여 설명한 것처럼 베트남의 북은 종류가 아주 많다. 까이봉(cai bong)은 모래시계 모양의 단면 북으로, 손으로 친다. 쩡밧까우(trong bat cau)는 중국의 판쿠(pan ku, 板鼓)와 비슷하고, 두 개의 막대로 친다. 양면 북으로는 술통 모양의 다이코(dai co, 큰북)를 비롯하여, 전통극에 사용되는 술통 모양의 북인 쩡냑(trong nhac), 의식 음악에 사용되는 한 쌍의 가느다란 원통형 북, 그리고 남인도 므리당감과 유사한 술통 모양인 쩡꼼(trong com) 등이 있다. 이러한 북들은 인도에서 유래되었을 것으로 추정되는데, 참파왕조 때 베트남에 소개되었다. 참(Cham)족은 대형 단면북인 바라능(barinung)을 노래 반주와 의식음악의 앙상블에 연주한다. 강낭(ganang)은 양면 원통북으로 참족에서 기원된 악기로 한쪽 면은 손으로, 다른 쪽은 막대기로 두드리며 연주한다. 그밖에도 웅오르(ngor), 송고르(song gor), 호그로(hogro), 호고이(hogoi) 등의 베트남 중부 고지대에 거주하는 소수민족에 의해 사용되는 거대한 북들이 있다.

까이봉

씬띠엔(sinh tien)은 장방형의 나무 조각 3개를 묶어서 만든 타악기다.

민족음악 이론가들은 북 종류를 제외한 대부분의 타악기를 몸체를 두드려 소리낸다는 뜻의 '체명악기'로 분류했다. 씬띠엔(sinh tien)은 장방형의 나무 조각 3개를 묶어서 만든 타악기로, 연주법은 우리나라 박과 같다. 주로 종교의식을 비롯하여 궁중음악, 전통무용 등에서 리듬을 담당한다. 모기아 트리(mogia tri)는 우리나라의 목탁처럼 연주하는 타악기이고, 산(sanh)은 나무 막대기 두 개를 서로 마주쳐서 소리를 내는 타악기다. 연주법은 일본 가부키 연주 때 반주 악기로 쓰이는 효시기와 비슷하다. 참 초아(chap choa)는 심벌즈와 비슷하게 생긴 악기이고, 라(la)는 우리나라의 징처럼 생긴 타악기다.

송롼(Song loan)은 비엣 족이 사용하는 악기다. 소리는 목탁 소리와 비슷하다. 평평하고 둥근 모양의 지름 7cm, 높이 4cm 크기의 악기로, 발로 밟아서 합주음악의 박자를 맞춘다. 송롼의 '송'은 '둘', '롼'은 '새'라는 뜻으로 '두 마리의 새'라는 아주 예쁜 이름의 악기다. 처음에 대나무로 송롼을 만들었을 때 새 모양을 조각한 데서 얻은 이름이다. 송롼은 따이뚜(Tai tu) 음악과 까이 루옹(Cai luong) 합주 그리고 후에 시(市)에서 노래를 할 때 박자를 맞추기 위해 사용되며 날카롭고 명쾌한 음색의 악기다.

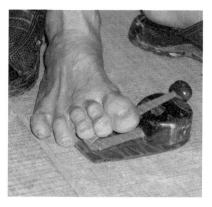

송란 연주 © 현경채   송란(Song loan) ©國立台北藝術大學

　　뜨룽(Trung)은 실로폰처럼 연주하는 대표적인 민속악기로 대나무의 울림으로 멋진 음악을 만들어 낸다. 채는 천으로 감싸서 부드럽고 투명한 음색을 표현하기도 한다. 원래는 5개의 대나무 관으로 5음을 연주하도록 고안된 악기였으나 오늘날 뜨룽은 반음계도 연주할 수 있도록 개량되었고, 3개 옥타브로 음역이 넓어졌다. 뜨룽은 밀파 지역이나 축제에 사용되는데, 대나무 관 하나하나에 신이 살고 있다고 믿고 있기 때문에 중부 고산지대 사람들은 뜨룽을 집 안에서 연주하는 것을 엄격히 금지하였다. 신(神)들은 사람을 지켜 주고 야생동물이나 새를 쫓아 준다고 굳게 믿었기 때문이다. 그러나 현대화되면서 뜨룽에 대한 인식도 바뀌게 되어 지금은 금지된 악기가 아니다. 다른 악기와의 합주는 물론이고, 노래의 반주와 독주로도 널리 사용된다.

　　첸(Chen)은 소주잔 크기의 잔을 서로 부딪치면서 미세하고 빠른 음악을 맞추는 리듬 악기다. 두 개가 쌍을 이루며 양손에 한 쌍씩 들고 부딪치며 노래 반주와 합주음악에 사용된다. 그 밖에도 7개와 9개, 13개의 작은 징을 실로폰처럼 사용하는 악기로 공(gongs)이 있다. 고산지대의 소수민족들이 사용하는 이 악기는 필리핀 악기 사가다(Sagada)의 공과 같은 계열의 악기이고, 연주법도 비슷하다.

베트남은 54개 소수민족으로 구성되어 있다. 이들은 작은 규모의 민족 집단을 형성하고, 그들만의 언어를 사용하여 독창적인 문화를 구축하였다. 북쪽 홍강 삼각주(Red river Delta) 평야와 남쪽의 쿠롱 강 삼각주(Cuu Long River Delta)에 주로 정착한 대표적인 민족인 비엣 족을 비롯하여 산악 지역에 거주한 소수민

뜨롱(Trung)은 실로폰처럼 연주하는 대표적인 민속악기다.

족들은 때로는 자신들의 문화를 교류하거나 영향을 주면서 베트남 문화를 형성하는 데 크게 기여하였다. 이들의 민속 문화를 주의 깊게 관찰한 결과, 대부분의 베트남 소수민족 문화에는 민속음악이 주가 되는 두 가지 주요 체계의 민속 공연이 발견된다. 첫째는 음악이 사람들의 생활과 밀접한 관련이 있다는 점이다. 결혼식, 신혼부부 집들이, 회갑, 진갑, 팔순 축하연과 장례식 등 중요한 행사는 언제나 음악과 함께했다. 둘째는 음악이 우주관이나 세계관 그리고 인간생활의 신앙과 관련되어 있다는 것이다. 이러한 민속 공연은 보통 사회 전반에 걸쳐 비교적 큰 규모로 진행되며, 매우 신성시된다는 특징을 갖고 있다. 조상과 마을신을 숭배하는 의식이 그렇고, 마을의 번영을 위한 의식과 추수감사 의식, 샤먼 의식 등에 사용되는 음악이 그렇다.

음악가들은 음악 못지않게 악기를 신성한 존재로 생각한다. 그것도 제사의식에 사용되는 악기라면 더더욱 그렇다. 베트남에서도 그러한 사례가 종종 발견되는데 그 대표적인 예가 바로 실로폰처럼 생긴 악기 뜨롱이다. 한국에서도 종묘제례악이나 문묘제례악에 사용하는 악기는 신성함과 상징성으로 존중되고, 중국의 소수민족에서 주로 사용하는 동고(銅鼓)도 신비한 악기로 생각된다. 구리로 만든 북인 동고는 364일 베일 속에 감추어져 있다가 제사에 사용되는 당일 딱 하루만 일반인들에게 공개되는 신성한 악기다. 민속음악학자들이 현장 조사 중에 그 악기의 존재를 육안으로 확인하고 싶어서 부족의 대표에게 간청했지만 평일에 악기를 꺼내면 신이 노하서 재앙이 찾아온다고 굳게 믿고 있었기 때문에 절대로 꺼낼 수 없다고 했다. 중국의 음악 고고학자인 우자오(吳釗)는 천천히 그 마을에 머물며 제사음식을 마련하여 마을제사를 진행하였고, 그때야 비로소 땅속에 묻어 놓았던 동고(銅鼓)의 실체를 볼 수 있었다고 했다.

참고문헌

중 국

리우짜이성(劉再生) 저, 김예풍 · 전지영 역(2004). 중국 음악의 역사. 민속원.

박사 저, 이명석 그림(2012). 도시 수집가. 궁리.

오조광, 황좌임, 매소무 저, 김의경 역(1993). 경극과 매란방. 지성의 샘.

한만영, 전인평(1989). 동양음악. 삼호음악출판사.

현경채(1991. 10). 중국을 대표하는 악기 고쟁과 호금. 객석.

현경채(1992. 10). 중국 음악의 변천과 이해. 객석.

현경채(1995). 중국 문화의 원형을 찾아서-한 · 중학자 장강 문화예술 대
    탐사 양자강 1만리(6). 중앙일보.

현경채(1995. 10. 28). 기교문화의 극치 강남사죽, 물나라 수놓은 화려한 선
    비의 음악-한 · 중학자 장강 문화예술 대탐사 양자강 1만리(9). 중앙
    일보.

현경채(1996. 1. 20). 너무나 인간적인 사천설창, 1인 10색 청음의 향연……
    삶의 풍요 찬미-한 · 중학자 장강 문화예술 대탐사 양자강 1만리(28).
    중앙일보.

현경채(2008). 중국 음악의 현대적 변용, 아시아 음악의 어제와 오늘. 아시아

음악학회.

현경채(2008. 8). 2008 중국 베이징올림픽과 중국 음악. 객석.

Hartnoll, Phyllis 저, 서연호 역(1993). 세계의 연극. 고려대학교출판부.

徐慕雲(2001). 中國 戲劇史. 上海古籍出版社.

梁茂春·陳秉義(2005). 中國音樂通史. 中央音樂學院出版社.

鄭光華(2003). 中國民族民間音樂. 高等教育出版社.

鄭德淵(1984). 中國樂器學. 生韻出版社.

陳秉義(2005). 中國音樂通史槪述. 西南師範大學出版社.

대 만

신서희(2015), 디스이즈 타이완. 테라.

양소희(2009). 대만 홀릭. 이서원.

현경채(2008). 대만 음악의 아름다움, 아시아음악의 아름다움. 아시아음악
학회.

현경채(2014. 04). 음악으로 듣는 대만의 풍경—국립국악관현악단 '대만의
소리'. 미르.

鄭榮興(2004). 臺灣客家音樂. 晨星出版社.

許常惠(1991). 中華民國的民族音樂學, 第四屆國際民族音樂學會議論文集. 文建會.

許常惠(1991). 台灣音樂史初稿. pp. 1-7. 全音樂譜.

楊秀卿 홈페이지 http://thuan.lib.ntnu.edu.tw/index.html

일 본

김용희, 박선경(2011). 동요로 만나는 세계의 어린이. 대교출판.

박창호(2006). 세계의 민속음악. 현암사.

이지선(2007). 한국과 일본의 전통실내악 비교: 줄풍류 · 가곡과 산쿄쿠(三曲)를 중심으로, 한국음악연구, 42. 한국국악학회.

이지선(2008). 일본 전통음악의 미학, 아시아 음악의 아름다움. 아시아음악학회.

Kishibe Shigeo, 일본 음악강좌 수강생 공동 역(2000). 일본 음악의 이해, 음악과 문화, 2. 세계음악학회.

Kishibe Shigeo, 일본 음악강좌 수강생 공동 역(2000). 일본 음악의 이해(2), 음악과 문화. 3. 세계음악학회.

Kishibe Shigeo, 일본 음악강좌 수강생 공동 역(2001). 일본 음악의 이해(3), 음악과 문화. 4. 세계음악학회.

宋芳松(1989). 東洋音樂槪論. 世光音樂出版社.

韓萬榮 · 全仁平(1999). 東洋音樂. 삼호출판사.

Kishibe Shigeo(1984). *The traditional music of Japan.* Ongaku no tomo sha edition.

梅棹忠夫, 이원희 역(1992). 日本文明의 이해. 중문출판사.

張師勛(1984). 國樂大事典. 世光音樂出版社.

몽골

박소현(2002). 몽골 악기의 종류와 분류, 몽골학. 13권. 한국몽골학회.

박소현(2004). 몽골과 한국, 야탁과 가야금, 국악소식, 봄호 통권 66호. 국립 국악원.

박소현(2005). 神을 부르는 노래 몽골의 토올. 민속원.

박소현(2006). 20세기 몽골에 수용된 한국의 음악 문화, 한국음악연구. 39집. 한국국악학회.

박소현(2008). 몽골전통음악과 20세기 정치적 사회변화에 따른 변용, 아시아 음악의 어제와 오늘. 아시아음악학회.

박소현(2008). 몽골 음악의 아름다움, 아시아 음악의 아름다움. 아시아음악 학회.

이태원(2011). 몽골의 향수. 기파랑.

칭바트 바상후(2011). 현대 몽골민족의 현악기 야탁, 국악교육, 32. 한국국
　악교육학회.

인 도

고영탁(2005). 인도 음악 여행. 팬덤하우스.

고영탁(2010). 자이 호! 인도 영화 음악의 승리, *CHINDIA Plus*. 42권. 포스
　코경영연구원(구 포스코경영연구소).

고영탁(2010). 비틀스와 인도 음악, *CHINDIA Plus*. 포스코경영연구원(구
　포스코경영연구소).

고영탁(2010). 한국 전통음악과 인도 음악의 인연, *CHINDIA Plus*. 44권.
　포스코경영연구원(구 포스코경영연구소).

박재록(2014). 인도 음악과 신화 북인도 라가와 힌두교 신화와의 관계, 음
　악사 연구, 3권. (사)음악사연구회.

박창호(2006). 세계의 민속음악. 현암사.

윤혜진(2009). 인도 음악. 일조각.

이진원(1997). 사랑기−인도의 찰현악기, 동양음악학 국제학술회. 서울대학교
　동양음악연구소.

전인평(2005). 인도 음악의 멋과 신비(개정판). 아시아음악학회.

전인평(2008). 인도 음악의 전통과 현대적 변용, 아시아음악의 아름다움. 아

시아음악학회.

허경희(2010). 인문학으로 떠나는 인도여행. 인문산책.

다음카페 타지마할. 라비 샹카(Ravi Shankar) http://cafe.daum.net/
tajmahal2003/LAw/161?q=%B6%F3%BA%F1%BC%A7%C4%AB&re=1

인도네시아

가종수(2010). 신들의 섬 발리. 북코리아.

윤문한(2010). 인도네시아 들여다보기. 21세기북스.

임진숙(2008). 천 가지 이야기가 있는 나라 인도네시아. 즐거운상상.

전인평(1990. 12). 중앙민속학 2. 중앙대학교 한국문화유산연구소.

전인평(2008). 아시야 음악 연구. 아시아음악학교.

정강우(2014). 발리 춤 견문록—발리 께짝(Kecak Dance) 댄스와 변용의 시
대., 웹진 오늘의 선비. 인문예술연구소.

정강우(2015). 동남아시아 춤 소개 II: 발리의 춤과 사상., 웹진 오늘의 선비.
인문예술연구소.

정강우(2015). 동남아시아 춤 소개 III: 사자춤으로 불리는 인니의 〈바롱
댄스, Barong Dance〉, 웹진 오늘의 선비. 인문예술연구소.

정강우(2015). 동남아시아 춤 소개 IV: 발리에서 만난 가면연희 〈토펭,
Topeng〉 1, 웹진 오늘의 선비. 인문예술연구소.

주성혜(2008). 음악학. 루덴스.

MJ Son(손민정, 2011). *World Star Musics*. 음악세계.

네이버 위키백과.

상상의 숲, 드뷔시 판화<Estampes> 곡목 해설, http://jsksoft.tistory.com/10632

http://blog.naver.com/PostView.nhn?blogId=cinemathe&logNo=110139721766

https://ko.wikipedia.org/wiki/%EC%9D%B8%EB%8F%84%EB%84%A4%EC%8B%9C%EC%95%84_%EC%9D%8C%EC%95%85

베트남

김용희, 박선경(2011). 동요로 만나는 세계의 어린이. 대교출판.

박창호(2006). 세계의 민속음악. 현암사.

서인화(2008). 베트남 음악의 미적 특색 연구를 위한 시론, 아시아 음악의 아름다움. 아시아음악학회.

서인화(2008). 베트남 궁중음악의 전통과 변화에 대한 소고, 아시아 음악의 어제와 오늘. 아시아음악학회.

서인화(2010. 12). 한국과 베트남 문화교류의 흐름에서 본 양국 전통음악 교류의 현황과 특성, 민족문화논총. 46권.

송정남(2015). 베트남 탐구. HUINE.

조석연(2004). 베트남 전통악기에 대한 고찰, 음악과 문화. 10권. 세계음악
학회.

Nguyen Duc Mau(2010). 베트남의 음악시, 까쭈: 형식 · 구조 · 내용, 수완
나부미. 2권 1호. 부산외국어대학교 동남아지역원.

Phong T. Nguyen, 정성훈 역(1997). 베트남 지터 단트란의 문화적 · 음악
적 소개, 민족음악학, 19권. 서울대학교 동양음악연구소.

To Ngoc Thanh, 박은혜 역(2005). 프랑스 식민지화와 새로운 베트남 음
악, 동양음악, 27권. 서울대학교 동양음악연구소.

저자 소개

© 나승열

현경채(Hyun kyung chae)
음악평론가, 영남대학교 음악대학 겸임교수

직업은 음악평론가이지만, 제2의 인생은 일상 탈출을 꿈꾸는 사람들을 위해 여행을 설계해 주는 '여행 컨설턴트'나 '여행 작가'로 한번 살아볼까 하는 생각을 막연히 하고 있다. 2015년 여름엔 몽골 초원에서 별을 보고, 러시아 바이칼호수에서 크루즈를 타고, 러시아 횡단 열차를 타고 모스크바와 상트페테르부르크를 거쳐 동유럽으로의 여행을 다녀왔다.

여행과 현지 음악을 탐닉하는 것을 좋아해서 방학마다 배낭여행을 떠나고 있다. 1995년 여름에 50일 동안 중국 양자강 유역을 따라 음악 탐사를 하여 『중앙일보』에 '양자강 일만리' 중 음악 부분을 집필하였고, 국립극장 『미르』에 쿠바, 몽골, 바이칼, 러시아 등의 여행기를 연재하였다.

본격적인 배낭여행은 2000년 여름 60일간의 중국 실크로드 횡단에서 시작되었고, 실크로드 탐사 중에는 신강성의 '무카무' 음악에 대한 자료 조사를 하였다. 최근에는, 38일간 동남아(2014년), 75일간 동유럽(2014년 여름), 76일간 중미(멕시코, 쿠바, 과테말라, 2014년 겨울), 60일간 몽골, 바이칼, 러시아, 발트 3국 동유럽(2015년 여름) 여행을 했다. 여행을 하면서 한 나라의 특징은 다른 나라와 다른 독창성으로 만들어지며, 특히 차별된 음악 문화는 바로 그 나라의 경쟁력임을 길 위에서 체험으로 확인했다.

국립국악고등학교에서 가야금을, 서울대학교 음악대학에서 국악작곡과 이론을 전공했다. 대만국립사범대학에서 민족음악학 석사학위를, 한양대학교에서 음악인류학 박사학위를 받았다. 박사과정에서는 중국 음악의 음악인류학적·사회학적 배경을 집중 연구했다. 1989년 11월 13일 국립극장 소극장에서 〈현경채의 중국음악 발표회〉를 개최하였고, 1990년부터 2년 동안 KBS FM 〈흥겨운 한마당〉에서 〈현경채의 중국 음악 이야기〉를 진행했으며, 10년 동안 〈FM 국악당〉을 진행하였다.

대학에서는 한국 음악과 아시아 음악 전문가로 강의하고 있고, 정부기관에서는 국악정책 자문위원으로, KBS와 국악방송, 교통방송 등에서 수년간 방송 진행자로 활동을 했으며, 『국민일보』, 월간 『객석』, 『국악누리』, 『문화 예술』, 『미르』 등에 상당수의 비평문을 게재하고 있다. 1982년 동아음악콩쿠르 작곡상을 수상했고, 한국문화예술위원회 전통예술위원, 예술의전당 자문위원으로, 음악극과 무용극의 음악감독으로, 중학교 음악 교과서(금성출판사) 집필자로 활동하고 있다.

공저로는 『종횡무진 우리음악 10』(2004), 『명인에게 길을 묻다』(2005), 『아시아 음악의 아름다움』(2007), 『아시아 음악의 어제와 오늘』(2008) 『서울공연예술사—70년대부터 2000년대까지 국악을 중심으로』(2011), 『예술: 대중의 재창조』(2015) 등이 있다.

논문으로는 「中國 古琴과 韓國 거문고 記譜法의 比較」, 「창극, 경극, 가부키의 연구」, 「대만의 음악의 아름다움」, 「중국 음악의 현대적 변용」, 「음악 교과서 속 거문고 기원에 관한 내용의 재검토」, 「中國 古琴 音樂文化의 近現代的 傳承樣相」, 「한국 음악의 세계 음악 문화시장 진출을 위한 가능성 고찰」, 「중국 고금 고악보 타보(打譜)에 관한 연구」, 「韩国玄琴的现代趋势研究」 등이 있다.

블로그 현경채 http://blog.naver.com/hyun677
E-mail hyun677@hanmail.net

배낭 속에 담아 온
음악

2016년 2월 25일 1판 1쇄 발행
2017년 6월 20일 1판 2쇄 발행

지은이 • 현경채
펴낸이 • 김진환
펴낸곳 • (주) **학지사**

　　　04031 서울특별시 마포구 양화로 15길 20 마인드월드빌딩
대표전화 • 02)330-5114　　　　팩스 • 02)324-2345
등록번호 • 제313-2006-000265호

홈페이지 • http://www.hakjisa.co.kr
페이스북 • https://www.facebook.com/hakjisa

ISBN 978-89-997-0851-0 03370

정가 16,000원

이 도서의 국립중앙도서관 출판시도서목록(CIP)은 서지정보유통지
원시스템 홈페이지(http://seoji.nl.go.kr)와 국가자료공동목록시스템
(http://www.nl.go.kr/kolisnet)에서 이용하실 수 있습니다.
(CIP제어번호: 2016004344)